Social Media im Unternehmen – Ruhm oder Ruin

Die Zugangsinformationen zum eBook inside finden Sie am Ende des Buches in der gedruckten Ausgabe.

Christine Rogge · Ralf Karabasz
Herausgeber

Social Media im Unternehmen – Ruhm oder Ruin

Erfahrungslandkarte einer Expedition in die Social Media-Welt

Herausgeber

Christine Rogge
Marketing&Communications
T-Systems Multimedia Solutions GmbH
Bonn, Deutschland

Ralf Karabasz
Synergie VertriebsDienstleistung GmbH
Bonn, Deutschland

ISBN 978-3-658-03086-5 ISBN 978-3-658-03087-2 (eBook)
DOI 10.1007/978-3-658-03087-2

Die Deutsche Nationalbibliothek verzeichnet diese Publikation in der Deutschen Nationalbibliografie; detaillierte bibliografische Daten sind im Internet über http://dnb.d-nb.de abrufbar.

Springer Vieweg
© Springer Fachmedien Wiesbaden 2014

Gedruckt auf säurefreiem und chlorfrei gebleichtem Papier.

Springer Vieweg ist eine Marke von Springer DE. Springer DE ist Teil der Fachverlagsgruppe Springer Science+Business Media
www.springer-vieweg.de

Vorwort

Dieses Buch ist entstanden aus der Veranstaltungsreihe *Expedition Unternehmen*, getragen durch das Bundesministerium für Wirtschaft und Technologie und durchgeführt von der Synergie VertriebsDienstleistung GmbH, dem Fraunhofer-Institut für Angewandte Informationstechnik FIT, dem IZA IDSC (Forschungsinstitut zur Zukunft der Arbeit, International Data Service Center) sowie der T-Systems Multimedia Solutions GmbH. In fünf Etappen wurden die Herausforderungen an die Unternehmen, ob Mittelstand oder Konzern, durch Social Media erkundet, Vor- und Nachteile beleuchtet und vor allem Wege zur nutzbringenden Umsetzung aufgezeigt.

„Expeditionen betreten typischerweise Neuland." So hatten wir unsere *Expedition Unternehmen* vorgestellt. Heute würden wir natürlich schreiben: „Expeditionen betreten typischerweise #Neuland".

Dieses kleine zusätzliche Zeichen beschreibt recht gut, in welches Neuland wir uns auf dieser Expedition begeben haben: in die Welt der Sozialen Medien.

In fünf Etappen haben wir Aspekte von Sozialen Medien in Unternehmen und von Unternehmen in Sozialen Medien erforscht.

Unternehmen sehen sich – genau wie jeder einzelne als Privatperson oder als Elternteil – mit Sozialen Medien konfrontiert. Unternehmen sehen die Grenzen zwischen dem Dienstlichen und dem Privaten verschwimmen, sie sehen gerade junge Mitarbeiterinnen und Mitarbeiter selbstverständlicher mit den neuen Medien agieren als ihre älteren Kollegen und auch als die Chefs – was zum Beispiel den Begriff *Herrschaftswissen* ganz neu definiert. Und Unternehmen wie Unternehmer fragen sich: Bekomme ich gerade eine Chance oder bekomme ich ein Problem?

Soziale Medien verändern Prozesse. Sie verändern Kultur. Sie verändern den Umgang miteinander, und den Umgang mit Wissen, mit Geheimnis und mit Öffentlichkeit. Sie verändern uns. Und gleichzeitig prägen wir alle unser Werkzeug durch unsere Nutzung oder Nicht-Nutzung, manchmal auch durch eine „Anders-als-gedacht-Nutzung". Dies alles passiert in einer Geschwindigkeit, die sowohl Beobachtern als auch Gestaltern manchmal den Atem verschlägt.

Wir haben uns also auf eine Expedition in diese sich verändernde Welt begeben. Wir haben auf dieser Reise ins Ungewisse andere Suchende getroffen. Wir sind Ahnenden und Wissenden begegnet. Wir haben auch den einen oder anderen Irrweg kennengelernt – so ist das im Neuland. Wir haben alte Wahrheiten bestätigt, und alte Zöpfe abgeschnitten. Wir hatten eine spannende, eine lehrreiche gemeinsame Zeit auf dieser Expedition in neue Unternehmenskulturen, in flache Hierarchien und Immer-Erreichbarkeit. Mit dem vorliegenden Buch möchten wir einige der interessantesten Beiträge aus der Expedition für die Teilnehmer selbst, aber auch für andere Suchende zu Verfügung stellen.

Ich hoffe, lieber Leser, Sie finden in den hier vorgestellten Gedanken eine reiche Anregung für das eigene Unternehmen. Ich hoffe, dieser Band stellt für Sie einen Schritt auf Ihrer ganz eigenen Expedition dar. Denn Neuland muss man betreten. Neue Wege entstehen beim Gehen.

Peter Klingenburg, Geschäftsführung T-Systems Multimedia Solutions GmbH, im November 2013

Inhaltsverzeichnis

10 Kommunikation o.k. – Mitarbeiter k.o.? 111
Friedhelm Rudorf

11 Legal Dos and Don'ts im Social Media-Marketing 123
Jan Christian Seevogel

12 Social Media-Richtlinien – rechtliche Leitplanken im Unternehmen 133
Horst Speichert

Konzepte und Lösungen für das soziale Intranet 1

Wolfgang Prinz

Sobald sich ein Unternehmen entschieden hat, die interne Kommunikation und Kooperation mit Hilfe von Konzepten und Techniken aus dem Social Media-Umfeld zu verbessern, stellt sich die Frage, welche Mittel zur Verfügung stehen und wie diese eingesetzt werden können [12]. In diesem Beitrag werden die wichtigsten Konzepte und Lösungen vorgestellt und an verschiedenen Einsatzmöglichkeiten illustriert. Der Beitrag beginnt mit einer kurzen Betrachtung des Status Quo und stellt anschließend verschiedene Komponenten eines sozialen Intranets vor. Ein abschließender Ausblick versucht eine Prognose auf zukünftige Entwicklungen und Einsatzszenarien.

1.1 Status Quo

Kommunikations- und Kooperationsmedien werden schon seit vielen Jahren in Unternehmen genutzt. Die Zeiten, in denen man der Meinung war, dass es reichen würde, wenn ein Unternehmen ähnlich zu einer Faxadresse nur eine E-Mail Adresse besitzt, sind lange vorbei. Trotzdem ist die Nutzung elektronischer Kooperationsmedien in vielen Unternehmen zwar weit verbreitet, häufig aber werden diese nicht immer anwendungsgerecht eingesetzt. Im Folgenden betrachten wir kurz die wichtigsten Medien, ihren Einsatz und Ihre zukünftige Bedeutung im sozialen Intranet.

Wolfgang Prinz ⊠
Fraunhofer FIT, Sankt Augustin, Deutschland
e-mail: wolfgang.prinz@fit.fraunhofer.de

C. Rogge und R. Karabasz (Hrsg.), *Social Media im Unternehmen – Ruhm oder Ruin*,
DOI 10.1007/978-3-658-03087-2_1, © Springer Fachmedien Wiesbaden 2014

1.1.1 E-Mail

Mit Sicherheit ist E-Mail neben dem Telefon das am weitesten verbreitete Kommunikationsmedium in Unternehmen. Seit Ende der 1980er Jahre fand E-Mail mit der Verbreitung des Internets sehr schnell über die akademische Nutzung den Einzug in Unternehmen. Obwohl E-Mail zunächst für den einfachen Nachrichtenaustausch entwickelt wurde, wurde es recht schnell zu einer Allzweckwaffe für vielfältige Anwendungen [28]. Aus dem Vorteil der flexiblen Nutzung entwickelte sich schnell das Problem, dass E-Mail heute für eine Vielzahl von Kommunikationszwecken genutzt wird, wie z. B.

- zum Dialog mit Kollegen, zum Fragen stellen o. ä.,
- als Transportmittel zum Austausch und zur Verteilung von Dokumenten,
- zur Diskussion eines Themas in einer Gruppe oder über einen Verteiler,
- zur Information einer größeren Gruppe von Mitarbeitern über einen Verteiler,
- zur Abstimmung von Terminen, Agenden und zur Verteilung von Sitzungsunterlagen,
- zur Verteilung von Aufgaben und entsprechenden Statusabfragen,
- zur Frage nach der Erreichbarkeit und Anwesenheit von Kollegen.

Aus dieser sicher nicht vollständigen Liste ist der Aspekt der direkten Kommunikation und Benachrichtigung derjenige, für den E-Mail sehr gut geeignet ist. Für alle anderen Anwendungen existieren Konzepte und Lösungen, mit denen diese Aufgaben besser erledigt werden können. Dass E-Mail trotzdem für diese Zwecke genutzt wird, führt zu der von vielen kritisierten E-Mail-Flut [4]. Die im Weiteren genannten Standardsysteme adressieren bereits einige dieser Aspekte. Auch wenn das Ziel einiger Unternehmen, wie z. B. Atos [1], E-Mail durch anderen Medien abzulösen, kritisch zu hinterfragen ist, wird E-Mail das Kommunikationsmedium sein, das durch neue Social Media-Konzepte betroffen ist und damit wieder auf seine ursprünglich intendierte Nutzung zurückgeführt wird.

1.1.2 Kalender

Obwohl Grudin bereits 1994 [11] gemeinsam genutzte Kalender als ein Vorzeigebeispiel für eine Groupwaretechnik genannt hat, die zwar nützlich, aber in der Nutzung und Einführung problematisch ist, finden elektronische Kalender erst in den letzten Jahren eine breite Nutzung. Die Veröffentlichung von Kalendern in Teams oder sogar organisationsweit vereinfacht die Terminfindung und Abstimmung. Sie erfordert aber auch eine entsprechende Offenheit, Vertrauen und die notwendige Kooperations- und Unternehmenskultur, damit die Möglichkeit, Termine in den Kalendern von Kollegen zu buchen nicht missbraucht wird und zu einem Meeting-Overload und damit einem zersplitterten Arbeitstag führt.

Interessant ist in diesem Zusammenhang die sich verstärkende Nutzung von sogenannten Microformaten wie iCalendar [25], mit dessen Hilfe Kalendereinträge schnell und einfach ausgetauscht werden können. Die Nutzung von iCalendar z. B. bei der elektronischen

Hotelreservierungen oder Fahrkartenbuchung unterstützt die Verwendung elektronischer Kalender und deren einfache Integration in andere Anwendungssysteme.

Gemeinsam genutzte elektronische Kalender behalten auch in einer Social Media-Umgebung ihren Platz. Lösungen wie Doodle [6] bieten eine flexible Alternative zur Terminabstimmung, finden jedoch eher dort ihren Einsatz, wo die unternehmensweite Nutzung eines Kalendersystems aus organisatorischen oder technischen Gründen nicht möglich ist sowie bei der organisationsübergreifenden Terminabstimmung.

1.1.3 Gemeinsame Dateiablagen und Dokumentenräume

Gemeinsame Dateiablagen gab es bereits in frühen Mehrbenutzer-Betriebssystemen, wie z. B. Unix, sie wurden jedoch populär durch vernetzte PCs, die Bereitstellung von Netzlaufwerken und später durch die Entwicklung webbasierter Dokument- und Projektverwaltungssysteme. Typische Systeme wie BSCW [3, 9], Sharepoint [20] oder DropBox [7] bieten flexible Möglichkeiten Dokumentablagen für selbstorganisierte beliebige Gruppen unabhängig von den technischen Benutzerregistrierungsverfahren einzurichten, um die gesamte dokumentbasierte Kooperation in Projekten oder Teams zu unterstützen.

Nutzungserfahrungen zeigen jedoch, dass die kooperative Dokumenterstellung meist außerhalb solcher Systeme erfolgt, oft unter intensiver Nutzung von E-Mail als Austauschmedium, mit den entsprechen Problemen hinsichtlich der eindeutigen Versionierung mehrfach vorhandener Dokumentkopien etc. Gemeinsame Dokumenträume werden daher häufig zur Archivierung und Bereitstellung von Dokumenten in einer Gruppe genutzt [13], weniger zur Interaktion und kooperativen Produktion von Dokumenten. Dies ist jedoch in den meisten Fällen weniger bedingt durch die technischen Lösungen, die durch die Bereitstellung von Versionierungsverfahren u. ä. die notwendige Grundlage bieten, als durch das Benutzerverhalten, oft ausgelöst durch fehlendes Training, fehlende Konventionen oder nicht anwendergerechte Benutzungsschnittstellen.

Team- und Dokumentenräume spielen auch in einem sozialen Intranet eine wichtige Rolle als zentrale Stelle für die Dokumentablage. Es ist jedoch zu erwarten, dass sie stärker in andere Anwendungen integriert werden, um so integraler Bestandteil von kooperativen Prozessen zu werden. Des Weiteren werden sie zukünftig Social Media-Funktionen integrieren, um damit selbst zu einer Social Media-Plattform zu werden [22].

1.1.4 Intranet

Viele Unternehmen betreiben ein Intranet als organisationsweites Informationsportal für alle Belange des Unternehmens, angefangen vom Kantinenplan über das Telefonverzeichnis, bis hin zu Organisationsanweisungen womit es das gesamte Spektrum vom traditionellen Organisationshandbuch bis zur Mitarbeiterzeitung ersetzt. Technische Basis für das Intranet ist oft ein Content Management System (CMS). Verwaltet wird das Intranet von einem oder mehreren Editoren, während die Mitarbeiter meist nur lesenden Zugriff haben. Die Interaktionsmöglichkeiten sind für den Mitarbeiter daher sehr limitiert. Zusätzlich wird darüber geklagt, dass man im Intranet selten etwas auf Anhieb findet und die Informationen veraltet sind.

Auch im sozialen Intranet wird das klassische Intranet als Informationsmedium seine Rolle behalten. Die klassische Organisation über festgelegte Schreibrechte für Editoren wird sich jedoch dahingehen ändern, dass Mitarbeitern mehr Möglichkeiten gegeben werden Inhalte beizutragen (siehe Blogs), um das Intranet aktueller und lebendiger zu halten. Andere Komponenten wie z. B. die Telefonliste werden jedoch abgelöst durch selbstverwaltete Profile und soziale Netzwerke. Als technische Basis werden sich Content Management Systeme in Richtung einer Social Media-Suite verändern, die neben den Social Media-Funktionen zusätzlich die Möglichkeit zur Gestaltung von Intranet-Webseiten bietet. Ähnlich wie bei den Systemen zum kooperativen Dokumentenmanagement ist es erforderlich, dass sich die CMS gegenüber Social Media-Funktionen öffnen oder diese selbst in ihr Funktionsportfolio aufnehmen.

1.1.5 Foren

Foren haben im Internet eine weite Verbreitung und rege Nutzung für die Diskussion unterschiedlicher Themen [27]. Sie unterstützen die Diskussion in einer Gruppe durch themenspezifische Threads, die von den Gruppenmitgliedern selbst angelegt und verwaltet werden können. Foren sind auch im organisationsinternen Einsatz gegenüber E-Mail-Verteilern zu bevorzugen, da sie die ausgetauschten Ideen, Hilfestellungen und Meinungsdiskussionen zu einem Thema permanent zur Verfügung stellen und so auch Teilnehmern, der erst später hinzustoßen rückblickend zur Verfügung stehen. Damit sind Foren ein wichtiges Mittel zum Wissensmanagement in Organisationen, da sie den gegenseitigen Erfahrungsaustausch ermöglichen und das Ergebnis des Austauschs gleichzeitig dokumentieren.

In einem sozialen Intranet sind Foren ein wesentlicher Bestandteil. Sie werden jedoch ergänzt durch Blogs, die im Wesentlichen eine Spezialform von Foren sind und Wikis, die dazu dienen können das ausgetauschte Wissen aus der Kommunikationsform der Diskussionen in eine verallgemeinerte Beschreibung zu überführen.

1.1.6 Warum reichen diese Ansätze nicht?

Obwohl mit den bislang vorgestellten Lösungen die Kommunikation und Kooperation in einer Organisation schon weitgehend unterstützt werden kann, bieten sie noch keine vollständige Lösung für alle Kommunikations- und Kooperationsanforderungen. Im speziellen Fall der E-Mail Nutzung werden sie aktuell sogar als Problemverursacher betrachtet. Weitere Anforderungen an alternative Kooperationsmedien sind:

- Lösungen für die zunehmende E-Mail-Flut in Unternehmen,
- Möglichkeiten Information schnell unternehmensweit oder in ad hoc Teams bereitzustellen und zu kommentieren,
- schnelle und synchrone ad hoc-Kommunikation als Ergänzung zu der meist asynchronen E-Mail Kommunikation,
- die persönliche Darstellung im Intranet über Profile und die Vernetzung mit anderen in Interessens- oder Expertennetzwerken,
- die Möglichkeit einfach und schnell über die eigene Arbeit zu berichten, Fragen dazu in einer Gemeinschaft gleichgesinnter Kollegen zu stellen und dort zu diskutieren.

Ergänzend lässt sich feststellen, dass die heutigen Kooperationsplattformen dokument- und prozesszentriert gestaltet sind. Sie fokussieren auf die Verwaltung von Dokumenten und Workflows. Aktuelle Social Media-Ansätze stellen jedoch den Benutzer als Person stärker in den Vordergrund. Sie sind nicht dokument- und prozesszentriert sondern personen- und aktivitätszentriert [15]. Im einfachsten Fall wird dies durch die Möglichkeit geboten, Benutzerprofile anzulegen, die auch für andere sichtbar sind oder durch die Anzeige von Benutzerfotos im Zusammenhang mit Aktivitäten, die der Benutzer ausgeführt. Damit werden die Mitarbeiter und ihre Tätigkeiten im Unternehmen sichtbar und vielen Fällen auch authentischer. Viele Social Media-Lösungen nutzen dies, um die Nutzung der Dienste für den Benutzer attraktiver, persönlicher und sozialer zu machen.

1.2 Komponenten des sozialen Intranets

In diesem Kapitel stellen wir wichtige Social Media Komponenten und damit verbundene Lösungen vor. Das Ziel ist dabei nicht eine vollständige Beschreibung der technischen Möglichkeiten (vgl. [17]). Es geht vielmehr darum herauszustellen welchen Einfluss diese Ansätze auf bereits existieren Lösungen und zukünftige Kommunikationsformen haben werden.

1.2.1 Wiki

Eines der ältesten Social Media Werkzeuge sind Wikis, die der breiten Öffentlichkeit durch die Wikipedia bekannt geworden sind. Das Ziel von Wikis ist die Bereitstellung einer schnellen und einfachen Plattform zur gemeinsamen Textproduktion sowie zur schnellen Erstellung von miteinander verknüpften Texten, sogenannten Hypertexten [5]. Damit Benutzer neue Beiträge erzeugen bzw. existierende Texte bearbeiten und ergänzen können, bieten Wikis einfach zu nutzende Online-Editoren. Im Gegensatz zu Content Management Systemen (CMS) besitzen sie dementsprechend keine komplexen Layoutfunktionen, Freigabeprozesse oder Zugriffsrechtsysteme. Vor allem die bei CMS angewendete Editierkontrolle durch technische Zugriffsrechtsystemen wird bei Wikis durch eine soziale

Kontrolle ersetzt. Dazu werden alle Änderungen protokolliert und die Editoren eines Beitrags können sich automatisch über Änderungen daran informieren lassen. In einer gut funktionierenden Gruppe führt dies dazu, dass Änderungen schnell und nachhaltig validiert werden und so Missbrauch vermieden wird. Im Gegensatz zu streng zugriffskontrollierten Systemen versuchen Wikis die Benutzer über sehr flache Eintrittshürden dazu zu animieren, Inhalte zu produzieren, die dann in einer Gruppe diskutiert und weiterentwickelt werden. Ihre Entwicklung und öffentliche Bereitstellung hat daher die Produktion von benutzergenerierten Inhalten im World Wide Web wesentlich gefördert.

Im Unternehmenskontext finden Wikis Ihren Einsatz in folgenden Bereichen:

- zentrale Sammlung von Informationen,
- Dokumentation von Erfahrungen, Anleitungen, Wissen,
- im Projekt- oder Abteilungsmanagement zur Verwaltung von Protokollen, Plänen etc.

Der Einsatz von Wikis ist immer dann sinnvoll, wenn in einem Team von mehreren Mitgliedern auf einfache Art und Weise Informationen gesammelt und gemeinsam erweitert werden. Für kleinere und mittlere Unternehmen können Wikis auch durchaus die Rolle eines CMS im Intranet übernehmen. Für den Erfolg eines Wiki-Einsatzes ist es wichtig darauf zu achten, dass man einerseits eine kritische Masse an beteiligten Benutzern erreicht, damit ein Wiki auch nachhaltig genutzt und gepflegt wird. Andererseits sollte bei größeren Unternehmen ein Wiki-Verantwortlicher (Wiki-Gärtner) bestimmt werden, der für eine Vereinheitlichung und Zusammenführung von Wikis sorgt, die in unterschiedlichen Abteilungen und aus unterschiedlichen Gründen entstehen. Damit können die gesammelten Informationen als Wissen zentral zugänglich und nutzbar gemacht werden.

1.2.2   Profile und Social Networking

In vielen Unternehmenssystemen erfolgt die Repräsentation der Mitarbeiter im Wesentlichen als Eintrag in der Telefonliste. Weitergehende Information zu einem Mitarbeiter, die es den anderen Kollegen ermöglichen würden, mehr über die Kompetenzen und Arbeitsschwerpunkte zu erfahren sind nicht verfügbar. Um dies zu ermöglichen, bietet sich die Anwendung von Mitarbeiterprofilen an, wie sie von XING [29] oder LinkedIn [18] bekannt sind. Diese Systeme ermöglichen neben der Verwaltung der Kommunikationsdaten auch die Pflege von persönlicher Information wie einem Profilfoto, Interessen und Kompetenzen. Zusätzlich bietet sich die Möglichkeit, andere Kollegen in ein persönliches Netzwerk aufzunehmen, das in Kombination mit anderen Diensten dazu genutzt werden kann, Nachrichten und Mitteilungen dieser Kollegen zu filtern.

Profile und Social Networking können zwar als Einzellösung ein klassisches Mitarbeiterverzeichnis in Form der Telefonliste im Unternehmen ablösen, sie entfalten jedoch ihr Potential durch die Integration mit anderen Systemen, die einerseits Informationen (z. B. Profilfotos) verwenden und andererseits die Netzwerkfunktionen dazu nutzen Aktivitätsinformation von Mitarbeitern (siehe Microblogs) zu filtern und kontextgerecht anzubieten. Speziell die Filterfunktion wird über die sogenannten „Follower-Netzwerke" abgebildet, über die Benutzer festlegen, wessen Mitteilungen sie erhalten möchten. In diesem Nutzungskontext übernehmen sie aus technischer Sicht die Rolle des Identitätsmanagements [17]. Aus organisatorischer Sicht ergänzen sie das Adressverzeichnis um ein Kontaktmanagement und unterstützen die Expertensuche und das Management des persönlichen Netzwerks.

1.2.3 Blog

Blogs entstanden aus der Anforderung einfach, und schnell Tagebucheinträge, Erfahrungsberichte oder Meinungen im Internet zu veröffentlichen. Im Gegensatz zu einer Veröffentlichung in einem Wiki sind diese Einträge nicht in eine größere Informationssammlung eingebunden sondern stellen meist einen in sich geschlossenen Beitrag dar. Dementsprechend besteht ein Blog aus Artikeln eines oder auch mehreren Autoren, die chronologisch geordnet sind, wobei der neueste Artikel am Anfang steht. Artikel können multimediales Material enthalten und zusätzlich von den Lesern kommentiert und bewertet werden. Blogs haben mit dieser Kommentarfunktion zwar eine Ähnlichkeit zu Foren. Sie dienen jedoch weniger der Diskussion eines bestimmten Themas in einer Gruppe, sondern eher der persönlichen Veröffentlichung von Mitteilungen, Meinungen und Bekanntmachungen durch Blogautoren und der anschließenden Kommentierung, Verschlagwortung (taggen, s. u.) und Bewertung durch die Leser. Daher werden Blogs meist auch mit einem bestimmten Autor oder einer Autorengruppe assoziiert.

Im Unternehmenskontext können Blogs folgende Funktionen in einem Intranet übernehmen:

- Bekanntmachungen der Führungsebene,
- Mitteilungen von Experten des Unternehmens zu bestimmten Themen,
- als Mitarbeiterzeitung, in der Mitglieder eines Teams aktuelle Information über ihre Arbeit veröffentlichen,
- als Mitteilungsmedium, das es jedem Mitarbeiter ermöglicht über seine Arbeit und Erfahrungen z. B. von Kunden- oder von Veranstaltungsbesuchen zu berichten.

Blogs können in einem Unternehmen auch sehr gut E-Mail-Verteiler ersetzen, die oft ebenfalls für die Informationsverteilung und Ankündigung genutzt werden. Im Gegensatz zu Verteilern haben Blogs den Vorteil, dass Sie persistent sind und damit die Information auch Mitarbeitern, die später zu einer Gruppe stoßen, verfügbar sind. In der Rückbetrachtung erhalten die neuen Mitarbeiter einen guten Einblick in die Geschichte eines Themas oder Teams. Zugleich wird die E-Mail-Inbox von den oft schwer zu lesenden Antwort-Zyklen einer E-Mail-Verteiler-Diskussion befreit.

1.2.4   Microblog

Nachdem Blogs eine weite Verbreitung im Internet fanden, entstand der Bedarf nach einer noch leichtgewichtigeren Kommunikationsform, die es ermöglicht ausschließlich, kurze Mitteilungen an Stelle von meist längeren Blog-Beiträgen zu verfassen. Im Internet ist Twitter sicher der bekannteste Dienst der diese Kommunikationsform umsetzt, aber auch die Kommunikation in Facebook folgt diesem Ansatz. Kennzeichen eines Microblogs sind kurze Mitteilungen über aktuelle Aktivitäten (Facebook: „Was machst Du gerade"), Fragen, Ideen (Yammer: „Woran arbeiten Sie gerade?"), Anregungen oder Hinweise auf andere Informationen wie Links oder Videos. Andere Benutzer können auf diese Mitteilung mit einem Kommentar reagieren, diese weiterleiten oder „liken", d. h. als positive Mitteilung kennzeichnen. Benutzer sehen die Mitteilungen von Mitgliedern ihres sozialen Netzwerks in ihrem Activity Stream (s. u.). Ein wesentlicher Unterscheid zwischen einem Microblog und einer E-Mail ist, das eine Microblog Mitteilung nicht an einen speziellen Empfänger gerichtet ist, d. h. eine Microblog Mitteilung wird nicht an eine Empfängerliste gesendet, sondern von dem Autor mitgeteilt („ge-posted"). Wer diese Mitteilung empfängt, hängt von dem sozialen Netzwerk des Autors ab. Dementsprechend hat ein Microblog Eintrag nicht den Charakter einer gezielten Nachricht an einen bestimmten Empfänger sondern stellt eher eine Mitteilung an das soziale Netzwerk dar [16]. Aus diesem Grund ist ein Social-Networking Dienst immer ein integraler Bestandteil eines Microblog Systems, da nur darüber die Verteilung der Mitteilungen geregelt wird. Um darüber hinaus die Möglichkeit zu bieten bestimmte Empfänger besonders auf den Beitrag hinzuweisen, können diese in der Nachricht besonders gekennzeichnet werden, z. B. mit der Syntax: @Name. In den meisten Systemen erhält der so gekennzeichnete Benutzer dann eine E-Mail mit dem Hinweis auf die Mitteilung in dem Microblog. Alternativ können Beiträge auch mit der Syntax #Schlagwort mit einem Tag versehen werden. Dies ermöglicht die automatische Suche und Zusammenfassung aller gleichartig verschlagworteten Einträge.

Microblogs haben gegenüber Blogs eine geringere Eintrittshürde, da der Benutzer keine abgerundeten Beiträge verfassen muss. Innerhalb eines Unternehmens können Mico-Blogs daher sehr gut genutzt werden, um

- Kollegen über aktuelle Arbeiten und Ergebnisse zu informieren,
- auf interessante Information hinzuweisen, in dem man einen Verweis auf eine Internetquelle sendet,
- Fragen an seine Kollegen zu stellen, die diese mit einem kurzen Kommentar beantworten können,
- schnell Ideen oder Hinweise zu einem Thema zu sammeln.

Dementsprechend sind Microblogs eine leichtgewichtige Alternative zu E-Mail-Verteilern und haben durch ihre Nutzungsoffenheit [14] das Potential die E-Mail-Flut in Unternehmen zu reduzieren. Gleichzeitig bieten sie aber auch ein neue Form und Qualität der Kommunikation und können so das Kommunikations- und Informationsverhalten in einem Unternehmen positiv verändern, in dem sie die Mitarbeiter dazu anregen sich mit anderen über ihre Arbeit auszutauschen und so zu einem verbesserten Wissensmanagement im Unternehmen beitragen.

1.2.5 Instant Messaging und Präsenzawareness

Während E-Mail die zeitversetzte Kommunikation unterstützt, ist das Ziel von Instant Messaging Lösungen die Unterstützung der synchronen Textkommunikation. Dazu bieten die Systeme einfache Möglichkeiten zum Nachrichtenaustausch und zur ad hoc-Diskussion. Hervorzuheben ist die Kopplung mit einer Anzeige der Online-Präsenz der Teilnehmer. Daran kann ein Benutzer schnell erkennen, ob er einen Ansprechpartner sofort erreichen kann oder ob dieser nicht erreichbar bzw. nicht am Arbeitsplatz ist und damit nicht für einen Nachrichtenaustausch zur Verfügung steht.

Instant Messaging Systeme können im Unternehmen zur Reduktion des E-Mail-Verkehrs betragen in dem Sie für folgende Zwecke eingesetzt werden:

- kurze Frage/Antwort Dialoge,
- Rückfragen z. B. auch zu einer E-Mail,
- schnelle Abstimmungen,
- Nutzung der Präsenzanzeige, um einen Telefonanruf zu koordinieren.

Viele Lösungen wie z. B. Skype [24] oder Microsoft Lync [19] bieten weit darüber hinausgehende Funktionen wie die Diskussion in Gruppen oder zusätzlich zur Textkommunikation Audio- und Videokonferenzunterstützung. Die Vorteile der schnellen Erreichbarkeit von Kollegen zu ad hoc Abstimmungen werden von Benutzer meist schnell erkannt, so dass sich diese Systeme meist schnell in der täglichen Nutzung etablieren.

1.2.6 Tagging

Die Verschlagwortung von Inhalten ist ein altbekanntes Konzept zur Kategorisierung und kein originäres Social Media Konzept. Sie hat jedoch als „Tagging" durch die Verknüpfung der Schlagworte mit interaktiven Elementen und deren grafische Aufarbeitung eine neue Qualität erhalten.

Als Tagging bezeichnet man in Social Media die Möglichkeit beliebige Inhalte wie Beiträge, Bilder Video und Verknüpfungen mit Schlagworten zu versehen. Die Besonderheit ist, dass diese Schlagworte automatisch als Suchbegriffe verwendet werden können. Das heißt nach Eingabe eines Tags (Schlagworts) wandelt sich dieses in eine Verknüpfung um, die durch Anklicken sofort zu einer Suche nach allen Inhalten, die ebenfalls mit diesem Tags verknüpft wurden, führt. Damit besteht eine einfache und schnelle Möglichkeit sich schnell einen Überblick über verfügbare Informationen zu machen und gleichzeitig durch

Abb. 1.1 Tagcloud dieses Artikels [8] © Urheberrecht beim Autor

das Informationsnetz zu navigieren, in dem man unterschiedliche Tags verfolgt. So betrachtet, sind Tags automatisierte Suchfunktionen.

Mit der Vergabe von Tags innerhalb einer Nutzergruppe etablieren sich oft Gewohnheiten, die zur Bildung von Konventionen führen, z. B. bezüglich der Verwendung von Einzahl/Mehrzahl, Sprache, Satzzeichen o. ä. Dieser Bottum-Up Ansatz ist typische für das Tagging in Social Media-Systemen und steht der vorgeschriebenen Verwendung von Schlagwörtern, wie man es aus Registraturen oder Taxonomien kennt entgegen. Entsprechend nennt man eine durch die kooperative Benutzung entstandene Schlagwortmenge und die dazu gehörigen Regeln zu Bildung von Schlagworten eine Folksonomie.

Auf technischer Seite werden Benutzer bei der Bildung einer Folksonomie durch Mechanismen zur Autovervollständigung unterstützt, d. h. wenn Benutzer einen Wortanfang eingeben, werden automatisch bereits bekannte Tags vorgeschlagen, um zu vermeiden, dass Benutzer neue, ähnliche Begriffe einführen.

Zur Visualisierung von bereits vergebenen Tags werden sogenannte Tagclouds genutzt, die Tags in Abhängigkeit ihrer Verwendungshäufigkeit unterschiedliche groß darstellen. Abbildung 1.1 zeigt beispielhaft eine Tagcloud die aus den in diesem Artikel verwendeten Begriffen gebildet wurde.

Neben Inhalten besteht auch die Möglichkeit, Personen zu taggen, was als social tagging bezeichnet wird. Dies wird meist dazu verwendet, Kollegen Kompetenzen und Fähigkeiten zuzuschreiben. Beispielsweise kann man einen Kollegen mit dem Begriff „ppt-expert" taggen, nachdem er einem öfters bei einem kniffligen Powerpoint-Problem geholfen hat.

Im unternehmerischen Einsatz bietet Tagging eine gute Möglichkeit Inhalte zu verschlagworten und so für die Suche aufzubereiten. Wichtig ist darauf zu achten, dass die Tagginglösung interaktive Funktionen aufweist, d. h. dass Tags keine passiven Schlagworteingaben bleiben, sondern mit einer automatischen Suchfunktion verknüpft sind. Mit der Integration von Tagclouds in das soziale Intranet kann den Benutzern zusätzlich ein visuell attraktiver Überblick über die Themenschwerpunkte der Kommunikationsinhalte gegeben werden.

1.2.7 Social Bookmarking

Jeder Nutzer kennt die Funktion, interessante Webseiten, die man häufiger besucht als Lesezeichen in seinem Webbrowser zu speichern. Social Bookmarking-Systeme [10] wie Delicious [2] erweitern dies um die Möglichkeit, Lesezeichen nicht nur für sich lokal, sondern für eine Gruppe oder ganz öffentlich zugänglich im Internet zu speichern. Dadurch kann man von jedem beliebigen Rechner auf die Lesezeichen zugreifen kann. Ein viel wichtigerer Aspekt ist, dass man Zugriff auf die Lesezeichen anderer Benutzer erhält und damit interessante Hinweise auf ähnliche Informationen.

Dieses geschieht, in dem man seine eigenen Lesezeichen mit Tags (s. o.) kategorisiert. Über diese Tags können die Lesezeichen von einem Social Bookmarking-System gruppiert werden, um dem Benutzer Lesezeichen anzubieten, die andere Benutzer mit den gleichen Schlagworten versehen haben. So kann man bei einer Recherche implizit von den Lesezeichensammlungen andere Benutzer profitieren, wie folgendes Beispiel zeigt: Ein Benutzer recherchiert das Thema Flashmob im Internet. Dabei legt er interessante Seiten als Lesezeichen in einem Social Bookmarking-System ab und taggt diese mit dem Schlüsselwort flashmob. Das Social Bookmarking-System bietet ihm nun die Möglichkeit, Lesezeichen anderer Benutzer anzuschauen, die ebenfalls das Schlüsselwort flashmob verwendet haben, bzw. die ähnliche Seiten abgelegt haben. Darüber erhält er nun Zugriff auf deren Lesezeichensammlung und findet dort sehr wahrscheinlich sehr interessante Informationen, für deren Auffinden er mit einer Internetsuche mehr Zeit benötigt hätte. Vor allem findet er dabei auch verwandte Informationen, die aus dem Blickwinkel des anderen Benutzers gesammelt wurden und die seine Betrachtungsweise ergänzen.

Dieses kleine Szenario zeigt das Potential von Social Bookmarking-Systemen im Unternehmenskontext. Wenn Mitarbeiter die Möglichkeit haben, Ihre Lesezeichen zu kategorisieren und auszutauschen, dann entstehen daraus wertvolle Informationssammlungen, von denen andere schnell profitieren können, da sie Zeit bei der Suche, Auswahl und Bewertung sparen. Zudem werden nicht nur Informationen, sondern auch schnell andere Kollegen entdeckt, die sich bereits mit einem ähnlichen Thema beschäftigt haben. Das heißt Social Bookmarking-Systeme unterstützen nicht nur den Informationsaustausch, sondern auch das Finden und Bilden von Expertennetzwerken. Neben den öffentlichen Social Bookmarking-Systemen bieten auch viele Social Media-Suites entsprechende Funktionen an. Solche internen Lösungen sind immer dann zu bevorzugen, wenn ein Unternehmen innovative Themen recherchiert, da ansonsten über eine geschickte Suche nach Lesezeichen von bekannten Mitarbeitern aktuelle F&E Schwerpunkte eines Unternehmens identifiziert werden können.

1.2.8   Activity Stream

Mico-Blogs ermöglichen den Benutzer die Erstellung kurzer Mitteilungen, Social Networking-Dienste dienen dazu diese Mitteilungen entsprechend der Kontakte eines Benutzers zu filtern. Activity Streams präsentieren die so gefilterten Mitteilungen an der Benutzeroberfläche des sozialen Intranets. Dies erfolgt als fortlaufende, zeitlich sortierte Liste der Mitteilungen. Dazu haben sich folgende Standards entwickelt:

- Der Autor wird mit einem kleinen Bild und seinem Namen gekennzeichnet.
- Der Nachrichtentext wird häufig nach einer bestimmten Länge gekürzt, um möglichst viele Beiträge in dem sichtbaren Bereich des Anwendungsfensters darstellen zu können.
- Bilder oder Videos werden als Vorschau in der Mitteilung angezeigt.
- Verweise auf andere Internetinhalte werden ebenfalls als Vorschaubild angezeigt, sodass man sofort einen Eindruck von der Informationsquelle erhält.
- Jede Mitteilung enthält eine Funktionsleiste, die es anderen Teilnehmern ermöglicht, diesen Beitrag zu „liken", zu kommentieren, weiterzuleiten oder zu taggen (s. o.).

Vor allem durch die multimediale Darstellung der Autoren, der eingefügten Inhalte oder Verweise, erhält ein Activity Stream eine sehr hohe Attraktivität und ist für den Benutzer im Vergleich zu der bekannten Listendarstellung von E-Mails interessanter zu lesen.

Da jeder Benutzer abhängig von seinem sozialen Netzwerk andere Inhalte in seinem Activity Stream vorfindet, muss man beachten, dass die Sichtbarkeit einer Mitteilung in einem Activity Stream im Gegensatz zu einem E-Mail-Verteiler nicht symmetrisch, sondern asymmetrisch ist. Das heißt nicht jedes Mitglied einer durch den E-Mail-Verteiler definierten Gruppe erhält die Information und entsprechende Antworten drauf, sondern nur das soziale Netzwerk des Autors. Sind z. B. die sozialen Netzwerke von drei Mitarbeitern nicht identisch, so kann es vorkommen, dass die Mitarbeiter B und C die Informationen von dem Kollegen A erhalten, die beiden aber nicht die Mitteilungen des jeweils anderen. Dies kann möglicherweise zu Irritation und Missverständnissen führen, wenn man implizit davon ausgeht, dass alle den gleichen Kenntnisstand haben. Um dies zu vermeiden, bieten einige Dienste die Einrichtung von Gruppen an, in denen alle Mitteilungen in die Activity Streams aller Mitglieder verteilt werden.

Benutzer können den Activity Stream nach unterschiedlichen Kriterien filtern. So kann man sich die Mitteilungen aller Mitglieder seines sozialen Netzwerks anzeigen lassen, einer bestimmten Gruppe oder Community oder auch nur die einer einzelnen Person (seiner „Wall"), um schnell einen Überblick über die Aktivitäten in seinem Netzwerk zu erhalten.

Neben den Mitteilungen von anderen Benutzern können Activity Streams auch automatisch generierte Mitteilungen von elektronischen Diensten enthalten. Dies können Zustandsmeldungen von Geräten sein, die ein Team überwachen muss, lokale Wetterdaten, Börsendaten des Unternehmens oder Information von Nachrichtendiensten.

Mit diesen Funktionen wird der Activity Stream neben der E-Mail-Inbox zu einem wichtigen Informationskanal in einem Unternehmen. Zu beachten ist jedoch, dass die E-Mail-Inbox ein Push-Kanal ist, während der Activity Stream ein Pull-Kanal ist. Mitarbeiter erwarten, dass sie wichtige Informationen und Anweisungen geschickt bekommen (push). Activity Streams und die über Microblogs verteilte Information wird häufig noch als optionaler Zusatzkanal betrachtet, den man bei Bedarf heranzieht (pull). Mit der oben bereits erwähnten Möglichkeit der expliziten Adressierung (@Name) kann man zwar andere Teilnehmer gezielt ansprechen, hier müssen sich aber in einem Unternehmen zunächst die entsprechenden Konventionen herausbilden. Dennoch haben Activity Streams das große Potential den E-Mail Verkehr zu reduzieren. E-Mails, die im Wesentlichen der Informationsverteilung dienen, können dorthin verlagert werden. Die Informationsmenge reduzieren sie jedoch nicht, da sie die Benutzer dazu animieren, interessante Information zu verteilen. Richtig genutzt bieten sie eine gute Möglichkeit, die Informationsverteilung besser zu kanalisieren und eine neue Kommunikationsqualität zu erzielen.

1.2.9 Bewertungssysteme und Empfehlungssysteme

Ein Bestandteil vieler Social Media-Systeme ist die Möglichkeit Inhalte zu bewerten. Im einfachsten Fall ist dies das aus Facebook bekannte „like", der Daumen hoch/runter aus YouTube oder eine 5-wertige Bewertungsskala. Damit gibt man Benutzern die Gelegenheit interessante Beiträge hervorzuheben. Neben dem unmittelbaren Feedback für den Autor des Beitrags geben die Benutzer mit der Bewertung dem System aber auch ihre Interessen und Vorlieben kund. Dies kann dazu genutzt werden, ein Benutzerprofil mit den Prioritäten eines Benutzers für bestimmte Inhalte oder auch Autoren anzulegen. Dieses Benutzerprofil wird dann wiederum von Empfehlungssystemen dazu genutzt dem Benutzer neue Inhalte oder Kontakte vorzuschlagen.

In einem Unternehmen können diese Mechanismen das interne Wissensmanagement gut unterstützen. Wichtig ist dafür vor allem die Empfehlungsfunktion, da darüber Benutzer auf Inhalte aufmerksam gemacht werden, nach denen sie explizit nicht gesucht haben oder deren Existenz unbekannt ist.

1.2.10 Komplettlösungen

Die in den vorherigen Abschnitten vorgestellten Komponenten eines sozialen Intranets können zwar eingeschränkt auch isoliert genutzt werden. Viele Funktionen entfalten jedoch erst in Kombination mit anderen ihr volles Potential. Abbildung 1.2 zeigt alle bisher beschriebenen Komponenten als Elemente einer Social Media-Suite und unterscheidet dabei zwischen Querschnittsfunktion und einzelnen Diensten.

Dieses Rahmenwerk zeigt zudem die wesentlichen Funktionsblöcke einer Social Media Suite. Das kooperative Dokumentenmanagement wird unterstützt durch:

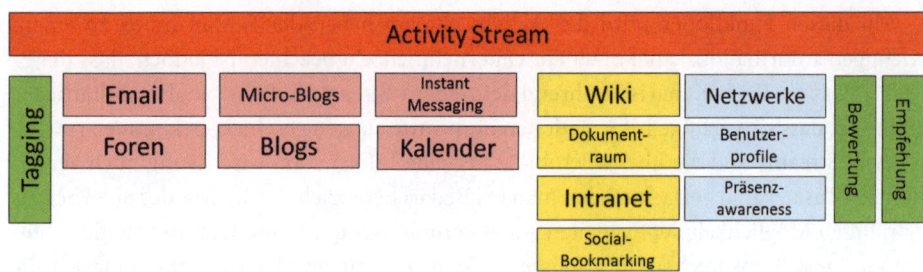

Abb. 1.2 Social Media Suite Rahmenwerk, © Urheberrecht beim Autor

- Wikis zur gemeinsamen Erstellung von Dokumentation,
- Dokumentenräume zur Ablage und zum Austausch von Dokumenten in Teams, Abteilungen und Projekten,
- Social Bookmarking Systeme zur Verwaltung von externen und internen Referenzen auf Inhalte.

Die Kommunikation im Unternehmen unterstützen:

- E-Mail als klassisches Medium für die Übermittlung von Nachrichten,
- Foren zur Diskussion,
- Blogs zur Veröffentlichung von Informationen,
- Mirco-Blogs zum Austausch von Nachrichten und Information in Netzwerken,
- Instant Messaging zur synchronen ad hoc Kommunikation.

Die Benutzer repräsentieren und organisieren:

- Benutzerprofile mit ihren Kontaktinformation, Interessen und Expertisen,
- Soziale Netzwerke zur Filterung der Informationen aus den Microblogs,
- Präsenzawareness um anderen die Erreichbarkeit anzuzeigen.

Querschnittsfunktionen sind:

- Tagging-Dienste die zur Verschlagwortung von Inhalten und Kontakten dienen,
- Bewertungssysteme zum Ausdruck von Vorlieben und Interessen,
- Empfehlungssysteme um auf relevante Informationen hinzuweisen.

Obwohl einzelne Komponenten ihre eigene Benutzungsschnittstelle besitzen, dient der Activity Stream zur konsolidierten Präsentation der Aktivitäten von Benutzern in den einzelnen Komponenten.

Komplettlösungen die diese Komponenten anbieten sind z. B. Microsoft SharePoint [20], IBM Connections, BSCW [9] oder Yammer [30].

1.3   Ausblick

Für den Einsatz von Social Media-Lösungen im Unternehmen bieten sich aus technischer Sicht eine Vielzahl von Lösungen an. Häufig geschieht dies in Form der oben beschriebenen Komplettlösungen als Social Media-Suite. Bei der Auswahl ist darauf zu achten, dass diese Lösung einfach mit den bereits existierenden Unternehmenslösungen technisch zu integrieren ist, weil nur so eine organisatorische Integration und der dazugehörige Veränderungsprozess zu bewerkstelligen sind. Interessant wird für die Zukunft die Integration von Social Media-Funktionen in Prozess- und Produktionssysteme sein. Zum Beispiel können Produktionsmaschinen Microblog-Nachrichten schicken, die in Activity Streams dargestellt werden, um so den Arbeitern einen Überblick über die Gesamtsituation einer Produktionskette zu liefern. Es ist zu erwarten, dass Social Media-Funktion zu integralen Bestandteilen vieler Unternehmenssysteme werden, ähnlich, wie man auch heute schon aus vielen Anwendungen heraus eine E-Mail versenden kann oder wie viele Anwendungen aus dem privaten Entertainmentbereich eine Anbindung an Facebook oder Twitter realisiert haben.

Ein weiteres spannendes Thema für die Zukunft wird die Organisation der unternehmensübergreifenden Kooperation sein und die damit verbundene Fragestellung, wie Informationen zwischen unterschiedlichen Kooperations- und Social Media-Plattformen selektiv ausgetauscht werden. Obwohl konzeptionelle Lösungen existieren [21, 26], kennen viele Nutzer, die unternehmensübergreifend in verschiedenen Projekten arbeiten, heute schon das Problem, dass mit jedem externen Projekt eine neue Plattform und entsprechende Zugangsdaten verbunden sind. Die konzeptionelle, technische und organisatorische Integration unterschiedlicher Plattformen in eine für den Benutzer homogene und nahtlos zu nutzende Benutzungsschnittstelle wird eine der nächsten Herausforderungen sein. Eine Lösung dieses Problems droht entweder der Rückfall in das derzeit einzige problemlos interoperable Kommunikationsmedium E-Mail oder die Nutzung von zentralen, aber unternehmensexternen Drittplattformen, wie sie z. B. von Google oder DropBox angeboten werden.

1.4   Danksagung

Vielen Dank an Wolfgang Gräther und Nils Jeners für die zahlreichen und wertvollen Kommentare bei der Erstellung dieses Beitrags.

Literatur

[1] Atos: The Zero E-Mail Company (2012). http://de.atos.net/NR/rdonlyres/58BE1309-61A5-4BF7-8780-B47DD306756E/0/WP_ZeroMail.pdf. Zugegriffen: 1. September 2013

[2] AVOS Systems Inc. Delicious. https://delicious.com/. Zugegriffen: 1. September 2013

[3] Bentley, R., Appelt, W., Busbach, U., Hinrichs, E., Kerr, D., Sikkel, K., et al.: Basic Support for Cooperative Work on the World Wide Web. International Journal of Human-Computer Studies: Special Issue on Innovative Applications of the World Wide Web **46**(6), 827–846 (1997)

[4] Dabbish, L.A., Kraut, R.E.: Email overload at work: an analysis of factors associated with email strain 20th anniversary conference on Computer supported cooperative work, Banff, Alberta, Canada, 2006. Proceedings. ACM, S. 431–440 (2006)

[5] Davis, H., Hall, W., Heath, I., Hill, G.: Towards An Integrated Information Environment With Open Hypermedia Systems. In: Lucarella, D., Nanard, J., Nanard, M., Paolini, P. (Hrsg.) ACM Conference on Hypertext, S. 181–190. ACM, Milano (1992)

[6] Doodle, A.G.: Doodle. http://www.doodle.com. Zugegriffen: 1. September 2013

[7] Dropbox Inc: Dropbox. http://www.dropbox.com. Zugegriffen: 1. September 2013

[8] Feinberg, J.: Wordle. http://www.wordle.net. Zugegriffen: 1. September 2013

[9] Fraunhofer, F.I.T., OrbiTeam: BSCW – Basic Support for Cooperative Work 2013. https://public.bscw.de/pub/. Zugegriffen: 1. September 2013

[10] Gräther, W., Prinz, W.: The social web cockpit: support for virtual communities International ACM SIGGROUP Conference on Supporting Group Work, Boulder, Colorado, USA, 2001. Proceedings. ACM Press, S. 252–259 (2001)

[11] Grudin, J.: Groupware and Social Dynamics: Eight challenges for developers. Communications of the ACM **37**(1), 92–105 (1994)

[12] Hoschka, P., Prinz, W., Pankoke-Babatz, U.: Der Computer als soziales Medium. In: Schwabe, Streitz, Unland, (Hrsg.) CSCW-Kompendium, S. 276–285. Springer, Berlin, Heidelberg, New York (2001)

[13] Jeners, N., Lobunets, O., Prinz, W.: What Groupware Functionality Do Users Really Use? (A Study of Collaboration Within Digital Ecosystems). DEST 2013 7th IEEE International Conference on Digital Ecosystems and Technologies, Stanford, California, USA. IEEE Press (2013). to appear

[14] Jeners, N., Mambrey, P.: Zur Appropriation sozio-technischer Systeme am Beispiel des Microblogging Systems Twitter. In: Schumann, M., Kolbe, L.M., Breitner, M.H., Frerichs, A. (Hrsg.) Multikonferenz Wirtschaftsinformatik, S. 717–728. Universitätsverlag Göttingen, Göttingen (2010)

[15] Jeners, N., Prinz, W.: From Groupware to Social Media – A Comparison of Conceptual Models. In: Camarinha-Matos, L., Xu, L., Afsarmanesh, H. (Hrsg.) Collaborative Networks in the Internet of Services. IFIP Advances in Information and Communication Technology. 380, S. 416–423. Springer, Berlin Heidelberg (2012)

[16] Koch, M.: CSCW and Enterprise 2.0 – towards an integrated perspective 21th Bled eConference, eCollaboration: Overcoming Boundaries Through Multi-Channel Interaction, S. 416–427 (2008)

[17] Koch, M., Richter, A.: Enterprise 2.0: Planung, Einführung und erfolgreicher Einsatz von Social Software in Unternehmen. Oldenbourg (2007)

[18] LinkedIn Corporation: LinkedIn. http://www.linkedin.com/. Zugegriffen: 1. September 2013

[19] Microsoft Corporation: Lync. http://office.microsoft.com/de-de/microsoft-lync-videokonferenzen-und-chat-FX010172905.aspx. Zugegriffen: 1. September 2013

[20] Microsoft Corporation: Sharepoint. http://office.microsoft.com/de-de/microsoft-sharepoint-software-fur-die-zusammenarbeit-FX103479517.aspx. Zugegriffen: 1. September 2013

[21] Peristeras, V., Martínez-Carreras, M.A., Gómez-Skarmeta, A.F., Prinz, W., Nasirifard, P.: Towards a Reference Architecture for Collaborative Work Environments. International Journal of e-Collaboration (IJeC) **6**(1), 14–32 (2010)

[22] Prinz, W., Kolvenbach, S.: From Groupware to Social Media – Extending an Existing Shared Workplace System with Social Media Features. it – Information Technology **54**(5), 228–234 (2012)

[23] Prinz, W., Jeners, N., Ruland, R., Villa, M.: Supporting the Change of Cooperation Patterns by Integrated Collaboration Tools. In: Camarinha-Matos, L., Paraskakis, I., Afsarmanesh, H. (Hrsg.) Leveraging Knowledge for Innovation in Collaborative Networks. IFIP Advances in Information and Communication Technology, S. 651–658. Springer, Berlin Heidelberg (2009)

[24] Skype Communications S. à. r. l.: Skype. http://www.skype.com/de/. Zugegriffen: 1. September 2013

[25] The Internet Engineering Task Force (IETF): RFC 5545: Internet Calendaring and Scheduling Core Object Specification (iCalendar) (2009)

[26] Vonrueden, M., Prinz, W.: Distributed Document Contexts in Cooperation Systems. In: Kokinov, B., Richardson, D., Roth-Berghofer, T., Vieu, L. (Hrsg.) Modeling and Using Context. Lecture Notes in Computer Science. Bd. 4635, S. 507–516. Springer, Berlin Heidelberg (2007)

[27] Wellman, B., Gulia, M.: Net Surfers don't Ride Alone: Virtual Communities as Communities. In: Wellman, B. (Hrsg.) Networks in the Global Village, S. 167–194. Westview Press (1999)

[28] Whittaker, S., Bellotti, V., Gwizdka, J.: Everything through Email. In: Jones, W., Teevan, J. (Hrsg.) Personal Information Management. S. 167–189. University of Washington Press, Seattle and London (2007)

[29] XING, A.G.: XING. https://www.xing.com/

[30] Yammer Inc: Yammer – The Enterprise Social Network. http://www.yammer.com. Zugegriffen: 1. September 2013

Kulturveränderung durch Einführung von Social Media

2

Klaus Rüffler

Wie lässt sich die Kommunikationskultur in Unternehmen durch die Einführung von Social Media-Tools verändern?

> Kultur hat mit Technik und Wissensmenge nichts zu tun, sie ist ein innerer Zustand (Joseph Chamberlain, 1836–1914).

Einer meiner Kollegen aus der Geschäftsführung hat in den Anfängen unseres „Blog-Daseins" einmal geschrieben: Web 2.0 ist keine Technik, Web 2.0 ist ein Lebensgefühl. Diese Aussage ist nicht nur bei den Mitarbeitern besonders positiv aufgenommen worden, sondern hat mir selbst eigentlich erst deutlich gemacht, in welchem Ausmaß wir uns hier auch auf eine Veränderung des Miteinanders in unserem Unternehmen eingelassen haben. Aus heutiger Sicht, auch wenn die Euphorie der Anfänge schon etwas zurückliegt, kann man sagen, dass wir durch die Instrumente des Web 2.0 nicht nur die Kommunikation zu den Mitarbeitern verändert haben, sondern dass es uns geholfen hat, Vorbehalte gegen bestimmte Entscheidungen besser zu verstehen, wie es auch den Mitarbeitern hilft, unsere Beweggründe besser nachzuvollziehen. Beides hilft den „roten Faden" in der Entwicklung einer Organisation besser sichtbar zu machen und sich daran zu orientieren. Wir alle kennen ja den Spruch: „Gut gemeint ist nicht gut gemacht!" Web 2.0 kann dabei helfen, Ziele auch gemeinsam zu erreichen und Stolpersteine frühzeitig zu erkennen.

2.1 Wann haben wir angefangen und warum?

Als wir begannen, die Unternehmenskultur unserer Organisation zu betrachten stellten wir fest, dass wir noch sehr stark geprägt waren von Hierarchiedenken, von Prozessorien-

Dr. Klaus Rüffler ✉
DB Systel GmbH, Frankfurt, Deutschland
e-mail: klaus.rueffler@deutschebahn.com

C. Rogge und R. Karabasz (Hrsg.), *Social Media im Unternehmen – Ruhm oder Ruin*,
DOI 10.1007/978-3-658-03087-2_2, © Springer Fachmedien Wiesbaden 2014

tierung – auch in der Frage der Zusammenarbeit und Unterstützung untereinander – und einem eher transaktionalen Führungsstil. Aus den Rückmeldungen unserer Mitarbeiterbefragungen bekamen wir von vielen Mitarbeitern als Feedback u. a. zu wenig und zu späte Information, zu wenig Transparenz was das Management bewegt, zu wenige Information zu strategischen Fragen und allgemein: fehlende Begründungen zu diverse Entscheidungen des Managements. Insbesondere der letzte Punkt hat uns sehr beschäftigt, da natürlich die Nachvollziehbarkeit von Entscheidungen wesentlich für die Inhalte der täglichen Arbeit und das Erkennen des persönlichen Beitrags zum Unternehmenserfolg ist. Aber nur mit der Transparenz von Entscheidungen kann auch Vertrauen und Glaubwürdigkeit in Organisationen entstehen und aufrechterhalten werden. Nicht zuletzt belegen zahlreiche Studien, dass es zwischen Unternehmenserfolg und Transparenz eine Korrelation gibt, d. h. transparente Unternehmenskultur auch zu betriebswirtschaftlich Erfolgen führt. Maßgeblichen Anteil daran haben auch zunehmend Social Media-Tools in Unternehmen [2].

2.1.1 Analyse

Aus Sicht des Managements litten wir an zu langsamen Kommunikationsprozessen, d. h. die Umsetzung von Entscheidungen und die Kommunikation über die Hintergründe dauerten aus unserer Sicht zu lange. Insbesondere in großen Organisationen besteht die Gefahr, dass Führungskräfte – rein technisch (wann ist das nächste Teammeeting, wer hat Urlaub, steckt in Projekten etc.) – nicht zeitnah informieren, so dass über die klassische Kaskade Engpässe entstehen können. Das heißt Informationen sind u. U. veraltet oder überholt und haben keinen Bezug mehr zu aktuellen Arbeitsinhalten/-situationen. Wenn aber die entsprechenden Informationsflüsse nicht sichergestellt werden können, ist es für die Mitarbeiter nicht möglich, den eigenen Stellenwert des Arbeitsergebnisses zu erkennen. Dies senkt die Motivation und führt zu Unzufriedenheit. Auf der anderen Seite habe ich in zahlreichen Gesprächen festgestellt, dass viele Mitarbeiter davon ausgehen, immer wiederkehrende Probleme z. B. in der Zusammenarbeit einzelner Abteilungen seien im Management längst bekannt. Allerdings wurden diese Probleme über die verschiedenen Hierarchie-Ebenen aus unterschiedlichen Gründen nicht kommuniziert. Aus unserer Sicht musste deshalb diese „Ineffizienz" in der Kommunikation über die Hierarchien mit den Mitarbeitern beseitigt werden.

Als wir 2010 von Experten aus dem Researchbereich das Kommunikationsverhalten der sog. Generation Y (oder digital natives) erläutert bekamen, waren wir sehr schnell davon überzeugt, dass diese Formen der Kommunikation über soziale Netzwerke auch die Unternehmenskommunikation innerhalb unseres Unternehmens zunehmend verändern muss. Unter dem Aspekt der Personalgewinnung innerhalb der jüngeren Generation waren wir der Überzeugung, dass sich eine moderne Führungskultur auch über den Einsatz von Social Media in der Kommunikation mit den Mitarbeitern manifestieren wird. Und dass wir, wenn wir nicht als Management hierauf reagieren, eine wesentliche Möglichkeit der Kulturveränderung, aber auch der Verbesserung unserer Arbeitgeberattraktivität, auslassen würden. Die Fachleute erläuterten uns an einigen Beispielen, wie Unternehmen mit diesen Medien umgehen und welchen Stellenwert diese Form der Kommunikation auch für die Attraktivität als Arbeitgeber haben kann. Amerikanische Studien hätten belegt, dass über 50 Prozent der Mitarbeiter es vorziehen, in einem Unternehmen zu arbeiten, das Social Media-Tools für die Interne Kommunikation nutzt. Über 80 Prozent empfehlen ihr Unternehmen an Dritte, wenn ein Social Intranet im Unternehmen vorhanden ist. Auch der Wissensaustausch, das Innovationsmanagement und die Arbeitgebermarke würden hierdurch überaus positiv beeinflusst [3].

Vielen Unternehmen nutzen die Social Media-Instrumente im Wesentlichen zum Vernetzen und Austausch von bereichsübergreifendem Wissen, um dadurch Fachexpertisen im Unternehmen sichtbar, Problemstellungen transparent und Lösungen schneller ausfindig zu machen. Eine wirkliche Kulturveränderung, insbesondere der Führungskultur, steht jedoch weniger im Vordergrund und ist auch unter den TOP 10 der HR-Themen kaum zu finden [3].

2.1.2 Zielsetzung

Für uns als Geschäftsführung stand die Beteiligung der Mitarbeiter am Kommunikations- und Entscheidungsprozess des Managements im Vordergrund. Wir wollten die klassische Top-Down Kommunikation verändern, mehr Offenheit und Dialog zulassen und damit auch ein wichtiges Signal für eine offene und partizipative Unternehmenskultur setzen. Wir wollten Vertrauen aufbauen und zeigen, dass wir auf klassische Kontrollmechanismen der Unternehmenskommunikation (Redaktion und offizielle Freigabe) auch verzichten können. Und wir wollten diese Signale von der Managementspitze aus senden, denn nur von dort aus – so unsere Überzeugung – lässt sich die Unternehmenskultur nachhaltig verändern. Auf diesem Weg alle Zielgruppen – eben nicht nur die digital natives – sondern alle Mitarbeiter ansprechen. In einem IT-Unternehmen ist das aus unserer Sicht der richtige Weg, die erkannten Defizite in der Kommunikation zu beseitigen und über die bekannten Wechselwirkungen zwischen Kommunikation ↔ Kultur auch unserer Unternehmenskultur weiter zu entwickeln.

Dieser Punkt ist deshalb erwähnenswert, weil der Entscheidungsprozess und die im Team gewonnenen Erkenntnisse aus der Einführung der notwendigen Tools bereits zu ersten Veränderungen in unserer Kommunikationskultur geführt haben. Letztlich hat uns dies auch darin bestärkt, die Kommunikation über die Web 2.0-Kanäle zu eröffnen, um die begonnen Diskussionen über das Für und Wider im Unternehmen zu befördern. Denn allein hieraus erwachsen für uns wichtige Hinweise, was für die Mitarbeiter in der Unternehmenskommunikation inhaltlich wichtig ist und auch als authentisch und informativ wertgeschätzt wird. Es geht ja auch im Web 2.0 darum, möglichst adressatengerecht zu kommunizieren, denn nur so lässt sich die Akzeptanz des Mediums steigern und Feedback einholen. Mit der Einführung der Web 2.0-Kanäle hat das Team auch erhebliche interne Widerstände überwinden müssen und so einen wichtiges Ziel auf dem Weg zu einem unmittelbareren und authentischen Kommunikation – bereichs- und hierarchieübergreifend – erreicht.

Insofern zielten wir mit der Einführung „offizieller" Social Media-Kanäle sowohl auf die Verbesserung eines direkten und zeitnahen Austauschs mit den Mitarbeitern, aber auch auf eine Systematisierung dieser Kommunikationskanäle, um für alle Beteiligten eine bessere Übersichtlichkeit zu erlangen und auch datenschutzrechtliche Aspekte berücksichtigen zu können. Letztlich wollten wir bestimmte Kommunikationskanäle auch „legalisieren" und dadurch auch sicherer machen.

Und wir wollten damit deutlich ausdrücken: Wir möchten Euch (Mitarbeiter) wissen lassen, was uns im Rahmen einer Entscheidungsfindung oder aufgrund eines Kundenfeedbacks oder in Umsetzung unserer Strategie bewegt und gerne auch eine Rückmeldung hierzu erhalten. Das in eigenen Worten, nicht durch Medienfachleute designt – authentisch, freiwillig und unmittelbar und auf Augenhöhe. Wir wollten zeigen, dass Kommunikation eben auch außerhalb der Kaskade der Hierarchie wirksam möglich ist, ohne dass dadurch die Kommunikation zwischen den Mitarbeitern und ihren direkten Führungskräften negativ beeinflusst wird. Und wir wollten die Geschwindigkeit der Kommunikation erhöhen und die Informationswege „flacher" machen. Die zeitnahe Verfügbarkeit von Informationen auch zu Entscheidungen des Managements sollte verbessert werden. Es ging uns aber auch darum, im O-Ton von unseren Mitarbeiter wahrgenommen zu werden. Jeder kennt schließlich das Stille-Post-Syndrom in großen Organisationen, an dessen Ende die Inhalte nur noch in Teilen dem ursprünglich Gesagten entsprechen. Wir wollten dem – ohne Vorwurf an die gebräuchliche Kaskadeninformation – entgegenwirken. Fragen oder Kommentare wollten wir auch direkt beantworten können und somit auch zu einer Klarheit der Kommunikation zwischen Management und den Mitarbeitern beitragen. Und ein bisschen wollten wir auch anregen, Diskussionen mit uns und den Führungskräften offen und transparent zu führen, so dass ein größerer Kreis – eine community – daran teilhaben haben kann. Diese Teilhabe sollte dann auch zum allgemeinen Verständnis aber auch zu einer „interdisziplinären" Lösungsfindung beitragen.

Also beschlossen wir kurzfristig, die Möglichkeiten der Einführung entsprechender Kommunikationskanäle in unserem Unternehmen zu prüfen und – entsprechend der Empfehlung unserer Kommunikationsfachleute – umzusetzen.

Bis zu diesem Zeitpunkt existierten in unserem firmeneigenen Intranet ein sog. Schwarzes Brett, auf dem neben allgemeinen Informationen auch manche Entscheidungen des Managements kommentiert oder administrative Pannen, z. B. im Personalmanagement, oder sonstige Themen wie z. B. die Qualität der Speisen im Casino oder die Bürosituation einzelner Mitarbeiter kommentiert oder diskutiert wurden. Daneben existierten insbesondere im Bereich der Entwicklercommunity zahlreiche Wikis, die verschiedene Informationen zu bestimmten Fachthemen beinhalteten oder Foren, die dem Austausch z. B. bei bestimmten Projekten dienten. Natürlich gab es des Weiteren „offizielle Tools", die insbesondere im Bereich der Projekte sowohl für Statusberichte und auch notwendige Planungsschritte sowie „lesson learned" eingesetzt wurden. Auch bestimmte Programme, die für die Echtzeitkommunikation im Gebrauch waren, wie z. B. sametime, wurden genutzt.

Und natürlich waren unsere Mitarbeiter auch außerhalb des Unternehmens auf Facebook oder LinkedIn vernetzt oder votierten auf kununu.

2.1.3 Einführung Bottom-Up oder Top-Down

In der DB Systel sind wir anfangs den Weg gegangen, die bestehenden Insellösungen einmal zu sammeln und auf ihren Nutzen hin auszuwerten. Dann wurde mit kleineren Pilotprojekten in einzelnen Abteilungen begonnen, die dann in das Gesamtkonzept mündeten. Die Erfahrungen der Teams waren vielschichtig, können jedoch im Nachhinein als „sehr mühsam, hier Überzeugungsarbeit zu leisten" zusammengefasst werden. Obwohl eine nicht unwesentliche Anzahl von Mitarbeitern die Tools nutzen; bestanden doch erhebliche Vorbehalte, hier ein Gesamtkonzept über diese Toollandschaft zu legen. Dies ist wahrscheinlich zu einem nicht unwesentlichen Teil ein Spezifikum unserer Organisation: der „Große Wurf" gelingt doch ohnehin nicht, lieber kleine Insellösungen bauen, damit es überhaupt läuft. Entsprechend „exklusiv" waren dann allerdings auch die Communities; eine bereichsübergreifende Vernetzung fand kaum statt. Damit waren diese Insellösungen eben auch nicht geeignet; eine unternehmensweite Kommunikationslandschaft zu gestalten.

Hätte man diesen Bottom-Up-Ansatz nun tatsächlich solange verfolgen wollen, bis hieraus das unternehmensweite Konzept quasi aus sich heraus entwickelt und etabliert hätte, dann wäre wahrscheinlich der Start deutlich später erfolgt. Es bedurfte, um hier zu einer schnellen unternehmensweit funktionierenden Lösung zu gelangen, am Ende einer Entscheidung durch die Geschäftsführung und einer entsprechenden Kommunikation sowie einen Top-down-Ansatz für die Einführung der o. g. Struktur der Social Media-Tools. Nicht zuletzt waren auch die finanzielle Unterstützung dieses Prozesses durch das Top-Management sowie die konsequente Einbindung der Stakeholder (Betriebsräte, Datenschutz, Kommunikationsfachleute etc.) die entscheidenden Erfolgskriterien.

2.2 Erste Schritte

Nach den Empfehlungen unserer Kommunikationsfachleute und Vorarbeiten eines kleinen Teams starteten wir mit einem Geschäftsführer-Blog, d. h. mit einer Plattform, auf der wir als Geschäftsführer – jeder zu Themen die ihn bewegten – kurze Beiträge, Gedankengänge, aber auch Wünsche äußern konnten. Auch direkte Informationen, z. B. was gab es aus der letzten Geschäftsführungssitzung zu berichten oder wie verlief das eine oder andere Meeting, der Kundenbesuch, Geschäftsreise etc. Um gerade auch in der Anfangsphase eine ausreichende Anzahl von Beiträgen zu haben und uns an eine gewisse Regelmäßigkeit gewöhnen zu können, gab es Empfehlungen unseres Kommunikationsteams, welche Themen vielleicht im Blog aufgegriffen werden können. Bis heute haben wir eine wöchentliche Vorschlagsliste. Ich persönlich orientiere mich inzwischen nur noch zu einem relativ kleinen Teil meiner Beiträge anhand dieser Empfehlungen, aber anfangs hat es sehr geholfen.

Wir gingen auch „technisch" sehr unterschiedlich damit um. Während der eine Kollege immer auch „Redaktion" lesen ließ, um z. B. Rechtschreibfehler korrigieren zu lassen (nie inhaltlich!), schrieb ich immer direkt und veröffentlichte unmittelbar im Blog. Aber dies galt im Wesentlichen für die ersten Monate, um sich an das neue Medium zu gewöhnen.

2.3 Welche Risiken haben wir gesehen und bewusst im Sinne einer Kulturveränderung auch in Kauf genommen

Natürlich stand am Anfang eine intensive Diskussion über die Frage der Spielregeln. Damit verbunden war die Sorge, dass bestimmte Aussagen als „offizielle" Statements der Geschäftsführung jenseits der reinen Information mit Folgewirkung versehen werden. Zum Beispiel der Personalchef bloggt über ein Thema aus dem Bereich der Gehaltspolitik, dann kann man das auch gleich als Position des Arbeitgebers im Rahmen der Tarifverhandlungen einfließen lassen oder der Finanzchef bloggt über seine Bedenken zur Umsatzentwicklung, dann kann man daran auch gleich die Ergebnisprobleme des zurückliegenden Quartals festmachen etc. Insgesamt war in der Diskussion die Sorge vorherrschend, dass man als Funktionsträger oder Organ eigentlich gar nicht „inoffiziell" kommunizieren kann. Auf der anderen Seite sagten wir uns, wenn wir wieder ganz bestimmte Tabuthemen haben, werden wir auch keine offene Kommunikation mit den Mitarbeitern fördern. Also muss der Grundsatz gelten: Alles ist erlaubt! Von Geschäftsgeheimnissen oder vertraulichen Personalinformationen sollte man natürlich absehen. Das gehört weder in einen Blog noch sonst in die Betriebsöffentlichkeit.

Besondere Sorge machte uns das „Antwort-Zeit-Verhalten" welches eine dialogorientierte Kommunikation über die Social Media-Kanäle erforderte. Auf der einen Seite galt es, möglichst kurze und prägnante Statements zu geben (nicht mehr als 300 Zeichen!) und auch bei möglichen Antworten auf Nachfragen schnell zu reagieren. Tatsächlich stellt sich dies für mich heute als eine wirkliche Herausforderung dar. Je nach Fülle des Terminkalenders muss auch die regelmäßige Nutzung dieser Tools zeitlich geplant werden. Ich empfehle dies tatsächlich mit festen Zeitfenstern in die Wochenplanung mit aufzunehmen. Denn Kommunikation – egal über welchen Weg – braucht Zeit. Wenn darüber hinaus auch zahlreiche Kommentare eingehen, dann bedarf auch eine Sichtung Zeit. Ich habe es mir aber ebenso zur Regel gemacht, dass nicht jeder Kommentar, auch wenn er eine Frage enthält, wieder meiner Kommentierung/Antwort bedarf. Auch Dinge einfach stehen zu lassen (Feedback nehmen!) gehört zur Kommunikationskultur. Fragen, auf die ein Mitarbeiter unbedingt eine Antwort haben möchte, müssen ggf. nochmals per Mail an mich adressiert werden.

Den Zeitbedarf unserer Mitarbeiter zu regeln, wie intensiv sie die Social Media-Kanäle nutzen dürfen, stand für unser Unternehmen, welches seit Jahren in Vertrauensarbeitszeit lebt, nicht im Vordergrund. Wir hatten aber später Diskussionen mit Kollegen aus anderen Konzernunternehmen, die hierüber durchaus lange Diskussionen über Beeinflussung der Mitarbeiterproduktivität etc. geführt haben. Es ist sicherlich an dieser Stelle eine stark er-

Sechs Kulturelemente sind in der DB Systel adressiert

Abb. 2.1 Leitbild der Unternehmenskultur der DB Systel, © DB Systel

gebnisorientierte Arbeitsweise der gesamten Organisation förderlich, da meines Erachtens eine Regelung hierzu weder sinnvoll noch administrativ nachvollziehbar wäre.

Wir hatten auch die Befürchtung: „Machen wir uns lächerlich, wenn wir einfach nur so ‚daherplaudern‘, wo man doch sonst nur fundierte und ausgefeilte Statements erwarten durfte?". Auf der anderen Seite musste eine angstfreie Nutzung auch durch die Mitarbeiter möglich sein. Keine Repressalien bei negativen Kommentaren oder „unerwünschten Fragen".

Ebenfalls nicht ganz unwesentlich war anfangs die Diskussion über die „Technik". Wie geht z. B. Bloggen eigentlich? Auch unter uns in der Geschäftsführung war zum einen der Wissensgrad über das Medium zum anderen aber auch die eigenen Erfahrungen mit Kommunikationstechniken, wie sie heute z. B. auf Social Media-Plattformen im Internet gebräuchlich sind, sehr unterschiedlich ausgeprägt. Wir hatten unterschiedliche Vorkenntnisse und mussten uns letztlich gegenseitig davon überzeugen bzw. überzeugen lassen, dass der Umgang damit schnell erlernbar – wenn auch gewöhnungsbedürftig sein kann.

Ganz entscheidend war aber am Ende die Vertrauensfrage und der Reifegrad, denn wir unserer Unternehmenskultur – Führungskräfte einschließlich unserer eigenen Person und Mitarbeitern – unterstellen durften. Also haben wir uns unser Leitbild (s. Abb. 2.1) vorgenommen und einen Haken an die jeweiligen Felder gemacht.

Insbesondere die Frage des Vertrauens in einen verantwortlichen und respektvollen Umgang miteinander war zu beantworten. Denn nur wenn wir dieses vor der Einführung der Instrumente und der Nutzung positiv beantworten konnten: „Wir kennen unsere Mitarbeiter, sie werden fair und verantwortungsvoll mit dem Instrument umgehen!" – dann hätte dieser Ansatz auf Dauer auch Erfolg und auch wir würden offen und authentisch über diesen Kanal wirken. Wir haben uns bewusst im Sinne des fairen und offenen Umgangs miteinander dafür entschieden, dass die User keine Pseudonyme verwenden dürfen; Respekt und Würde des anderen müssen stets gewahrt bleiben. Im Rückblick war dieses Vorgehen erfolgreich. Weder musste bisher ein Beitrag gelöscht werden, noch hat sich irgendein User im „Ton vergriffen".

Das Ergebnis unserer kleinen Kulturanalyse war deshalb zu Beginn: „Ja, sind wir schon auf gutem Weg, aber wir müssen noch mehr tun und auch deutlich erkennbare Zeichen im Unternehmen setzen!"

2.3.1 Akzeptanz von Spielregeln

Natürlich mussten wir Spielregeln festlegen, die eine breite Akzeptanz unterstützen und auch deutlich das Vertrauen aller User eingefordert haben. Dies war nur mit Einbindung der Kolleginnen und Kollegen aus der Mitbestimmung und einer klaren inhaltlichen Ausrichtung auf den Umgang untereinander möglich. Auch hier sind kulturelle Gepflogenheiten der bestehenden Organisation zu nutzen. In der Diktion lag der Schwerpunkt weniger auf „nicht erlaubt sind ..." sondern „wir möchten ..." und orientierte sich ganz wesentlich an unserem kulturellen Leitbild. Wir wollten – auch um eine entsprechende Vertrauenskultur zu fördern – nur das absolute Minimum regeln. Sollte sich zu einem späteren Zeitpunkt ein Nachsteuerungsbedarf ergeben, hätte man immer noch Ergänzungen vornehmen können. Bis heute war dies nicht notwendig.

Seitens der Mitbestimmung wurden wir auch darin unterstützt. Wesentlich war auch, dass wir keine zeitlichen Reglementierungen trafen und insbesondere keine Verhaltenskontrolle möglich und natürlich auch nicht beabsichtigt war. Die datenschutzrechtlichen Vorgaben anhand des im DB Konzern durchaus sehr spezifiziert geregelten Mitarbeiterdatenschutzes waren natürlich einzuhalten. Aus diesem Grunde war ein Minimum an Regeln überhaupt erforderlich, denn sonst hätte man auch über einen generellen Verzicht nachdenken können, was sicherlich ein sehr starkes Zeichen in Richtung der Mitarbeiter gewesen wäre. Wir sind jedoch zu keinem Zeitpunkt auf diese Regeln angesprochen worden, noch wurden wir hierfür kritisiert. Ich glaube auch, dass sich kein Mitarbeiter von einer Nutzung der Tools abhalten lässt, wenn er sie als sinnvoll und nützlich empfindet.

2.4   Erste Erfahrungen (Auswertungen, Beuth-Hochschule), MAB 2012

Die Plattform trägt den Namen „Klick über den Tellerrand" und beinhaltet

- „GF en Blog": Blog der Geschäftsführung,
- „Systel en Blog": Mitarbeiter- und Team-Blogs,
- Forum: Diskussionsforen zu den unterschiedlichen Themen,
- Verlinkung auf Wikis, dem anwenderorganisierten Wissensmanagement.

Nach den ersten 100 Tagen konnten wir auf der gesamten Plattform ca. 40.000 Seitenaufrufe pro Monat verzeichnen, durchschnittlich 5300 Besuche pro Monat und geschätzte 250 aktive Nutzer sowie etwa doppelt so viele, die nur lasen. Allein die rund 40 Blogs wurden mit ca. 330 Kommentaren versehen (max. 50 pro Blogbeitrag) und mit ca. 380 Likes. Auch das Forum zählte zu ca. 90 Themen rund 340 Beiträge. Also insgesamt ein sehr guter Start.

2.4.1   Social Media-Instrumente in der inneren Unternehmenskommunikation

Im Rahmen einer Studie [1] wurde eine qualitative Interviewreihe mit Mitarbeitern der DB Systel durchgeführt und erste Ergebnisse der Nutzung der bei uns eingesetzten Social Media-Instrumente bewertet. Wichtig war den Nutzern dabei, dass es möglichst wenige Überlappungen mit den klassischen sonstigen Instrumenten der Unternehmenskommunikation gibt (z. B. Print oder Intranet) und dass eine klare Policy verfolgt wird, welches Tool für welchen Inhalt genutzt wird. Die Tools sollten einfach gestaltet, die Inhalte übersichtlich sein und einen Mehrwert für die tägliche Arbeit liefern.

Erfreulich war für uns auch, dass man zumindest im Rahmen der Studie feststellen konnte, dass die Nutzung Social Media-Tools nicht alters- bzw. generationenabhängig ist. Wir hatten uns ja zur Einführung entschlossen, gerade weil die Nutzung dieser Tools insbesondere das Kommunikationsverhalten der jüngeren Generation prägt. Erfreulicherweise beteiligen sich bei uns alle Mitarbeiter unabhängig von Ihrem Alter. Das kann natürlich auch bei einem IT-Unternehmen, welches eine andere Affinität seiner Mitarbeiter zur Nutzung IT-gestützter Kommunikationsmittel haben dürfte, eigentlich unterstellt werden, schien uns aber zumindest zu Beginn nicht sicher.

Insgesamt wurden seitens der Mitarbeiter diese Tools als sinnvolle Ergänzung zur bisherigen Kommunikation angesehen, die weder die Qualität der Information an sich beeinflussen kann aber auch nicht den persönlichen Kontakt und Austausch untereinander ersetzen soll. Auch konnte man feststellen, dass bei weitem noch nicht die Mehrheit der Mitarbeiter erreicht wurde. Hier wurde uns eine systematische Ursachenanalyse in den Personengruppen empfohlen, die die Tools bisher noch nicht nutzen. Wir haben uns entschlossen, erst einmal einfach weiter zu machen, um durch stetige Aktivität eine größere Verbreitung zu erreichen. In naher Zukunft werden wir aber die Mitarbeiter hierzu befragen.

2.4.2 Ergebnisse der internen Mitarbeiterbefragungen unter dem Aspekt „Kulturveränderung" und „Ehrlichkeit" der Information

Wenn man die Messbarkeit von Kulturveränderungen z. B. an Ergebnissen einer Mitarbeiterbefragung festmachen kann und will, dann müssen wir insgesamt feststellen, dass wir noch längst nicht am Ziel sind. Wie bereits erwähnt haben wir noch längst nicht die Mehrzahl der Mitarbeiter über die Tools erreicht bzw. nutzen auch immer noch prozentual recht wenige Mitarbeiter die Möglichkeiten von Kommentierungen.

Im Rahmen einer unternehmensweiten Mitarbeiterbefragung wurde uns allerdings auch von einer relativen hohen Anzahl von Mitarbeitern zurückgemeldet, dass man Zweifel an der Ehrlichkeit und Offenheit der Kommunikation des Managements habe. Natürlich muss diese Rückmeldung sehr differenziert gesehen werden, wir werden im Rahmen von Workshops mit den Mitarbeitern sicherlich hierzu noch weitere Erkenntnisse bekommen. Aber natürlich enttäuschte uns diese Feststellung erst einmal.

Unter dem Aspekt der Kulturveränderung muss man allerdings auch den Zeitraum und den Umfang der Nutzung betrachten. Wir hatten nicht angenommen, dass alleine durch die direktere Kommunikation mit den Mitarbeitern unmittelbar Veränderungen spürbar werden.

2.4.3 Gesprächsrunden mit Mitarbeitern

Aus Gesprächen mit den Mitarbeitern wurde sehr schnell deutlich, dass man z. B. einen GF-Blog gerne liest – wenn man Zeit hat – aber der persönliche Kontakt nicht ersetzt werden sollte. Letztlich ist insbesondere die Fülle an Informationen und Medien (es kommen ja neben den Systel-internen Medien auch noch z. B. Mitarbeiterbriefe des Konzernvorstands und diverse Printmedien etc. hinzu) für die Mitarbeiter ein Problem. Die Mitarbeiter wünschen sich sowohl bessere Selektionskriterien: „Ich möchte möglichst die Infos lesen, die mich auch interessieren aber auch die Möglichkeit haben, die interessanten Informationen mittels Suchfunktionen zu finden".

Letztlich haben mir gegenüber aber viele Mitarbeiter auch kritisch angemerkt, dass sie sich selbst eine Überflutung von unternehmensinternen Informationen ausgesetzt sehen und diese gar nicht verarbeiten können. Auf der anderen Seite wurde uns im Rahmen der Mitarbeiterbefragung auch zurückgespiegelt, dass es weiterhin ein großes Informationsbedürfnis gibt. Aber bitte nach den „richtigen und interessanten" Informationen. Unser Geschäftsführungsblog wird besonders dann gerne gelesen, wenn wir aus unserer 14-tägigen Geschäftsführungssitzung – wir wechseln uns untereinander im Blog ab – berichten und ein paar, aus unserer Sicht, für die Mitarbeiter interessante Themen ansprechen.

2.5 Nutzen und Risiken für Führungskräfte

2.5.1 Feedback

Zu den wichtigsten Regeln für gutes Feedback gehört u. a. „Sofort Feedback geben". Der zeitnahe Zeitpunkt des Feedback gibt dem Empfänger die Möglichkeit, die Situation besser nachvollziehen zu können (Erinnerung ist noch frisch) und ggf. auch unmittelbar sein Verhalten zu verändern – zumindest zu hinterfragen.

Was gelesen wird und wie authentisch der Inhalt empfunden wird, darüber entscheiden die Mitarbeiter sehr schnell, was anhand der Klickrate bzw. der Anzahl der Kommentare leicht ablesbar ist. Das heißt es ist auf diesem Wege möglich, schnell Feedback zu erhalten, wie z. B. auch in einem persönlichen Gespräch. Dass sich aufgrund der Distanz das Feedback in seiner Formulierung nicht an die Regeln (Respekt, Wertschätzung etc.) hält, lässt sich für die überwiegende Mehrzahl der Kommentierungen in den Blogs nicht feststellen – Ausnahmen bestätigen allerdings auch hier die Regel. Ebenso gehört dazu (und muss ggf. auch gelernt werden), dass man Meinungsäußerungen und das darin verbundene Feedback auch einfach akzeptiert. Nicht jede Anmerkung bedarf der Reaktion im Sinne einer „Richtigstellung". Im Übrigen sind die meisten Mitarbeiter weiterhin bei besonders persönlichen Fragen oder auch besonders kritischen Anmerkungen zu durchaus differenzierter Nutzung der Social Media-Tools in der Lage und nutzen im Zweifel doch das Email als Kommunikationsweg.

Ein weiterer Nutzen für uns ist auch, festzustellen, inwieweit wir im Rahmen unserer Überlegungen im Management eher auf Zustimmung oder Ablehnung stoßen. Zwar sind die Kommentierungen aufgrund der nicht repräsentativen Anzahl nicht unbedingt ein Trend in der Meinung aller Mitarbeiter, aber um einzuschätzen, wie wichtig den Mitarbeitern ein Thema ist, hilft es schon. Dabei ist insbesondere die Anzahl der Kommentierungen interessant. Als ich z. B. einige Ansichten zum Thema „Diversity" äußerte und was m. E. im Rahmen unserer Unternehmenskultur noch verändert werden müsse, gab es ein recht verhaltenes Echo. Dann bloggte ich zu den Überlegungen, innerhalb der Geschäftsführung recht zeitnah ein „Shared-Desk-Konzept" zu entwickeln, um dieses auch bald einzuführen. Es war einer der Blogs, der in kürzester Zeit eine überdurchschnittlich hohe Zahl von Kommentierungen erhielt: aha, Nerv getroffen.

Beide Beispiele belegen, dass sich auf diesem Wege auch die Entscheidungssicherheit im Management verbessern lässt. Besonders wichtig sind die Hinweise, wie sensibel Themen von den Mitarbeitern aufgenommen werden. Das sollte man entsprechend nutzen, um Mitarbeiter stärker einzubinden und auch regelmäßig über entsprechende Entwicklungen in Richtung der Entscheidungsfindung zu informieren. Das führt zu weniger Überraschung und im besten Fall auch zu einer besseren Akzeptanz der Entscheidungsinhalte – auch wenn sie sicherlich nicht von jedem mitgetragen werden.

2.5.2 Bashing

Die „Sorge" – auch im Rahmen der Diskussion vor Einführung der Social Media-Kanäle
bei der Systel diskutiert – dass Wenige das Meinungsbild prägen und keine repräsentative
Einschätzung der Rückmeldung gegeben ist, hat sich natürlich bestätigt. Es ging uns auch
nicht um eine neue Form der Mitarbeiterbefragung sondern um die Kommunikation mit
den Mitarbeitern. Diese ist fast nie repräsentativ für die Gesamtunternehmung, wenn Sie
nicht aus einer entsprechend differenzierten und repräsentativen Gruppe abgeleitet werden
kann.

   Negative Äußerungen über einzelnen Personen sind ausgeblieben. Auch die Befürchtung von sog. „Shitstorms" war unbegründet. Sicherlich auch entscheidend hierfür war,
dass keine Pseudonyme zugelassen wurden und man auch nicht anonym an den Tools teilnehmen kann. Die Diskussionen sind transparent für jedermann und werden trotzdem
sehr kritisch geführt.

   Wir haben es im Rahmen unserer Führungskultur aber ebenso wenig zugelassen, dass
Führungskräfte aufgrund Diskussionen auf unserer Social Media-Plattform unter Recht-
fertigungsdruck gesetzt wurden – weder durch uns noch durch einzelne Mitarbeiter. Soweit
es um das Führungsverhalten geht, müssen sich Mitarbeiter weiterhin an die üblichen
Kommunikationswege innerhalb der Hierarchie halten. Sicherlich hat auch dies dazu bei-
getragen, dass sich – bei allen kritischen Anmerkungen – die Social Media-Tools letztlich
als von allen Beteiligten akzeptierte Kommunikationskanäle etabliert haben.

   Inzwischen bloggen auch andere Mitarbeiter und Führungskräfte und es gibt echte
„Tops", die überdurchschnittlich hohe Klickraten zu verzeichnen haben – bei fast jedem
Beitrag. Wir haben Blogger, deren Beiträge inzwischen „grundsätzlich" im Durchschnitt
höhere Klickraten und Kommentierungen aufweisen als alle anderen. Sie haben sich –
könnte man sagen – auf der internen Bestsellerliste der Mitarbeiter etabliert und wir
überlegen uns inzwischen auch, wie wir diese „Blogger" z. B. in Veränderungsprozesse
stärker einbinden. Auf diesem Weg kristallisieren sich die sog. Meinungsbildner in Unternehmen – für alle sichtbar – heraus. Sie erhalten qua dieser Akzeptanz Autorität und ihre
Stimme erhält in der Unternehmensöffentlichkeit besonderes Gewicht. Dieses ist auch eine
Veränderung, mit der einige Führungskräfte, aber auch wir als Geschäftsführung lernen
müssen, umzugehen.

2.5.3 Mitbestimmung bei Social Media

Kaum zu vermeiden sind manchmal auch Diskussionen mit Kolleginnen und Kollegen aus
der Mitbestimmung zu Themen, die in Social Media-Tools kommuniziert werden. Einmal
geht es um die Fragestellung, ob man nicht im Rahmen einer vertrauensvollen Zusammenarbeit nach dem Betriebsverfassungsgesetz zumindest den Betriebsrat rechtzeitig darüber
informieren müsste, wenn z. B. ein inhaltliches Statement von einem Geschäftsführer abgegeben wird, welches auch die Aufgabenwahrnehmung der Interessenvertretung berührt.

Zum anderen besteht auch die Neigung, je nach Inhalten von Kommentaren, insbesondere im Forum oder Blog, diese zum Gegenstand von Forderungen oder zumindest zu Tagesordnungspunkten in Gremiensitzungen zu machen.

In der Rückschau der letzten zwei Jahre kann ich feststellen, dass sich dies auf sehr wenige Ausnahmen beschränkt. Diese wurden aber wahrscheinlich auch ohne die Verbreitung im Web 2.0 zum Thema mit der Mitbestimmung, einfach weil sie die Mitarbeiter oder die Arbeitgeberseite bewegt haben. So verführerisch es vielleicht gewesen sein mag, aber beide Seiten haben es akzeptiert, dass es im Rahmen der Kommunikation über Social Media auch Meinungsäußerungen gibt, die nicht sofort von einer Seite aufgegriffen werden müssen. Allerdings sollte man hier auch fair miteinander umgehen und nicht eine Diskussion über Themen eröffnen, die aktuell Gegenstand von Verhandlungen oder Gesprächen mit dem Betriebsrat sind, um quasi basisdemokratisch Einfluss auf den Gesprächsverlauf zu nehmen . Da letztlich beide Parteien Vorteile wie Nachteile aus einer solchen Verhaltensweise hätten, tun auch beide Seiten gut daran, die Social Media-Plattform im gewissen Umfang als „neutralen Boden" zu verstehen. Wir sind innerhalb der Systel mit dieser Sichtweise bisher sehr gut gefahren.

Dennoch bedeutet dies auch für die Mitbestimmungskultur in Unternehmen eine Veränderung. Jenseits von Betriebsversammlungen, Gremiensitzungen und Einzelgesprächen erfolgt auch in den Social Media-Tools eine Meinungsbildung, die für eine repräsentative Interessenvertretung nach deutschem Muster Fragen aufwirft. Wann muss man reagieren? In welchem Umfang darf ich mich als Betriebsrat z. B. über die Kommentarfunktion beteiligen, ohne dass ich als Mandatsträger wahrgenommen werde bzw. hierin keine repräsentative Äußerung des Gremiums zu sehen ist. Diese und ähnliche Fragestellungen mussten wir als Geschäftsführung zu Beginn der Einführung der Social Media-Tools und unserer Aktivitäten, z. B. im Blog, beantworten. Und am Ende muss auch hier das Vertrauen obsiegen, dass man fair und respektvoll miteinander umgeht; Äußerungen auch einmal stehen lässt und Feedback akzeptiert. Keinesfalls sollte man auf Social Media-Plattformen in Stellvertreterdiskussionen eintreten, denn dies würde das Instrument für beide Seiten wieder ein bisschen von seiner Authentizität nehmen und die Offenheit in der Kommunikation behindern.

2.6   Stil & Profil – der persönliche Fingerprint

Die Veränderung des gewohnten Schreib- und Kommunikationsstils auf dieser Plattform, war für uns unterschiedlich stark notwendig. Unser operativer Kollege, ein IT-Fachmann, hatte hier so gut wie keine Anpassungsschwierigkeiten. Mein Finanzkollege und ich schon eher. Für mich als Jurist, der natürlich die Bedeutung und Feinheiten des Wortes, Sachzusammenhänge in Texten etc. quasi als ein seine Kommunikation prägendes Element ansieht, war das zum Teil ein längerer Prozess. Am Ende steht aber für alle gleichermaßen die Erkenntnis: Es bedarf gar keiner so wesentlichen Veränderungen – bis auf den Grundsatz: fasse dich kurz! Letztlich haben wir in unserem Blog einen Kommunikations- und

Schreibstil, wie in der täglichen Arbeit auch. Ich neige stärker zur Versachlichung als z. B. mein operativer Kollege. Der wiederum schreibt teilweise sehr emotional. Aber genau das gehört für uns und auch für die Mitarbeiter am Ende zu dem persönlichen Fingerprint des Bloggers und entscheidet über die Authentizität des Beitrags. Wer versucht, redaktionsreifen Texte in Anlehnung an deutsche Tageszeitungen als seinen persönlichen Stil auszuprägen, wird kaum als Mensch hinter seinem Beitrag gesehen werden und wird auch nicht das „Vertrauen" der User gewinnen. Ein schönes Beispiel hierfür war, als mein Kollege einen seiner Beiträge einmal durch unsere Kommunikationsfachleute „glätten" ließ. Unmittelbar nach der Veröffentlichung führte dies von einem Mitarbeiter zur Frage: „Wer schreibt hier und was haben Sie mit unserem Chef gemacht?" Eine bessere Bestätigung für die Unverwechselbarkeit und Authentizität kann es wohl kaum geben.

Auf der anderen Seite sollte man aber auch nicht versuchen betont „locker" zu texten oder gar Begriffe einzusetzen, die in seinem persönlichen Wortschatz überhaupt nicht vorkommen. Man muss weder Jugendsprache, Denglisch oder sonstige im Web 2.0 gebräuchliche Abkürzungen verwenden, wenn man dies nicht ohnehin in seinem bisherigen Sprachgebrauch antizipiert hat. Auch Fremdwörter können weiterhin verwendet werden. Entscheidend ist, ob man zu dem was und wie man schreibt steht. Deshalb haben wir – nach anfänglicher Lernphase – auch auf Redaktionssitzungen verzichtet.

Wir haben die Erkenntnis gewonnen, dass, wenn einmal eine solch authentische Kommunikation gestartet ist, ein Weg zurück ohne Verlust an Vertrauenskultur nicht mehr möglich ist. Die Mitarbeiter stellen sofort fest, ob sie hier einen vorgefertigten Text vor sich haben oder ob sich jemand mal ein paar Minuten Zeit genommen und seine Meinung in Worte gefasst hat.

2.7 Der Award

In 2012 erhielt das Team, das die Struktur der Social Media-Tools in der Systel erarbeitet und eingeführt hat, den Bahn-Award in der Kategorie „Unternehmenskultur". Dieser Punkt ist deshalb erwähnenswert, weil der Entscheidungsprozess und die dort gewachsene Erkenntnis sich wie ein roter Faden auch immer wieder durch die Frage, ob man Web 2.0 Kanäle für die Kommunikation im Unternehmen öffnen soll und was sie bewirken können, zieht.

Die Jury, die über die Verleihung in dieser Kategorie zu entscheiden hatte, wollte ursprünglich einer anderen Bewerbergruppe den Award verleihen. Man war nämlich nach der Präsentation der Web 2.0-Umgebung der Systel der Meinung, es handle sich da mehr oder weniger um ein „IT-Tool", von denen es ja viele gibt. Darin sah man keine so herausragende Leistung, die den Award verdient hätte. Erst als einer der Jury-Mitglieder die Veränderung der Kommunikationskultur durch Social Media in den Vordergrund stellte (er hatte wohl zumindest im privaten Umfeld dort Erfahrungen gemacht) und die Diskussion der Jury in diese Richtung lenkte, wurde allen Jury-Mitgliedern bewusst, welche Veränderungspotentiale für den gesamten Konzern damit verbunden sein könnten. Insbesondere die starke Verbindung zwischen Management und Mitarbeiter über diese Kanäle hat dann die Jury davon überzeugt, dass auf diesem Wege ein so großer Schritt in Richtung Veränderung der Unternehmenskultur gemacht werden könnte, dass man hierfür den 1. Platz verlieh.

Die Diskussion belegte sehr anschaulich, dass der Nutzen und auch die Möglichkeiten, die diese Medien mit sich bringen, meistens erst auf den zweiten Blick erkannt werden. Dies ist auch nachvollziehbar, da wir selbst vor zwei Jahren auch nicht sofort die Möglichkeiten und Chancen für die Kulturveränderung unseres Unternehmens erkannt hätten. Heute sind wir aus den gemachten Erfahrungen heraus in dieser Sichtweise gereift.

2.8 Wie geht es weiter? Hat sich unsere Unternehmenskultur (schon) verändert?

Auch eine Reise von 1000 Meilen beginnt mit einem einzigen Schritt (Konfuzius).

Grundsätzlich brauchen große Veränderungen Zeit. Dies gilt auch für die Veränderung einer Unternehmenskultur. Entsprechend sollte man die Frage der Messbarkeit dieser Veränderungen auch eher langfristig beantworten.

Die Wege des Web 2.0 unterstützen unsere Kommunikation, können aber weder direkte Gespräche mit den Mitarbeitern ersetzen noch für alle Themenfelder eine geeignete Plattform sein. In der letzten Mitarbeiterbefragung wurde uns bescheinigt, dass die Kommunikation der Führungskräfte noch verbesserungswürdig ist und generell einen wesentlichen Stellenwert für die Mitarbeiterzufriedenheit hat. So gesehen setzen wir sicherlich an der richtigen Stelle an. Aber nach gut zwei Jahren muss man auch eine gewisse „Ermüdung" der User konstatieren, d. h. die anfänglich hohen Nutzerzahlen haben sich auf eher geringerem Niveau eingependelt. Ein Punkt, der auf Nachfrage oft genannt wird, ist die fehlende Zeit, um sich damit zu beschäftigen. Die Informationsflut diverser Quellen in und außerhalb des Unternehmens nimmt ständig zu. Hieraus lässt sich natürlich auch auf das Interesse am Inhalt rückschließen. Wenn auf der Plattform und insbesondere in den Blogs „nur" spannende Informationen und ein interessanter Meinungsaustausch vorherrschen würden, dann würde sich sicherlich auch die Anzahl der Fangemeinde noch verbessern lassen. Aber die Frage, was die Mitarbeiter am meisten interessiert, ließe sich nur beantworten, wenn man das Stimmungsbild und die Kommentarschwerpunkte laufend verfolgen würde, was insbesondere den Führungskräften selten gelingt. Hinzu kommt, dass viele Führungskräfte nicht der Altersgruppe der sog. digital natives entstammen und die Nutzung des Web 2.0 nicht zu ihrer täglichen Kommunikationskultur gehört, d. h. es muss immer wieder geübt und hierfür Zeit eingeplant werden.

Wir werden auf jeden Fall weitermachen und auch neue Bausteine aufnehmen. Aktuell haben wir z. B. über kurze Videobotschaften Erläuterungen zu den Ergebnissen einer Mitarbeiterbefragung und zu einer anstehenden Veränderung der Organisation gegeben. Im letzteren Fall erweitern wir dies z. Zt. durch Einrichten von festen Chats, in denen wir als

Management den Mitarbeitern bezüglich der anstehenden Veränderung versuchen, ihre Fragen zu beantworten. Wir erhalten dadurch unmittelbare Erkenntnisse, wo die Mitarbeiter im Moment die größte Unsicherheit verspüren und können noch zielgerichteter im Rahmen des Changemanagements ansetzen.

Persönlich glaube ich, hat sich die Offenheit in unserer Kommunikation durchaus verändert. Vielleicht sind diese Schritte nicht immer durch „harte" Fakten belegbar, aber allein dass man auf Themen aus dem Web 2.0 im Rahmen von Gesprächen mit den Mitarbeitern angesprochen und die dort z. B. geäußerten Motivation einer Entscheidung diskutiert wird, zeigt eine Entwicklung hin zu einer persönlicheren Kommunikationskultur auf, die noch vor drei Jahren in unserem Unternehmen so nicht erkennbar war. Aber es ist noch ein langer Weg und es ist nur ein kleiner Teil einer Kulturveränderung. Die notwendigen Veränderungen im Führungsverhalten, eine adressatengerechtere und individuellere Kommunikation mit den einzelnen Mitarbeitern lässt sich weiterhin nur im persönlichen Gespräch erreichen. Auch hier kann das Web 2.0 unterstützen aber nicht das Engagement des Einzelnen ersetzen.

Literatur

[1] Bericht Nr. 2/2012, Berichte aus dem Fachbereich I Wirtschafts- und Gesellschaftswissenschaften, Beuth Hochschule für Technik Berlin, ISSN 1862-3018 (Internet)

[2] IBM Global CEO Study 2012, S.

[3] McKinsey: Global Survey results 2009, How companies are benefiting from Web 2.0 (2009)

Führung im Web 2.0 – Mitarbeiter reden mit

3

Christine Rogge

3.1 Der Alltag im Jahre 2004

Wenn ich meinen Alltag als Führungskraft vor 10 Jahren reflektiere, geht es morgens mit dem Auto ins Büro. Da warten schon die Post und einige Emails. Dann folgen die wöchentlich üblichen Gremien und Meetings. Im Führungskreis werden aktuelle Themen besprochen, die wirtschaftliche Situation debattiert, Projektreviews durchgeführt und Entscheidungen getroffen. Die relevanten Informationen werden an die Mitarbeiter in den Jour Fixes weitergegeben. Was relevant ist, entscheidet die Führungskraft. Der Arbeitsalltag ist gut strukturiert und durchgeplant, dazwischen Mittagessen mit Kollegen und nach Feierabend ist auch Schluss (jedenfalls überwiegend). In der Presse werden die ersten Informationen zu den neuen „Sozialen Netzwerken" publiziert. Mark Zuckerberg startet grade www.facebook.com. Eine neue Plattform namens www.openBC.de (Open Business Club) taucht auf und ich lege mir meinen ersten Account zu. Eher aus Neugierde und ohne konkrete Erwartungen. Zwei Jahre später erreichte mich eine interessante Anfrage über diese Plattform. Ein Mitarbeiter einer PR-Agentur hat sich und seine Firma vorgestellt. Fragen und Antworten gingen über die Plattform hin und her. Die Antworten waren so überzeugend, dass ich einer Einladung gefolgt bin und mich vor Ort von der Kompetenz habe überzeugen lassen. Dies war meine erste Geschäftsanbahnung über ein soziales Netzwerk. Wir arbeiten noch heute zusammen.

3.2 Mitarbeiter diskutieren mit- und untereinander

In meiner Verantwortung lag auch die Redaktion unseres Intranets, welches bis 2006 das klassische interne Informationsmedium war, bis wir die erste „soziale" Funktion eingebaut

Christine Rogge ⊠
Marketing&Communications, T-Systems Multimedia Solutions GmbH, Bonn, Deutschland
e-mail: Christine.Rogge@t-systems.com

C. Rogge und R. Karabasz (Hrsg.), *Social Media im Unternehmen – Ruhm oder Ruin*,
DOI 10.1007/978-3-658-03087-2_3, © Springer Fachmedien Wiesbaden 2014

haben. Mitarbeiter konnten Inhalte kommentieren – eine echte Innovation! In Erinnerung ist mir eine rege Diskussion über das Aufstellen von Raucherkabinen geblieben. Zuerst ging es sachlich mit Pro und Kontra los und schnell entwickelte sich die Diskussion zu einer Debatte über das Rauchen. Militante Nichtraucher, bedrohte Raucher und Diskussionen über Raucherschutzgebiete begannen. Schnell war man auch bei der Tabaksteuer und ökonomischen Aspekten angelangt. Ein Mitarbeiter machte darauf aufmerksam, was er in Schweden erlebte und weitere forderten das Aufstellen von Spucknäpfen. Munter ging die Diskussion weiter über einen Raucherpavillion im Innenhof und das Grundrecht im Allgemeinen sowie ein Mengengerüst für die Kabinen und mögliche Aufstellplätze. Kreativ diskutierte man über die Geruchsbelästigung und das Businessmodell (1 Zigarette kostet im Mietmodell 15 Cent!). Ein Mitarbeiter zog sich mit der Bemerkung „jetzt wird es mir zu bizarr" zurück. Im Ganzen wurde darüber 4 Tage diskutiert und ich zählte ca. 20 unterschiedliche Mitarbeiter, die sich aktiv beteiligten. Schätzungsweise haben 60 % der Belegschaft die Diskussion verfolgt. Zu dieser Zeit konnte noch anonym kommentiert werden, die meisten haben sich jedoch über das Namenskürzel zu erkennen gegeben. Ich habe diese Debatte verfolgt und überlegt, dass da doch einiges an Arbeitszeit „verschwendet" wird – naja. Wenigstens haben sie währenddessen nicht geraucht. Ist dies nun vergeudete Arbeitszeit oder fördert es die Kommunikationskultur? Hätten die Mitarbeiter sowieso in der Kaffeeecke gesessen und über die Kabinen geredet? Dann hätten wir jedenfalls im Management nicht mitbekommen, wie die Stimmungslage pro oder kontra für Raucherkabinen war. So konnten wir dies in dem Entscheidungsprozess nutzen.

3.3   Die nächsten Jahre – die sozialen Netzwerke prägen den Alltag

Mittlerweile ist aus www.openbc.de die Plattform XING geworden, deren Aktien seit Dezember 2006 an der Börse sowie seit September 2011 im TecDAX notiert werden. Mein Netzwerk wächst stetig, zunehmend kommen Einladungen zu Events, Erinnerungen zu Geburtstagen, Einladungen in Foren und zu Stammtischen. Die nächste Plattform www.LinkedIn.com taucht auf. Diese ist eher international ausgerichtet und dient ebenso wie XING der persönlichen Vernetzung. Da „muss man hin". Zaghaft beginne ich, mir bei Facebook einen Account einzurichten. Zack, noch am gleichen Tag kommt eine Freundschaftsanfrage von einem Mitarbeiter. Ich werde geduzt … nein, ich will KEINE Freundin werden. Aber wie sag ich's, ohne den Mitarbeiter zu brüskieren … Müssen eigentlich alle alle duzen? Das ich nicht so mein Ding. Also mache ich erst einmal gar nichts, habe aber ein schlechtes Gefühl dabei: Ist der jetzt „beleidigt?".

Eine weitere Begebenheit aus der Zeit, an die ich mich sehr gut erinnere: Ich sitze im Büro und sehe zwei meiner Mitarbeiter, die sich am Schreibtisch gegenüber sitzen. Ich habe Facebook auf und beobachte mit einem Auge das Chatfenster. Diese Funktion ist sehr hilfreich, da man schnell Nachrichten an angemeldete Personen schreiben kann. Das spart Zeit. Befremdlich finde ich es allerdings, dass gerade die zwei Mitarbeiter mir schräg gegenüber chatten – miteinander. Warum reden die nicht oder gehen zusammen in die

Kaffeeküche? Verlagern sie ihre Kommunikation von der realen in die virtuelle Welt und finden das auch noch gut? Da fing ich an, mir über den Wandel in der Kommunikation die ersten Gedanken zu machen, ohne die volle Tragweite auch nur zu erahnen. Facebook erinnert mich regelmäßig an meine unbeantworteten Freundschaftsanfragen, welche ich immer noch ignoriere.

3.4 Mitarbeiter arbeiten mit bei der Strategieentwicklung

Ende 2009 löste das Social Intranet – intern „TeamWeb" – getauft das klassische Intranet ab. Der erste Bereich innerhalb des TeamWeb bildete das Strategie-Wiki, kurz Strawiki genannt. In mehreren Schritten hat das Kernteam SWOT-Analysen durchgeführt, Strategy Maps erstellt und die Ergebnisse in eine Balanced Score Card überführt. Statt der üblichen PowerPoint-Schlachten kam hier das Strawiki zum Zuge. Der erweiterte Führungskreis wurde mit einbezogen, um die Zwischenergebnisse zu kommentieren und zu diskutieren. Die Diskussionen liefen sehr sachlich ab, da ja alle mitlesen konnten. Die E-Mail-Flut gehörte damit der Vergangenheit an. Im letzten Schritt wurde das Strawiki für alle Mitarbeiter geöffnet. Jetzt konnte die Strategie kommuniziert werden, zu der es reichlich Kommentare gab. Diese wurden eingesammelt und dienten als wertvoller Input, um das ein oder andere Element der Strategie nochmals zu prüfen und inhaltlich zu schärfen. Das eigentlich trockene Thema Strategie wurde mit Fotos und Filmen aus der Mediathek angereichert, ein Quiz sorgte für ein „Augenzwinkern".

Seitdem hat sich das Strawiki als Führungsinstrument etabliert, die Führungskräfte haben gelernt mit der neuen „Kulturtechnik" umzugehen.

Intern wirkt sich der Einzug unseres Social Intranets mehr und mehr auf die Kommunikationskultur aus. Auch die Geschäftsleitung bloggt und zunehmend werden die Beiträge auf allen Hierarchie-Ebenen nicht nur gelesen sondern auch kommentiert.

So verfolgten 2011 durchschnittlich 70 Prozent der Mitarbeiter die 58 Blog Posts der Geschäftsleitung, 308 Mal wurden sie kommentiert. Immer öfter entwickelt sich eine zum Teil lebhafte Diskussion. Die Akzeptanz des Blogs als ein Bestandteil des Social Intranets ist somit sehr hoch. Die Einführung des neuen Blogs der Geschäftsleitung führte darüber hinaus zu einer sehr positiven Bewertung des Managements im Rahmen der Mitarbeiterbefragung, die neun Monate nach dem Start des neuen Blogs stattfand.

Ergebnisse der Mitarbeiterbefragung nach Einführung des Blogs:

- Wichtige Themen können mit der Geschäftsleitung diskutiert werden. + 36 %
- Die Geschäftsleitung schafft Vertrauen durch transparentes, glaubwürdiges Handeln. + 8 %
- Die Geschäftsleitung motiviert die Beschäftigten zu hohen Leistungen. + 5 %

Abbildung 3.1 zeigt beispielhafte Zugriffszahlen und Kommentierungen in einem Management-Blog.

Anzahl der Zugriffe je Blogeintrag

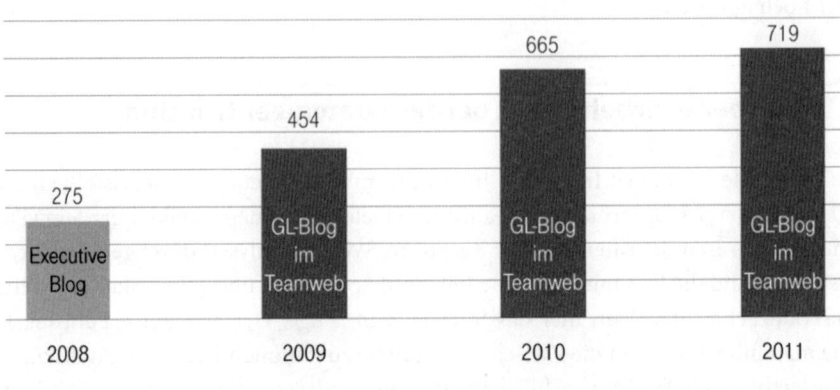

Anzahl der Kommentare je Blogeintrag

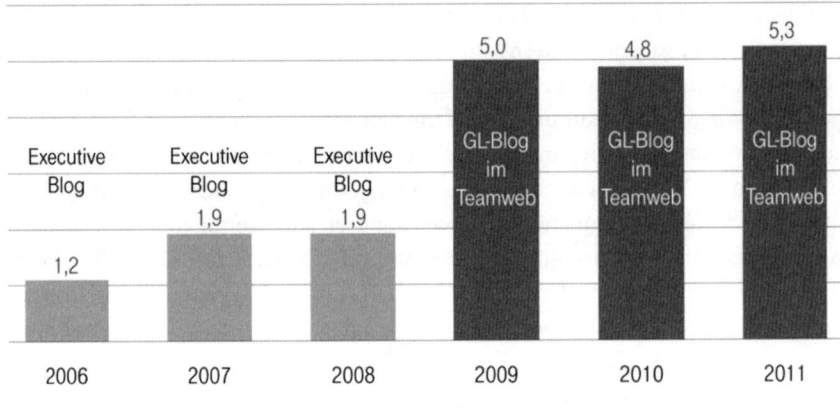

Abb. 3.1 Wie der Dialog mit Mitarbeitern in einem Management-Blog gelingt – ein Erfahrungsbericht der T-Systems Multimedia Solutions (Cornelia Mossal) [1]

Themen der Blog Posts sind unter anderem die Unternehmensstrategie, die Positionierung des Unternehmens am Markt, strategisch wichtige Kundenprojekte und die wirtschaftliche Entwicklung. Darüber hinaus gehören auch interne Projekte und Prozesse, Organisations- und personelle Veränderungen. Ferner geht es um interne Events wie das Drachenbootfestival oder der Firmenlauf sowie Projekte, bei denen sich T-Systems

Multimedia Solutions sozial engagiert. Damit sind die Mitarbeiter in hohem Maß eingebunden. Für die Führungskräfte bedeutet dies natürlich auch, dass die Hoheit über interne Informationen weitestgehend verloren geht. Nicht die Führungskraft entscheidet und kommuniziert sondern vielfach haben Mitarbeiter bereits Kenntnisse, bevor das mittlere Management davon weiß. Dies führte anfänglich zu Diskussionen im Führungskreis. Einige Kollegen kamen besser und einige weniger gut damit zurecht. Klar war nur, dass die Einführung von Social Media genau zu diesem Kontrollverlust führt.

3.5 Hilft mir eigentlich dieses Instrument in meinem Führungsalltag?

Diese Frage stelle ich mir jetzt häufig. Auch: Wie kann ich dieses Instrument nutzen um mich zu entlasten? Tatsächlich habe ich einige Anwendungsfälle dafür gefunden und nutze diese auch entsprechend. Wir haben eine Tradition in der Firma, dass sich jeder Bereich einmal im Jahr zu einem „Offsite" trifft. Da gilt es immer einen Ort auszusuchen, ein Teamevent zu planen und natürlich eine Agenda zu erstellen. Seit 2009 organisieren wir dies via Social Intranet. Hatte ich in der Vergangenheit immer Diskussionen und Aufwand, um dies alles zu managen, regeln dies nun die Mitarbeiter. Das bedeutet weniger Aufwand für mich und – was wichtiger ist – die Gewissheit, dass sich alle einbringen können. Und alle haben Spaß daran. Finale Location und Teamevent werden dann per Abstimmung ermittelt. Mittlerweile organisieren wir alle internen Meetings im Social Intranet, sowohl in der Vorbereitung als auch in der Nachbereitung. Die Protokolle werden angehängt und können anschließend noch kommentiert werden.

Während unserer wöchentlichen virtuellen Teammeetings hat sich die Funktion „Abstimmen" sehr bewährt um schnelle Entscheidungen zu treffen und Meinungen einzufangen. Das gilt für Fragestellungen zu dem nächsten Meeting-Ort bis hin zu Themen in der nächsten Runde. Das Ergebnis kann man in Echtzeit als Balkendiagramm sehen, s. Abb. 3.2.

Die Mitarbeiter organisieren sich mehr und mehr eigenständig in fachlichen Interest Groups und geben uns im Management Hinweise auf spannende Themen und Entwicklun-

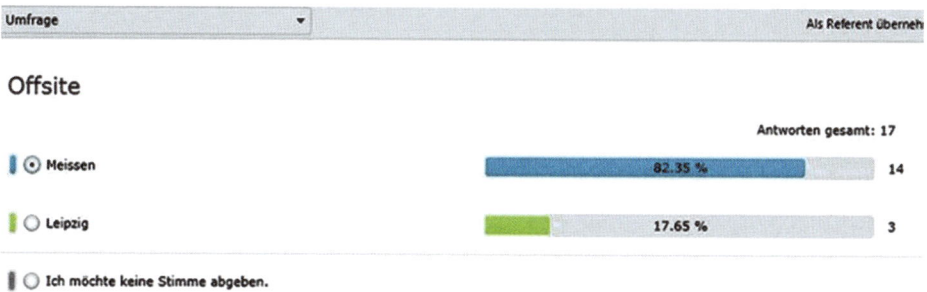

Abb. 3.2 Intranet T-Systems MMS; Abstimmung_Offsite, © Christine Rogge

Friday Cooking Club

🔒 💬1 Hinzugefügt von ▓▓▓ zuletzt bearbeitet von ▓▓▓ am 29.08.2013

Der Küchenjunge reduziert sein Angebot? Dann müssen wir halt selber ran!

	Gericht								
14.09.2012	Kartoffeln+Quark	✓ (Koch)	✗	✓	✓				
28.09.2012	Karotte-Kokos-Ingwer Suppe	✓	✓	✓	✓ (Koch)	✓			
12.10.2012	Karibische Kürbiscremesuppe (leicht scharf)	✗	✗	✓ (Koch)		✓	✓		
19.10.2012	Käse-Lauch- Hackfleisch-Suppe	✓	✗😟	✓	✓	✓	✓ (Koch)		
02.11.2012	Linseneintopf	✗	✓	✓	✓	✓ (Koch)			
09.11.2012	Risotto	✗	✓ (Koch)	✓	✓	✓	✓		
16.11.2012	Sächsische Kartoffelsuppe	✗		✓	✓	✓	✓	✓	
23.11.2012	Spaghetti mit Pesto und Parmesan	✗		✓ (Koch)	✓	✓	✓		
30.11.2012	Käsefondue (mit Baguette und Obst) + Aperitif	✓	✗	✓	✗	✓	✓	✓ (Koch)	✓
14.12.2012	Maronensuppe	✗ (Urlaub)	✗	✓	✓ (Koch)	✓	✓	✓	
01.02.2013	Chili con Carne			✓	✓	✓	✓ (Koch)	✓	✓
08.03.2013	Kartoffeln+Quark (ich fang mal vorne wieder an. :))	✓	(Koch)	✓	✗			✓	✓
15.03.2013	Süßkartoffelsuppe (3. Versuch)	✗ Urlaub		✓	✓	✓			✓ (Köchin)
22.03.2013	Kartoffel-Karotten-Sahne-Auflauf im Römertopf	✓		✓	✗	✗		✓ (Koch)	✓
05.04.2013	Soljanka	✓ (Koch)	✓	✗ (Urlaub)	✗ (Urlaub)	✓		✓	✗ (Kur)
12.04.2013	Die Küche bleibt kalt 😊		Dienstreise		✗	✗			
26.04.2013	Spaghetti Bolognese	✓	✓	✓ (Koch)	✗				
17.05.2013	Nudel-Brokkoli-Schinken-Auflauf	✓		✓	✓				
31.05.2013	Kopfsalatsuppe	✓ (Koch)	✓	✗	✓		✓	✓	
14.06.2013	soupe d'asperges	✗	✓ (Koch)	✓	???	✓	✓	✓	
21.06.2013	Spaghetti Méditerranée mit Zucchini und	✓	✓	✓	✓	✗		✓	

Abb. 3.3 Friday Cooking Club, © Christine Rogge

gen im Markt. Da werden die neuesten IT-Trends diskutiert und wie wir als Firma damit umgehen (sollten). Hinweise zu Wettbewerbern machen die Runde, ebenso wie die Essenspläne der Kantine.

Neuerdings organisiert sich auch der Friday Cooking Club über unser Social Intranet, s. Abb. 3.3

3.6 Unsere Lernenden organisieren sich selber

Wir beschäftigen sehr viele Werksstudenten, Praktikanten und Auszubildende. Diesen steht innerhalb des Teamweb das „studyWeb" zur Verfügung. Dort gibt es Erfahrungsberichte, Informationen zu Einsatzmöglichkeiten und zum Arbeitsverhältnis. Unser Personalbereich hat hier die Rolle des Moderators, die meisten Inhalte kommen von den Lernenden selber.

Ferner gibt es noch die Rubrik „Die studyWeb-Reporter berichten" über die Mitarbeiter der MMS und den spannenden Themen, mit denen sie sich tagtäglich beschäftigen. Die studyWeb-Reporter sammeln die Fragen über das studyWeb ein und interviewen dann in der Regel in einem Videointerview. Aktuelle Themen sind z. B. „... beim Innovationsbe-

Abb. 3.4   Das studyWeb, © Christine Rogge

reich", „bei Anja in Irland" und „bei Ronny in Israel". Das studyWeb (s. Abb. 3.4) wird sehr gut angenommen und natürlich organisieren die Lernenden auch ihre Teamevents über diese Plattform. Besonderen Spaß hat diesen auch das Drehen eines Filmchens gemacht. Dieser „Lipdup" steht auch auf der Facebook-Seite, die die Lernenden betreiben, zur Verfügung.

3.7   Brauchen wir Regeln im Umgang mit Social Media?

Wie eben beschrieben hat der Einzug von Social Media auch vor der externen Kommunikation nicht halt gemacht. Wir haben nunmehr auch Twitter und Facebook im Einsatz. Mehr und mehr Mitarbeiter kommunizieren in Foren oder eigenen Blogs. Dies führte zu der Frage, ob wir spezielle Guideslines oder eine Policy brauchen? Wir haben diese Frage im TeamWeb selber zur Diskussion gestellt – mit einem eher überraschenden Ergebnis. Mehrheitlich war man der Meinung, einige wenige Sätze reichten aus. So ist die folgende Guideline entstanden. Nach meiner Meinung hat alleine die Diskussion im TeamWeb darüber die notwendige Sensibilität für das Thema generiert.

Social Media Guidelines der T-Systems Multimedia Solutions GmbH
Es ist ausdrücklich erwünscht, dass die Mitarbeiter von T-Systems Multimedia Solutions in sozialen Netzwerken aktiv sind. Die folgenden Punkte sollen hierbei Orientierung geben:

Wir bewahren die guten Sitten. Wir achten die Rechte Dritter.

Wir halten uns an den Code of Security Ethics und das Datengeheimnis gemäß Bundesdatenschutzgesetz.

Alles kann gesagt werden; ausgenommen sind vertrauliche Informationen (zum Beispiel über unser Unternehmen, über Kollegen, Kunden und Partner).

Jedem von uns sollte klar sein, dass andere uns leicht als Mitarbeiter von T-Systems Multimedia Solutions identifizieren können. Wir sind uns bewusst, dass unsere Äußerungen auch immer Auswirkungen auf unser Unternehmen haben können.

Bei Fragen, die sich im Zusammenhang mit Aktivitäten in sozialen Netzwerken stellen, hilft der Bereich Corporate Communications. Sollten kritische oder imageschädigende Vorfälle bekannt werden, ist dieser Bereich zu informieren. Evtl. erforderliche Reaktionen auf diese Vorfälle werden von bzw. in Abstimmung mit diesem Bereich durchgeführt.

3.8 Mein persönlicher Shitstorm[1]

Als Leiterin Marketing & Kommunikation verantworte ich auch das Aushängeschild der Firma – den Internetauftritt. Alle drei bis vier Jahre ist hier ein Relaunch erforderlich. Der Geschäftsführer kündigte die Freischaltung an … und dann ging's los. Die Kommentare der Mitarbeiter waren zunächst durchaus moderat und teils lobend. Dann haben sich jedoch Performanceprobleme gezeigt und die „Mannschaft" hat sich immer intensiver mit dem Portal befasst.

Hier einige Kommentare (Auszüge), welche innerhalb von Minuten im Netz für alle Mitarbeiter lesbar erschienen:

„… auf den ersten Blick gefällt mir die Seite sehr gut. Was etwas gewöhnungsbedürftig ist, ist die große vertikale Ausdehnung; man muss ganz schön weit runterscrollen, um alles gesehen haben zu wollen …."

„… von den aktuellen Performance Problemen einmal abgesehen wirkt die Seite vom Design auf Grund der vielen Grautöne (z. B. im Menü) sehr altbacken und die Bildsprache ist nicht immer einheitlich und passend …"

---

[1] Der Duden definiert einen Shitstorm als „Sturm der Entrüstung in einem Kommunikationsmedium des Internets, der zum Teil mit beleidigenden Äußerungen einhergeht" [1]. Der Begriff Shitstorm bezieht sich vor allem auf „Blogbeiträge oder -kommentare, Twitternachrichten oder Facebook-Meldungen" [2].

„… Auch für mich ist das Design ein Rückschritt, denn wenn ich Teaser-Wüsten anschauen will, gehe ich auf ein News-Portal …"

„… Aus Performance-Sicht ist der neue Web-Auftritt ein Fiasko!"

„… *Doch eine dilettantische Website wirkt wie Anti-Werbung, sie ramponiert das Image …*"

„… Die Geschwindigkeit mit der hier reagiert wird, zeigt, dass das Thema für die Mitarbeiter der MMS **WICHTIG** ist. (seit gestern über 780 Lesezugriffe und 20 Kommentare – WHOW!) Leider sind wir im Design mit einigen Restriktionen von außen her konfrontiert. Für mich ergibt sich jetzt trotzdem die Frage, wie wird mit den Feedbacks umgegangen?"

„… Aus meiner Sicht haben wir hier so viel Potential zur Verbesserung, dass wir darüber nachdenken sollten, die Seite aus dem Netz zunehmen und unsere alte Seite zu reaktivieren …"

3.8.1 Eine anonyme Abstimmung

Dann wurde es dramatisch. Ein Mitarbeiter hat eine anonyme Abstimmung ins Netz geladen und mehrheitlich gab es ein Votum, die Seite abzuschalten. Durch die Seitenüberwachungsfunktion bin ich immer auf dem Laufenden. Spätestens jetzt war der Zeitpunkt des Handelns gekommen. Der Geschäftsführer hat die Vorgänge im System kommentiert.

3.8.2 Kommentar des Geschäftsführers

„… Eine Diskussion über ‚Gefallen' mit mehreren hundert Menschen führt nicht wirklich zu einem nutzbaren Konsens, und die engen Rahmenbedingungen bleiben unverändert. Konkrete Einzelpunkte: Das Team muss nun die konstruktiven Hinweise auf technische Hinweise, auf Möglichkeiten zur Performanceverbesserung usw. aufnehmen. Dazu ist wohl auch eine offene Stunde zum Thema Anfang des Jahres sinnvoll … Ich bitte also vor allem um konkrete Hinweise zu Verbesserung …"

3.8.3 Dann ging es weiter mit Kommentaren der Mitarbeiter:

„… Sorry, aber hier muss ich wiedersprechen. Es führt vielleicht zu keinem gemeinsamen Konsens, aber das Feedback der Kollegen erachte ich doch als sehr wichtig …"

„… Vor dem nächsten Live-Gang lohnt es sich – glaube ich – zunächst die MMSler auf die Seite ‚loszulassen'. Technisch, inhaltlich und offensichtlich auch emotional …"

„… Auch wenn eine solche Diskussion auf Grund der Rahmenbedingungen sinnlos ist, so wäre es zu mindestens unter kommunikationsstrategischen Gesichtspunkten sinnvoller gewesen, diese Diskussion im Vorwege zu führen und die Mitarbeiter so abzuholen …"

„… Es geht hier, wie in vielen Kommentaren ersichtlich, auch nicht nur um ‚Gefallen' –
keine Frage das ist subjektiv – sondern um Punkte wie Usability, Anmutung, Roter Faden,
Inhalt, Bilderwelt, Performance etc. … und gerade als Firma, welche von ihren Mitarbeitern abhängig ist und im digitalen Lebens- und Geschäftsraum tätig ist (sprich Social Web),
sollten wir erst recht Wert auf die Meinung der Mitarbeiter legen …"

3.8.4 Reaktion der Marketingleiterin

Zwischenzeitlich hatten wir ein „Krisenteam" gebildet und die Kommentare geclustert und
bewertet. Die weitere Kommunikation zu den Mitarbeitern habe ich dann übernommen.

3.8.5 Auszug Kommentare Christine Rogge

„Bugs- und Codefehler (IE6 Kompatibilität, Kurz-URLs, …): Behebung durch xy … ist
angestoßen, kontinuierliches Monitoring erfolgt."

„Security: Hier wird eine Abstimmung zwischen x und y erfolgen: Ziel: Abstellung der
Sicherheitsmängel"

„Performance: Die Behebung der Probleme ist angestoßen, sie wird durch die Person x
gesteuert. Nächster Stand dazu: Freitagmorgen."

„Design/Inhalt: Hier folgen wir den Vorgaben des CI/CD. Spielräume, die innerhalb des
CI/CD liegen, werden kontinuierlich weiter ausgebaut. … wir werden die heftigen Kom-
mentare zum Anlass nehmen, … um eine erneute Diskussion zu führen …, um unserer
Innovations- und Vorreiterrolle … gerecht werden zu können."

„Die aufgesetzten Maßnahmen werden hart gemonitort, nächster Zwischenbericht,
morgen, 4.12.09, 12:00 Uhr. Sollte binnen der nächsten 2 Arbeitstage keine weitgehende
Verbesserung des Auftritts erreicht werden können, werden wir die Situation neu bewerten. … Nach weiteren Informationen und Verbesserungen auf der Seite, welche ebenfalls
transparent gemacht wurden, legte sich die Aufregung. Abbildung 3.5 zeigt den Umgang
mit dem Feedback der Mitarbeiter."

3.8.6 Ende des Shitstorms

Innerhalb von 3 Tagen gab es über 150 Kommentare und mehr als 1000 Lesezugriffe. Unsere Mitarbeiter haben uns, das Management, gezwungen, zu reagieren. Zu dieser Zeit hätte
ich mir einen „Stoppknopf" gewünscht, wie bei einer Rolltreppe. Den gibt es jedoch nicht.
Da muss man jetzt die Ruhe bewahren und durch. Auch bin ich davon überzeugt, dass es
keine Möglichkeiten gibt, das Rad zurückzudrehen. Was haben wir daraus gelernt? Projekte, die den „Nerv" der Mitarbeiter treffen, sollte man frühzeitig kommunizieren und
die Mitarbeiter einbeziehen. Dafür ist Fingerspitzengefühl gefordert, denn irgendwann ist

Feedbackauswertung MMS-Website

8 Hinzugefügt von: ████████████, zuletzt bearbeitet von ████████ am 25.11.2013

Auf dieser Seite befindet sich die Auswertung der Kommentare zu unserem neuen Internetauftritt. Die einzelnen Punkte werden geprüft und der Status wird aktualisiert. Weiteres Feedback bitte in der jeweiligen Kategorie mit Kürzel eintragen.

Die aktuelle CI/CD Richtlinie für die Gestaltung von Internetauftritten ist hier zu finden. Die Absprachen für die MMS befinden sich hier.

Kategorie	Feedback	Status
Design&Inhalt	Bildwelt	Fotograf wird ab KW 7 beauftragt
	Startseite zu voll	
	Konzept	
	Box-Layout & Überschrift	
	viele Grautöne	
	fehlende Mitarbeiter Content, insbesondere Interviews	☑ zu finden unter Meinungen
	Wer von unseren Kunden weiss z.B. was sich hinter Workplace Solutions verbirgt?	
	Wir zwingen dem Kunden (die teilweise sehr redundante) Struktur unserer BUs auf.	
	Falsche namentliche Zuordnungen der Boxen zu Inhalten (z.Bsp. Services Operations statt Business Service Operations)	☑
	Stellenangebote werden ohne Kontaktangaben publiziert	☑
	Leerraum Studie Onboarding (Bereich Meinungen)	☑
	E-Commerce Suche liefert DZF als Ergebnis	☑
	Suchergebnis "Sharepoint"	☑
	Überschrift bei Anmeldung zum Newsletter: "Sie sind an den aktuellsten Nachrichten ..." - Eine Steigerungsform von "aktuell" gibt es nicht (genau wie es keine Steigerung von "optimal" gibt etc.)	☑
	0 Ergebnisse für „Anreise" Ich fände es wichtig, unseren Kunden, zukünftigen Mitarbeitern und Partnern eine Anreise-Beschreibung anzubieten (Flug, Auto, Öffentlicher Nahverkehr, ... und eine Karte) * Link aus Kontakt zu [http://www.t-systems-mms.com/unternehmen/3.5_standorte] * "Vertagen" der http://www.t-systems-mms.com/unternehmen/3.5_standorte Seite, so dass sie bei "Anreise" gefunden wird.	☑

Abb. 3.5 MMS Homepage Feedback, © Christine Rogge

Schluss mit der Basisdemokratie und es müssen Entscheidungen getroffen werden. Genau dies praktizieren wir aktuell bei unserem Internetrelaunch 2013.

3.9 Mitarbeiter gestalten den Wissenstransfer selber

Im Jahr 2009 haben wir ein „Digital life camp" ins Leben gerufen. Dieses Camp (in Anlehnung an das Format Bar Camps[2]) richten wir an einem Tag im Jahr aus und geben unseren Mitarbeitern die Möglichkeit, sich in individuellen Sessions über innovative Themen zu informieren und auszutauschen. Ohne unser TeamWeb wäre die Organisation dazu sicher nur schwer (eher gar nicht) möglich.

Alle Mitarbeiter sind eingeladen und formulieren die Session-Vorschläge. Hier sieht man, welcher Ideenreichtum bei den Mitarbeitern vorhanden ist und wie sich „Crowd-

---

[2] Barcamp aus Wikipedia: Ein Barcamp (häufig auch: BarCamp, Unkonferenz, Ad-hoc-Nicht-Konferenz) ist eine offene Tagung mit offenen Workshops, deren Inhalte und Ablauf von den Teilnehmern zu Beginn der Tagung selbst entwickelt und im weiteren Verlauf gestaltet werden.

DLC 2013 - Digitales Erleben

Motto

Digitales Erleben Beim DLC!

Die Heimat der MMS ist die digitale Welt. Im #Neuland fühlen wir uns zuhause. Neue Ideen, Innovationen und Projekte aus unterschiedlichsten Bereichen entstehen bei uns jeden Tag. Das Digital Life Camp zeigt dies jedes Jahr aufs Neue und macht die digitalen Ideen für die Mitarbeiter erlebbar.

Was bedeutet für euch Digitales Erleben? Überrascht uns mit euren Ideen und gebt uns Einblicke in die Themen, die euch gerade umtreiben.

Auch diese Jahr wollen wir uns beim DLC 2013 die Frage stellen, wie wir aus Innovationen und innovativen Ideen reales Geschäft generieren können. Wir konzentrieren uns dabei einerseits auf die *rohen Ideen* (Track 1) und andererseits auf die verschiedenen Arten der Innovationen (Track 2-5). Für Entwicklungs- und Architekturthemen haben wir, wie 2013 einen eigenen developer&architect Track vorgesehen. Die Teilnahme an diesen Sessions ist aber natürlich nicht nur auf Entwickler und Architekten beschränkt. Für Themen, die diesen Kategorien nicht zugeordnet werden können, gibt es dieses Jahr einen offenen Track "Digitales Erleben".

DLC 2013 - die Tracks

Track	1. innovation ideas	2. every day innovation	3. technology-driven innovation	4. cutting edge innovation	5. market-driven innovation	6. process innovation	7. developer & architect track	8. Digitales Erleben
Bedeutung	grobe, "rohe" Innovationsideen	existierende Technologie + Bedienung eines existierenden Marktes	neue Technologie + Bedienung eines existierenden Marktes	neue Technologie + Schaffung eines neuen Marktes	existierende Technologie + Schaffung eines neuen Marktes	process innovation	developer track + architect Track	Euer Thema passt nicht zu den vorgegebenen Tracks? Dann seid ihr hier richtig.

Abb. 3.6 Digital life Camp 2013, © Christine Rogge

sourcing" in der Praxis darstellt. Intensiver Informationsaustausch (Was machst Du? Nein, das mache ich schon.) und innovative Formate wie Basteln oder Fotoshootings werden angemeldet.

2013 haben wir dazu lediglich 8 „Tracks" vorgegeben, Abb. 3.6 zeigt den Aufruf in unserem TeamWeb.

Im Jahr 2012 haben 50 % unserer Mitarbeiter an dem Digital life Camp teilgenommen. Diese Mobilisierung wäre ohne die Unterstützung des Teamweb nicht möglich gewesen.

3.10 Hier und heute

Der Alltag hat einen grundsätzlich anderen Ablauf bekommen. Der Tag startet früh, um die Mails und abonnierten Dienste und Newsletter zu checken. XING meldet das Neueste aus meinem Netzwerk. Dann der kurze Blick in die weiteren sozialen Netzwerke wie Facebook und Twitter, um zu schauen, was es da Neues gibt. Zugegeben, ich google mich auch schon mal selber. Mittlerweile bin ich auch sattelfester im Umgang mit Freundschafts- und Kontaktanfragen geworden. Ich sage es einfach so, wie es ist, ich stimme zu oder lehne eben ab.

Zunehmend verteilt sich so ein Arbeitstag teils in den Abend und in das Wochenende. Man arbeitet im Büro oder von unterwegs und von zu Hause. Letzteres ist jedoch nicht primär Social Media zuzuschreiben sondern dem grundsätzlichen Wandel in der Arbeitswelt.

Da mein Team auch über verschiedene Standorte verteilt ist, sehen wir uns eher selten. Die wöchentlichen Teammeetings machen wir virtuell über Webkonferenztools.

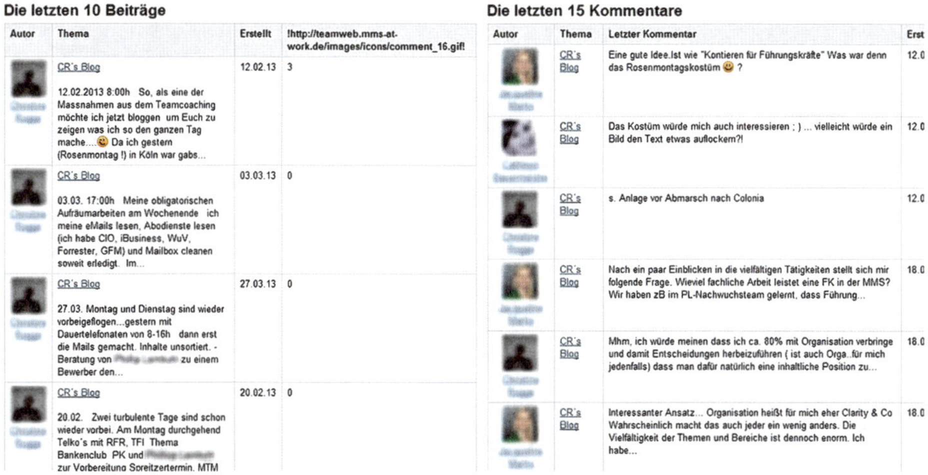

Abb. 3.7 Persönlicher Blog der Autorin

Daher habe ich einen persönlichen Blog ins Leben gerufen, um auch mal Themen zu kommunizieren, die nicht nur einen offiziellen Charakter haben, sondern auch, um zu zeigen was ich persönlich so mache, s. Abb. 3.7.

3.11 Fazit und Empfehlungen

Social Media ist da und man bekommt es auch nicht mehr weg. Ich bin der felsenfesten Überzeugung, dass jede Firma unabhängig von Größe oder Branche gut daran tut, über den Einsatz im Unternehmen nachzudenken. Die kommenden Arbeitnehmer sind mit Facebook & Co. aufgewachsen und haben die Nutzung verinnerlicht. Dies muss man so akzeptieren und in der eigenen Strategie berücksichtigen. Fangen Sie intern an, ein Blog der Geschäftsführung ist schnell eingerichtet. Testen Sie sich und Ihr Team. Was möchten Sie in Ihre Mannschaft an Informationen bringen, was wollen Sie wissen? Denken Sie daran, dass hier auch ein großes Potential an Wissen gehoben werden kann. Ihre Mitarbeiter denken mit, die vorangegangen Beispiele machen dies deutlich.

Und eines habe ich auch gelernt … es macht Spaß!

Literatur

[1] Mossal, C.: Wie der Dialog mit Mitarbeitern in einem Management-Blog gelingt – ein Erfahrungsbericht der T-Systems Multimedia Solutions. In: Dörfel, L., Schulz, T. (Hrsg.) Social Intranet in der Internen Kommunikation, S. 327–336. Berlin (2012)

Social Business – die 10 goldenen Regeln

4

Dirk Kolassa

Nehmen wir einmal an, Sie wären der Geschäftsführer eines Unternehmens. Sagen wir, Sie beschäftigen ein paar tausend Mitarbeiter, traditionell organisiert mit Direktor, Abteilungs- leiter, Teamleiter, …

Sie haben sich entschlossen, eine Konferenz über Social Media und Social Business zu besuchen. Um sich auch einmal ein Bild davon zu machen. Eigentlich haben Sie sich für so etwas bisher nicht interessiert. Warum auch? Ihre Arbeitsweise ist strukturiert in wö- chentliche Meetings, Telefonkonferenzen, Sie nutzen email und ein klassisch strukturiertes Intranet zum Informationsaustausch. Hier findet man doch alles, was man braucht. Den Speiseplan, die Reisekostenrichtlinien und von Zeit zu Zeit eine Botschaft von Ihnen an alle Mitarbeiter.

Vor Konferenzbeginn haben sich an den Stehtischen kleine Gruppen mit anderen Teil- nehmern der Konferenz gebildet. Sie nehmen sich eine Tasse Kaffee und stellen sich dazu. Eine Frau aus der Personalabteilung erläutert, wie sie Social Media zur Personalgewinnung und Mitarbeiterbindung nutzen will. Ihr Gegenüber, ein Mann mit IT-Background, En- de 40, spricht über technische Aspekte und verschiedene Tools. Namen wie Sharepoint, Jive, IBM Connect fallen. Der Mann zu Ihrer rechten Seite, Betriebsratsmitglied eines nam- haften Autoherstellers, spricht über Fragen des Datenschutzes und der Privatsphäre und über Möglichkeiten der Arbeits- und Anwesenheitskontrolle.

Eine Frau berichtet, wie ihr Unternehmen Social Media zur internen Kommunikation und zur Verbesserung des Wissensmanagements einsetzt.

Sie wissen nicht so recht, was Sie davon halten sollen. Sie sind skeptisch. Ihrer Mei- nung nach sollten Ihre Mitarbeiter eher arbeiten, anstatt die Zeit in sozialen Netzwerken, in Chats und Blogs zu verschwenden. Sie bezahlen Ihre Angestellten ja nicht dafür, dass sie ihre Meinung zu allen möglichen Themen teilen, Dokumente hoch- und runterladen,

Dirk Kolassa ✉
Deutsche Post, Bonn, Deutschland
e-mail: dirk@kolassa.eu

C. Rogge und R. Karabasz (Hrsg.), *Social Media im Unternehmen – Ruhm oder Ruin*,
DOI 10.1007/978-3-658-03087-2_4, © Springer Fachmedien Wiesbaden 2014

Kommentare abgeben oder sogar über private Interessen schreiben. Sie fühlen sich auch unwohl, wenn Sie darüber nachdenken, was solch eine Plattform in Ihrem Unternehmen auslösen könnte. Denn wenn Sie das richtig verstanden haben, können die Mitarbeiter völlig selbstorganisiert und eigenverantwortlich Gruppen und sogenannte Communities bilden. Inhalte einstellen ohne jeglichen redaktionellen Freigabeprozess? Das haben Sie in Ihrem Unternehmen noch nie so gemacht! Sie können sich nicht mit dem Gedanken anfreunden, dass die Mitarbeiter auf dieser Plattform Hierarchien umgehen können, um die Informationen zu erhalten, die sie suchen. Bisher sind Sie es gewohnt, dass man sich vorstellt oder vorgestellt wird, wenn man eine Person auf einer anderen Hierarchieebene anspricht. Sie fürchten, Sie könnten die Kontrolle verlieren. Ihre sorgfältig gepflegte Hierarchie wäre in Gefahr. Die Struktur, die Ihnen bisher so prächtige Erfolge ermöglicht hat. Zugegeben – in der letzten Zeit lief es nicht mehr ganz so wie früher. Der Wettbewerb wurde härter, die Margen geringer. Die Zeit, einen Auftrag abzuwickeln wurde immer kürzer. Speziell die Globalisierung machte Ihnen zu schaffen. Unternehmen, die weltweit vernetzt sind, können einfach günstiger produzieren als Sie. Ihre Unternehmensstruktur war zuletzt häufig nicht flexibel genug, um auf Anfragen schnell genug reagieren zu können. Auch die Anzahl der Innovationen, die aus Ihrem Hause kommen, gingen sukzessive zurück. Gleichzeitig führten immer weniger Angebote zu einem Auftrag.

Ein externer Berater, den Sie eigens zur Analyse der Situation beauftragt hatten, zeigte in seiner Abschlusspräsentation auf, dass die meisten Ihrer Angestellten sich nicht mehr mit dem Unternehmen identifizieren. Er erklärte Ihnen, dass generell Mitarbeiter, die sich emotional mit dem Unternehmen verbunden fühlen, die Ziele des Unternehmens zu den eigenen Zielen machen und dadurch bereit wären, mehr zu leisten. Der Berater sagte, viele Mitarbeiter in Ihrem Unternehmen seien frustriert, weil sie die Informationen, die sie benötigen, um ein Angebot zu bearbeiten, nur umständlich fänden. Die Zeit, die sie für die reine Informationssuche aufwenden, belaufe sich dabei auf durchschnittlich ein Tag pro Woche. Er rechnete Ihnen aus, was das für Sie in Euro bedeutet und riet Ihnen, über eine Social Collaboration-Plattform nachzudenken. Deswegen sind Sie jetzt hier.

Die Konferenz beginnt, Sie haben Ihren Platz eingenommen und hören dem ersten Redner zu.

Der Redner kommt von einem internationalen Telekommunikationsunternehmen und spricht über seine Erfahrung, die er nach Einführung einer solchen Kommunikationsplattform im Unternehmen gesammelt hat. Ein Jahr nach der Einführung habe man eine Mitarbeiterbefragung durchgeführt. Auf dem Chart stehen Zitate wie „Ich bin mit mehr Kollegen in zwei Wochen in Verbindung getreten, als in den zwanzig Jahren, in denen ich hier arbeite." „Wir haben 450 Minuten pro Woche eingespart. Zeit, die wir vorher in Telefonkonferenzen verbracht haben, um den Statusreport über unsere Projekte zu geben."

Diese Aussagen lassen Sie nachdenken. Allerdings sind dies ja nur persönliche Einschätzungen. Jemand fragt, ob man die Aktivitäten auf der Plattform auch messen kann. Der Redner sagt, dass genau dies gemacht wurde und zeigt eine Grafik.

„In dieser Grafik bildet jeder Kreis einen Mitarbeiter ab. Es handelt sich hier um reale Daten aus dem Netzwerk, die visualisiert wurden. Je größer der Kreis, desto aktiver ist die

Abb. 4.1 Kommunikation der
Mitarbeiter untereinander

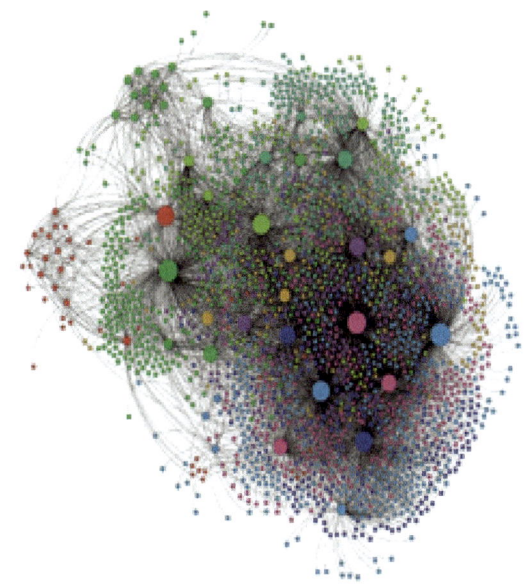

Person auf der Plattform, d. h. desto mehr kommuniziert er, teilt Dokumente mit anderen. In der folgenden Grafik sehen wir auch wie die unterschiedlichen Abteilungen miteinander kommunizieren."

Sie werden neugierig. Der Redner führt aus: „Dieses Chart zeigt eindeutig, dass wir das Silo-Denken, also das Denken in einzelnen Abteilungen oder Sparten, Silos, aufgebrochen haben. So beginnt Innovation, denn Grundlage dafür ist, dass sich die Mitarbeiter mit unterschiedlichem Background, Erfahrung und Wissen aus unterschiedlichen Abteilungen über ein Thema austauschen. Dieses Potenzial lag bisher weitgehend ungenutzt in unserem Unternehmen." Der Redner erläutert, dass anhand solcher Analysen des sozialen Netzwerkes der Grad der internen Vernetzung eines Unternehmens gemessen werden kann. Auch lässt sich so erkennen, wo Experten sitzen, da diese ein spezielles Kommunikationsmuster aufweisen. „Wir haben übrigens auch herausgefunden, dass Mitarbeiter im Durchschnitt innerhalb von drei Stunden eine erste Reaktion auf eine Frage erhalten. Dies hat mit den traditionellen Kommunikationstools deutlich länger gedauert, da man oft nicht eine direkte Antwort auf seine Frage erhielt, sondern nur auf eine weitere Person verwiesen wurde. Durch die Social Business Software wird dieser Prozess deutlich verkürzt. Die Produktivität und die Mitarbeiterzufriedenheit werden also deutlich gesteigert, was im Endeffekt dem Unternehmen einen Wettbewerbsvorteil verschafft."

Die Frau neben ihnen hebt die Hand und fragt: „Gibt es irgendwelche *best practises*, die man beachten sollte, wenn man solch eine Plattform implementieren möchte? Ich habe von Unternehmen gehört, wo es sehr gut funktioniert hat, aber auch von anderen, in denen es überhaupt nicht gezündet hat."

Sie nicken zustimmend. Genau das wollten Sie auch fragen.

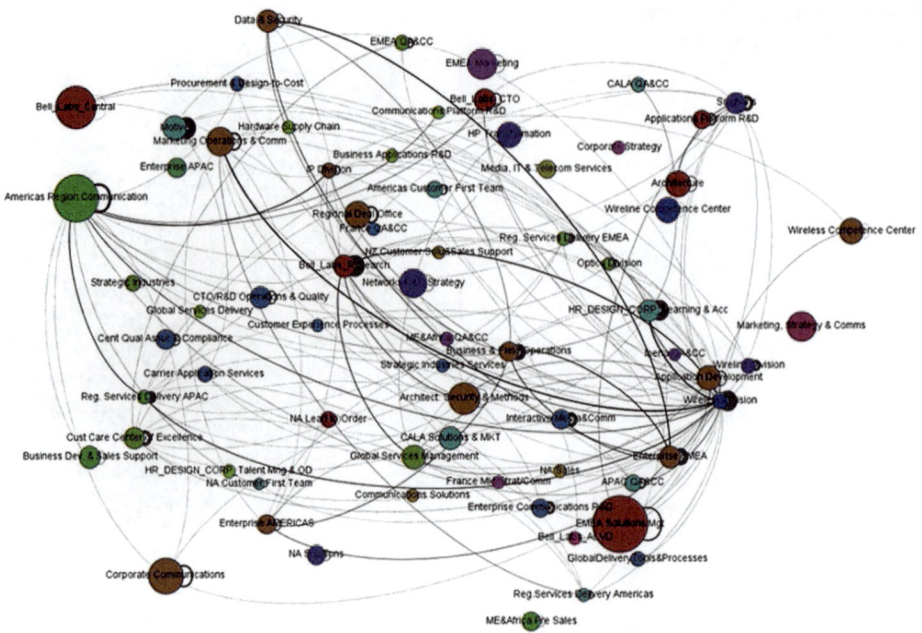

Abb. 4.2 Kommunikation der Abteilungen miteinander

Der Redner rückt seine Brille zurecht.

„Sehr gute Frage. Laut einer aktuellen Gartner-Studie erreichen 80 % der Social Business Unternehmungen nicht ihr Ziel. Wie kann man also sicherstellen, dass man zu den 20 % gehört? Das bringt mich zu meinem letzten Slide. Schaut man auf eine Vielzahl von Fällen, so kann man einige immer wiederkehrende Muster erkennen, wann eine Social Business Plattform erfolgreich eingeführt wurde und wann nicht. Lassen Sie es uns die *10 goldenen Regeln* nennen, die man beachten sollte."

Sie hören jetzt genauer hin.

„Es beginnt mit Ihnen selbst und Ihrer Unternehmenskultur. Was heißt das? Wenn Sie als Geschäftsführer bzw. Geschäftsführerin nicht davon überzeugt sind, dass Ihr Unternehmen eine offene Unternehmenskultur pflegen sollte, wird es niemals funktionieren. Niemand in der Firma wird das Projekt zu einem Erfolg führen, wenn Sie es nicht unterstützen. Das heißt, erster Punkt: Dieses Projekt erfordert Ihre volle Unterstützung. Zweitens: Treffen Sie die richtige Zielsetzung. Die Kommunikation oder die Zusammenarbeit ihrer Mitarbeiter zu verbessern, ist kein originäres Geschäftsziel. Sie müssen sich vielmehr fragen: Welches Resultat will ich erreichen. Das kann die Senkung der operativen Kosten sein, die Steigerung der Anzahl von Innovationen, eine schnellere Lead-Bearbeitung. Beginnen Sie mit der Unternehmensstrategie und leiten Sie hiervon messbare Ziele ab."

Sie fangen an, sich Notizen zu machen.

„Der dritte Punkt: Lassen Sie es mich klar sagen: Hier geht es nicht um ein Tool oder eine Software. Die technikorientierten Fragen sind erst einmal zweitrangig. Hier geht es in erster Line um die Akzeptanz der Menschen, die mit dem sozialen Intranet arbeiten sollen und deswegen geht es hier vor allem, wie schon erwähnt, um die Unternehmenskultur. Möglicherweise müssen Sie komplett Ihre Einstellung ändern, wie Sie im Unternehmen kommunizieren. Das gilt speziell für das mittlere Management. Abhängig von der Unternehmenskultur werden sich die Mitarbeiter fragen: ‚Wird mein Manager mich das machen lassen?‘, selbst wenn die Erlaubnis generell im Unternehmen erteilt wurde. Das bedeutet, ein neues Führungsverhalten ist nötig. In einer vernetzten, flexibleren Organisationsform muss sich vor allem das mittlere Management von der Angst befreien, keine Kontrolle mehr zu haben. Das erfordert Mut. Die Mitarbeiter müssen die Freiräume bekommen, die Plattform ohne organisatorische Kontrolle mit Inhalten zu füllen. Und Ihre Aufgabe als CEO ist es, die entsprechenden Rahmenbedingungen zu schaffen. Ich möchte diesen Punkt wiederholen: Wenn Ihr Unternehmen noch nicht so weit ist, wenn Sie eine strenge hierarchische Unternehmenskultur pflegen, müssen Sie die Einführung der Plattform mit einer umfassenden Transformation der Unternehmenskultur verbinden. Oder umgekehrt: Die Plattform unterstützt diese Transformation. Wenn Sie dazu nicht bereit sind, wenn Sie keine Transparenz in der Kommunikation möchten, dann lassen Sie es lieber bleiben! Die Mitarbeiter werden die Plattform nicht nutzen. Stattdessen werden sie sich anderweitig austauschen, sei es auf externen Plattformen oder weiterhin auf dem Flur."

„Daraus folgt Regel Nummer 4: Die Mitarbeiter müssen von Anfang an involviert sein. Fragen Sie Ihre Mitarbeiter nach den Erwartungen an eine solche Plattform, fragen Sie nach den Bedürfnissen. Fragen Sie, was die Mitarbeiter im Moment blockiert, ihre Arbeit effizienter zu verrichten. Eine gute User Experience ist später entscheidend für die Akzeptanz. Andere Aspekte, die Sie bei der Toolauswahl beachten sollten, sind: Welche Features bietet die Software mir für das Social Networking, wie hoch sind die Kosten, wie lange dauert es, die Software in die bestehende IT-Infrastruktur zu integrieren, wie steht es mit der Skalierbarkeit und Security? Kann man mobil auf die Plattform zugreifen? – um nur einige zu nennen. Dann wählen Sie das Tool, das Ihren Anforderungen am besten entspricht. Am besten, Regel Nummer 5, nominieren Sie einen Projektmanager, der die Implementierung von Anfang an betreut. Es sollte jemand sein, der von der Sache *Social Media* überzeugt ist, es mit Leidenschaft und hauptamtlich macht. Nicht als irgendein Nebenprojekt. Diese Person wird danach der Community Manger werden, ist quasi die Speerspitze und wird sich sogenannte Advocates suchen, die als Multiplikatoren fungieren. Eine Hauptaufgabe dieser Person wird es sein, ein Team zusammenzustellen, mit Repräsentanten unterschiedlichster Unternehmensabteilungen, wie HR, IT, Betriebsrat, Kommunikation, Marketing usw. In diesem Gremium sollte auch entschieden werden, was inhouse erledigt werden soll und wo es sinnvoller ist, externe Kompetenz mit ins Boot zu holen. Unter Umständen kann der größte Teil der Implementierung durch externe Dienstleister erfolgen, wenn die nötigen Ressourcen inhouse nicht existieren. Das war Regel Nummer 6."

Ihr Notizblock beginnt sich zu füllen.

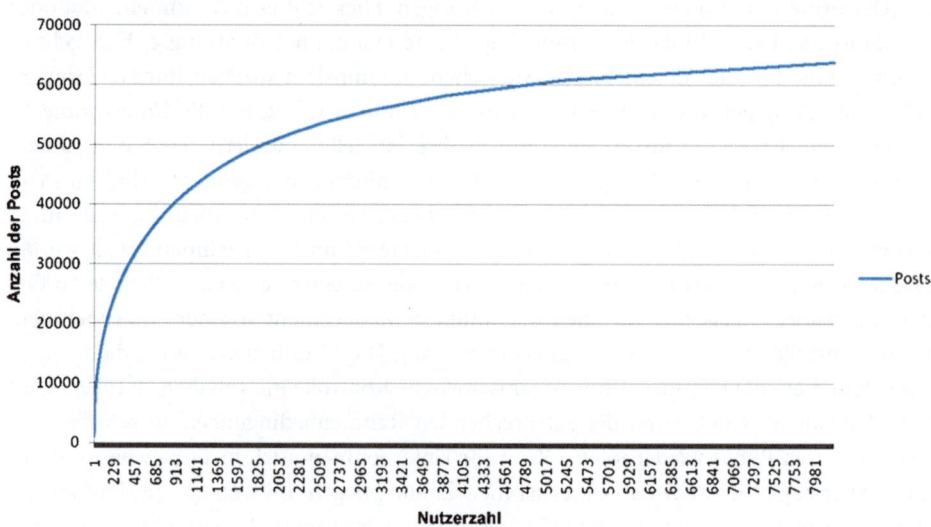

Abb. 4.3 Anzahl der Posts im Verhältnis zur Nutzerzahl

„Wenn die Vorbereitungen abgeschlossen sind und Sie bereit sind, die Plattform zu laun-
chen, führen Sie zuerst einen Betatest mit Early Adaptors durch. Regel Nummer 7. Dies
sind die Leute im Unternehmen, die Sie nicht vom Sinn und Zweck einer solchen Plattform
überzeugen müssen. Diese Leute werden schnell nützlichen Inhalt auf die Plattform bringen, Diskussionen starten, die Sache ans Laufen bringen. Das ist wichtig, damit die breite
Masse sofortigen Nutzen verspürt, wenn die Tore für alle geöffnet werden. Diese Early
Adaptors werden die Plattform konstant mit neuen Inhalten füttern. Sie sind die Haupt-
treiber, wie man auch in Abb. 4.3 sieht. 80 % der Inhalte kommen in der Regel von diesen
Mitarbeitern."

„Regel Nummer 8. Es ist soweit: Sie öffnen die Plattform für alle Mitarbeiter. Jetzt geht es
darum, schnell eine kritische Masse zu erreichen. Sowohl in der Anzahl der Nutzer als auch
in der Qualität der Inhalte. 10 % von der gesamten Mitarbeiterzahl sind für den Anfang ein
guter Wert. Falls Sie noch ein traditionelles Intranet parallel laufen haben, das Sie beispielsweise für Mitarbeiterinformationen nutzen, lassen Sie die dazugehörigen Diskussionen auf
der sozialen Plattform stattfinden.

Es ist wichtig, Regel Nummer 9, dass Sie die Mitarbeiter motivieren, ihr Wissen zu teilen.
Nicht nur die Early Adaptors und die Mitarbeiter, die auch sonst sehr kommunikativ sind.
Hier passieren interessante soziale Phänomene. In vielen Unternehmen wird Wissen noch
als Herrschaftsfaktor angesehen, Mitarbeiter teilen ungern ihr Wissen, da sie annehmen,
ihr Knowhow würde ihren Arbeitsplatz sichern. Auf der anderen Seite möchte jeder schnell
Informationen bekommen und auch für sein Wissen anerkannt werden; Reputation ist ein
wichtiger sozialer Motivationsfaktor. Zeigen Sie, dass die Plattform der ideale Ort ist, sich
mit seinem Wissen und Fähigkeiten zu präsentieren. Sie werden sehen, dass nach und nach

Abb. 4.4 Anteile der verschiedenen Nutzergruppen der
sozialen Plattform im Unternehmen

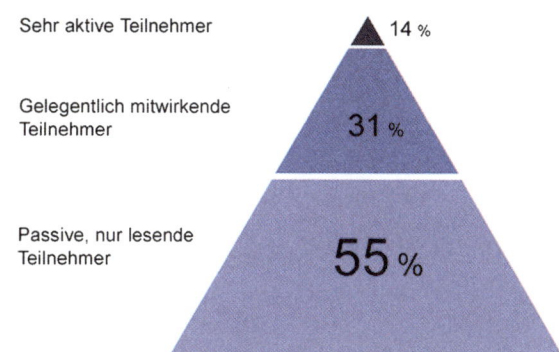

Sehr aktive Teilnehmer   14 %

Gelegentlich mitwirkende
Teilnehmer   31 %

Passive, nur lesende
Teilnehmer   55 %

die Mitarbeiter sozial agieren. Sie verstehen, dass es um Geben und Nehmen geht. Die Mitarbeiter werden sich nach einer Weile ihrem normalen Persönlichkeitsprofil entsprechend verhalten. Es gibt die Heavy Contributors, die permanent Inhalte auf die Plattform bringen, und die ‚Lurker‘, die meistens nur Informationen aufnehmen und selbst sehr selten etwas beisteuern. Aber selbst für diese Personen bringt die Plattform einen großen Nutzen, da sie die benötigte Information schneller und effizienter finden. Davon profitiert im Endeffekt wieder das ganze Unternehmen.“

„Zu guter Letzt: Regel Nummer 10. Überprüfen Sie nach einiger Zeit, was funktioniert und was nicht. Versuchen Sie die Gründe dafür herauszufinden und reagieren Sie darauf.“

Die Präsentation ist zu Ende. Im Laufe des Tages hören Sie weitere Reden, sammeln wertvolle Informationen und führen sehr interessante Gespräche zu diesem Thema. Dann ist die Konferenz vorbei. Sie fahren mit dem Taxi zum Flughafen. Unterwegs gehen Sie Ihre Emails durch und lesen eine Nachricht von einem potentiellen Kunden, der vor der Konferenz ein Angebot angefragt hatte. „Es tut uns Leid, dass wir Sie nicht bei der Auswahl unseres neuen Lieferanten berücksichtigen konnten, da die Deadline für die Abgabe Ihres Angebotes verstrichen ist.“ Sie rufen den Vertriebschef an. Er sagt, das Problem sei gewesen, dass er die geforderten Informationen nicht in so kurzer Zeit hätte zusammentragen können.

Das war der Moment, an dem Sie die Entscheidung trafen.

Crowd Innovation – Innovationskultur in einer Enterprise 2.0

Stephan Grabmeier

> Vernetzte Märkte beginnen sich schneller selbst zu organisieren als die Unternehmen, die sie traditionell beliefert haben. Mit Hilfe des Webs werden Märkte besser informiert, intelligenter und fordernder hinsichtlich der Charaktereigenschaften, die den meisten Organisationen noch fehlen (Clutrain Manifest 1999).

Wie verändern wir unsere Unternehmen um in Zukunft zu überleben? Ein persönlicher Erfahrungsbericht aus vier Jahren Enterprise2.0-Transformation bei der Deutschen Telekom AG.

5.1 Meine Rolle – Head of Enterprise 2.0

Ich war von 2009 bis 2013 als Head of Culture Initiatives im Team des Personalvorstands der Deutschen Telekom AG und u. a. für das Center of Excellence Enterprise2.0 verantwortlich. Die Sponsoren der konzernweiten Enterprise2.0-Initiative waren der CEO und Personalvorstand. Mit Enterprise2.0 verfolgten wir das Ziel die Vernetzung der Deutschen Telekom zu beschleunigen um a) ein verlässlicher Partner für vernetztes Leben und Arbeiten zu sein und b) das Unternehmen agiler zu machen.

Wir fokussierten uns in der Enterrpise2.0-Transformation auf drei Themenfelder:

- externe Stakeholder stärker in die internen Wertschöpfungsprozesse einzubinden,
- Kommunikation extern wie intern offen und dialogorientiert zu gestalten,
- Wissen transparent und Experten sichtbar zu machen.

Der Ansatz in der Transformation war sowohl von der radikalen Änderung unseres Geschäfts hin zu neuen Innovationen als auch von der neuen Art und Weise der Zusam-

Stephan Grabmeier ⊠
Deutsche Telekom AG, Bonn, Deutschland
e-mail: stephan.grabmeier@telekom.de

C. Rogge und R. Karabasz (Hrsg.), *Social Media im Unternehmen – Ruhm oder Ruin*,
DOI 10.1007/978-3-658-03087-2_5, © Springer Fachmedien Wiesbaden 2014

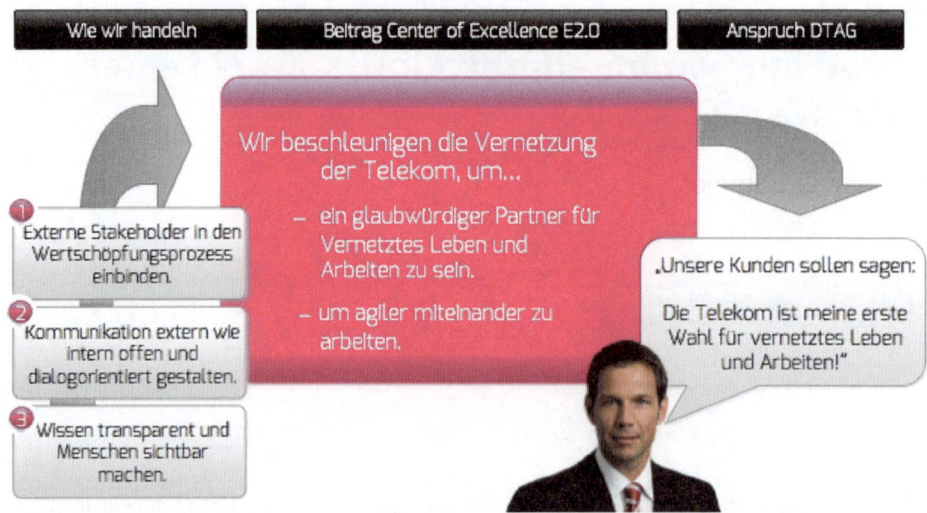

Abb. 5.1 Enterprise2.0-Strategie der Deutschen Telekom, © Deutsche Telekom AG

menarbeit – der Schnittstelle Mensch zu Mensch – getrieben. Wir wollten unter Beweis stellen, wie durch offene Partizipation unserer Mitarbeiter und Kunden eine neue Unternehmenskultur gestaltet und Geschäftsmodelle umgesetzt werden können. Abbildung 5.1 zeigt dazu die Enterprise 2.0 Strategie der Deutschen Telekom.

5.2 Wissen der Mitarbeiter ist der Rohstoff einer Enterprise 2.0

In der vergangenen Industriegesellschaft war vieles klar geregelt: Die menschliche Arbeitsleistung floss in die Herstellung eines Produkts ein, das dann auf dem Markt verkauft wurde. Produktivkräfte und Produktionsverhältnisse waren übersichtlich geordnet.

Heute reden wir von Wissensarbeitern. Nur ist der kleine, aber feine Unterschied, dass Unternehmen deren Wissen nicht mehr fassen können. Unternehmen generieren Mehrwert nicht mehr in der reinen Reproduktion von Wissen wie in den letzten hunderten von Jahren, sondern mit der Differenzierung durch Wissen und Innovation.

Wissen ist ein fluides, ein volatiles und ein allgemeines Gut. Es hat nichts Äußerliches wie der geschulte Handgriff. Vielmehr ist es in den Köpfen der Menschen gespeichert. Als Erfahrungswissen, soziales Wissen, implizites Wissen und vieles mehr. Es gehört unmittelbar zu einem Individuum und dessen Werdegang. Ihr „Wissen" bezieht sich nicht mehr auf Inhalte, sondern auf den konstruktiven Umgang mit fragilen Welten und regelmäßigen neuen Situationen sowie auf Netzwerke und ihre Pflege. Entscheidend ist das immanente Wissen in dieser dynamischen Welt im Halt von Netzwerken.

Wissensarbeiter entscheiden selbst, welches Wissen sie preisgeben wollen und welches nicht. Die Verfügbarkeit über dieses kostbare Gut ist nicht mehr über die Produktionsverhältnisse und Arbeitsverträge zu regeln, sondern benötigt andere Spielregeln. Damit steht und fällt der Erfolg einer Enterprise2.0. Anders gesagt mit tradierter Führungskultur oder „command"- und „control"-basierten Organisationsstrukturen lassen sich Wissensarbeiter nicht mehr gewinnen – neue Anforderungen von Mitarbeitern, Technik, Markt und Gesellschaft brauchen radikal neues Managementdenken.

Ob und wie wir unser Wissen unseren gegenwärtigen Arbeitgebern bereitstellen, hängt in allererster Linie von der Unternehmenskultur ab. Wird Wissen-Teilen authentisch gelebt oder dominiert eine tradierte Bunkermentalität machtsüchtiger Manager? Gibt es offene Netzwerkstrukturen und soziale Technologie? Und sind KollegenINNen da, mit denen ich mich gerne vernetze, weil es mir Spaß macht und mein Wissen mit neuen Impulsen anreichert? Schaffe ich folglich neuen Mehrwert für mich und das Unternehmen? Schaffe ich mit meinem Handeln Sinn und handelt das Unternehmen sinnvoll und ethisch korrekt?

Diesen kulturellen Boden gilt es in einer Enterprise2.0 zu schaffen, ständig zu pflegen und zu düngen. Daher ist Enterprise2.0 weder ein Technologiethema, wo es um die Einführung sozialer Technologie (Blogs, Wikis, Social Networks etc.) geht, noch ein singuläres Abteilungsthema. Es geht um radikale Unternehmensentwicklung und ist damit Aufgabe eines jeden CEOs.

> Culture isn't just one aspect of the game it is the game (Lou Gerstner, ehemaliger IBM CEO).

5.3   Deutsche Telekom AG – Eindrücke zu Enterprise 2.0

Innerhalb der Deutschen Telekom sind in den letzten Jahren hunderte von Projekten rund um Enterprise 2.0 entstanden – die meisten davon bottom up, getrieben von Projektverantwortlichen und Mitarbeitern, mit dem Ziel zu experimentieren und etwas Neues zu bewegen. Andere wuchsen bereits mit klarem strategischem Fokus heran, z. B. die gesamte Veränderung der Produkt- und Softwareentwicklung hin zu agilen Methoden wie Scrum oder Kanban.

Im Juni 2013 waren rund 55.000 KollegenINNen als Mitarbeiter der Deutschen Telekom in externen sozialen Medien wie Facebook, XING & Co aktiv. Dieser große Anteil der Mitarbeiter nutzt soziale Medien privat und tritt zugleich als Botschafter der Deutschen Telekom auf. Der Konzern betreibt über 120 Social Media Kanäle über Facebook, Twitter, Google+ oder eigene Blogs. Das Telekom Social Network, welches wir im Februar 2012 für alle 233.000 Mitarbeiter weltweit einführten (und damit 46 verschiedene Collaborationplattformen ablösten), hatte Mitte 2013 rund 60.000 aktive User. Mit beispielhafter Haltung ging allen voran der CEO Rene Obermann, der als erster seinen Web 2.0-Kanal „Direkt zu Rene Obermann" auflöste und in das Telekom Social Network integrierte. Abbildung 5.2 zeigt eine Infographik zu den Aktivitäten und beliebten Themen im Telekom Social Network.

Das Telekom-Social Network wird als die digitale Identität eines Telekom-Mitarbeiters gesehen und ist Nukleus des Enterprise2.0-Ökosystems. Ein Ökosystems deshalb, weil es

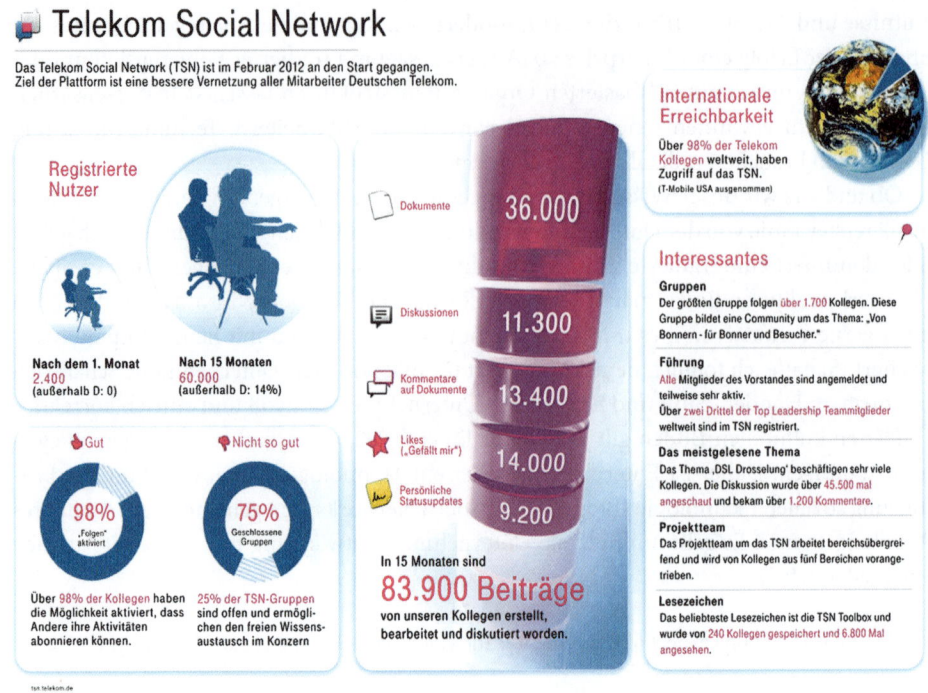

Abb. 5.2 Infografik Telekom Social Network Mai 2013, © Deutsche Telekom

nicht die „eine Enterprise2.0-Plattform" geben kann, sondern viele a) Plattformen und Systeme als auch b) Interaktionsformate ineinander greifen müssen. Die Aufgabe der Zukunft von Enterprise2.0-Verantwortlichen ist genau solch ein Ökosystem auf- und auszubauen, um ein vernetztes Unternehmen und Crowd Innovation zu ermöglichen.

Ende 2011 hatten wir als erster DAX 30-Konzern eine Betriebsvereinbarung zu „Enterprise2.0" mit unserem Sozialpartner abgeschlossen – ein wichtiger Durchbruch um die Transformation umzusetzen.

5.4 Crowd Innovation – zwei Beispiele

Im Folgendem möchte ich zwei Formate näher beschreiben, die den spielerisch leichten Umgang mit der kollektiven Intelligenz der Mitarbeiter und den enormen Output für die Organisation aufzeigen – Telekom JAMs und Telekom Prognosemärkte. Abbildung 5.3 zeigt schematisch die Entstehung des „Wissens der Vielen".

Die große Herausforderung für Unternehmen ist es einerseits, die Wissensvielfalt nutzbar zu machen und andererseits das Engagement der Mitarbeiter zur Wissensteilung weiter

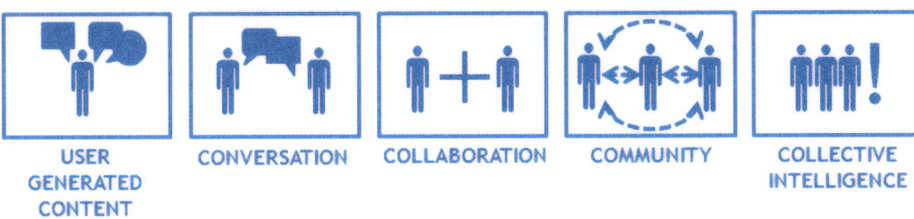

Abb. 5.3 Das Wissen der Vielen oder „Crowd Brain", © Gauravonomics [1]

zu fördern – über verschiedene Abteilungen, Standorte, Länder und Business Units eines Unternehmens hinweg.

In Theorie und Praxis zeigt sich, dass die Expertise von Einzelnen gegenüber deren von Vielen meist unterlegen ist. Dies zeigte Franics Galtons bereits 1906 bei seinem berühmten Experiment auf einem westenglischem Viehmarkt, wo es darum ging, das Gewicht eines Ochsen mit rund 800 Zuschauern besser vorherzusagen als einzelne Experten, was mit einer Abweichung von 0,8 Prozent fast exakt gelang [2]. Populärwissenschaftlich betrachtet zeigt die höchste Genauigkeit bei „Wer wird Millionär" der Publikumsjoker. Dieses Phänomen wird unter dem Stichwort „Kollektive Intelligenz" subsumiert. Für die effiziente Nutzung von Informationen aus der kollektiven Intelligenz, vor allem wenn diese der Entscheidungsfindung dienen sollen, sind folgende drei Aspekte wichtig:

1. **Diversität:** Meinungen sollen divers und vielschichtig sein
2. **Unabhängigkeit:** Aussagen werden prinzipiell ohne gegenseitige Beeinflussung getroffen
3. **Dezentralisierung:** Jeder Beteiligte bringt aus seiner individuellen Sicht spezifisches Wissen ein

Generell gilt, dass die kollektive Intelligenz umso ausgeprägter ist, je mehr Teilnehmer vertreten sind. Vor diesem Hintergrund ist ein mit allen Mitarbeitern durch soziale Technologien vernetztes Unternehmen zukünftig eine unabdingbare Voraussetzung.

In der Nutzung von Wissen aus der Crowd unterscheidet man folgende Einsatzfelder:

• **Crowdsourcing:** Erweiterung der Anzahl von Individuen, die in die Generierung und Bewertung von Wissen involviert sind (z. B. Plattformen wie InnoCentive, Atizo, jovoto etc.),
• **Collaboration:** Mechanismen der intrinsischen Kooperation, mit denen Wissen neu verarbeitet wird (z. B. Wikipedia oder Open Source-Entwicklung wie Android, Linux, Apache, Mozilla etc.),
• **Prognosen:** Vermittlung von Informationen für präzisere Vorhersagen (z. B. Prognosebörsen, Informationsmärkte).

5.4.1   Beispiel 1: JAMs als Instrument zum crowdbasierten Innovationsdialog

Die erste Methode, die wir im Rahmen der Enterprise2.0-Strategie entwickelt haben, war der Einsatz von JAMs.

Ein JAM ist eine Online-Veranstaltung. Dabei treffen sich mehrere hundert oder tausend Mitarbeiter auf einer JAM-Plattform, um fokussiert an definierten Fragestellungen zu arbeiten. Ein JAM ist vergleichbar zu einem Arbeitsmeeting, allerdings mit sehr viel mehr Teilnehmern. Es werden JAMs in Unternehmen mit bis zu 150.000 Teilnehmern (z. B. IBM Value-JAM), aber auch öffentlich zu Veranstaltungen, e-Governement, Service usw. durchgeführt.

Die Laufzeit eines JAMs kann grundsätzlich frei definiert werden. Die Erfahrung zeigt, dass eine komprimiertere Laufzeit eine höhere Energie in den Diskussionen hervorruft. Die meisten JAMs haben eine Laufzeit von zwei bis drei Tagen (48–72 Stunden).

Die Hauptziele dieser Form der Zusammenarbeit sind:

- Ideen frei zu entwickeln, sowie unmittelbar mit Experten zu diskutieren und zu vertiefen,
- Implizites Wissen und Meinungsvielfalt der crowd sichtbar zu machen,
- Mitarbeiter in der Gestaltung von Themen/Produkten einzubinden,
- Qualitative Erkenntnisse für Managemententscheidungen zu generieren.

Darüber hinaus erzielten wir weiteren Nutzen in der Reduktion von

- Zeit: z. B. in der Produktentwicklung, Rollouts von Projekten etc.,
- Kosten: Ein JAM mit tausend oder mehr Mitarbeitern kann mit bis zu 10–15-fach niedrigeren Kosten als traditionelle face to face Events durchgeführt werden,
- Fehlinvestitionen: Durch die Einbindung von Mitarbeitern oder Kunden werden Produkte mittels offener Dialoge von Wissensträgern oder Anwendern stärker nach den Bedürfnissen der Zielgruppe entwickelt.

Social Media als technische Grundlage für JAMs Um einen JAM durchzuführen, ist eine dedizierte Social Media-Plattform notwendig, auf der man solche „Events" einrichten kann. Diese Plattform muss es u. a. ermöglichen, Diskussionsräume zu eröffnen, Bewertungen von Beiträgen vorzunehmen, Rankings von guten Ideen abzubilden und Artikel zu schreiben sowie diese offen zu kommentieren. Bestmöglich lässt sich das Profil der Teilnehmer mit Bild und Zusatzinformationen zur Person abbilden. Im Adminstrationsbereich müssen saubere Analysen und Reports der Ergebnisse und eine manuelle Bewertung von Reviewern des Prozesses möglich sein.

So funktioniert eine JAM Session Auf der Basis von unserem Pilotbetrieb der Telekom JAM-Plattform stelle ich eine Durchführung näher vor.

Für den Bereich Deutschland Marketing (2500 Mitarbeiter) der Telekom Deutschland GmbH (121.000 Mitarbeiter) standen beim „M-JAM" zwei Fragen im Vordergrund:

Wie verbessert der Bereich seine Zusammenarbeit?

Welche neuen Geschäftsideen lohnt es sich zukünftig weiter zu entwickeln?

Zum „M-JAM" wurden die 2500 KollegenINNen aus dem Deutschland Marketing eingeladen. Der Bereich Marketing wurde 2009 erst einige Monate vor dem „M-JAM" durch die Zusammenführung von Festnetz und Mobilfunk aus mehreren Business Units fusioniert und umstrukturiert. Es war daher eine große Chance, speziell eine Fragestellung zur Zusammenarbeit zu integrieren. Diese Frage hatte hohen kulturellen Impact. Von 2500 KollegenINNen haben über 50 % also mehr als 1250 MitarbeiterINNEN aktiv teilgenommen.

Am „M-JAM" konnten alle Mitarbeiter aus dem Marketing teilnehmen. Es haben sich von Praktikanten über die Geschäftsführung bis hin zum Vorstand alle Hierarchie-Ebenen beteiligt. Insbesondere die Einbindung des Top-Managements unterstrich die neue Form der Interaktion und die beabsichtigte Offenheit und Transparenz. Für manche Mitarbeiter war es dennoch sehr ungewohnt, sich auf gleicher Augenhöhe in ungezwungener Form mit dem Management auszutauschen. Sicherlich beruhte dieses auf Gegenseitigkeit. Innerhalb von 72 Stunden wurden 170 Ideen generiert. In über 1200 Kommentaren wurde diskutiert, Ideen weiter angereichert und verfeinert. Dabei wurden mehr als 2500 Bewertungen von Kommentaren und Ideen abgegeben.

Nach drei Tagen war der „M-JAM" beendet und die Ideen gingen in einen sauber vorbereiteten Review-Prozess ein. Bereits nach zwei Wochen lagen die ersten Bewertungen der Ergebnisse zur Entscheidung im Management-Board vor.

Das Management-Board hat sich auf 13 Ideen fokussiert und diese vier Wochen nach Beendigung des „M-JAM" zur Umsetzung beauftragt.

5.4.2 Beispiel 2: Prognosemärkte – kollektive Intelligenz für das Management quantifizierbar machen

Die zweite Methode, die ich beleuchte wird Telekom Prognosemärkte genannt. Weitere Begriffe wie Informationsmärkte, Prediction Markets oder Social Forecasting werden für die gleiche Vorgehensweise im Markt benutzt.

Mit den Telekom Prognosemärkten haben wir ein Tool entwickelt, das auf den Logiken eines Aktienmarktes funktioniert und hohe Anteile von gamification beinhaltet. Die Telekom Prognosemärkte sind eine Plattform – für jeden Mitarbeiter – zugänglich, auf der ein Fachbereich Fragen einstellen kann, zu denen er schnell die Meinung und Beurteilung vieler Menschen einholen kann. Aus der Erfahrung sind die Telekom Prognosemärkte besonders für primäre Fragen, die man an externe Marktforschungsagenturen abgeben würde, z. B. zu Absatzprognosen, Produktbeurteilungen, Innovationsbewertungen, R&D Steuerung, Fragen zu Pricing, Beurteilung von Geschäftsmodellen oder ganz konkreten Fragen zur Positionierung gegenüber Wettbewerbern geeignet

Jeder Mitarbeiter hat auf der Plattform Telekom Prognosemärkte ein Startkapital von 5000 „Telekomdollar". Dieses Geld dient dazu es für die Beurteilung von Fragen einzuset-

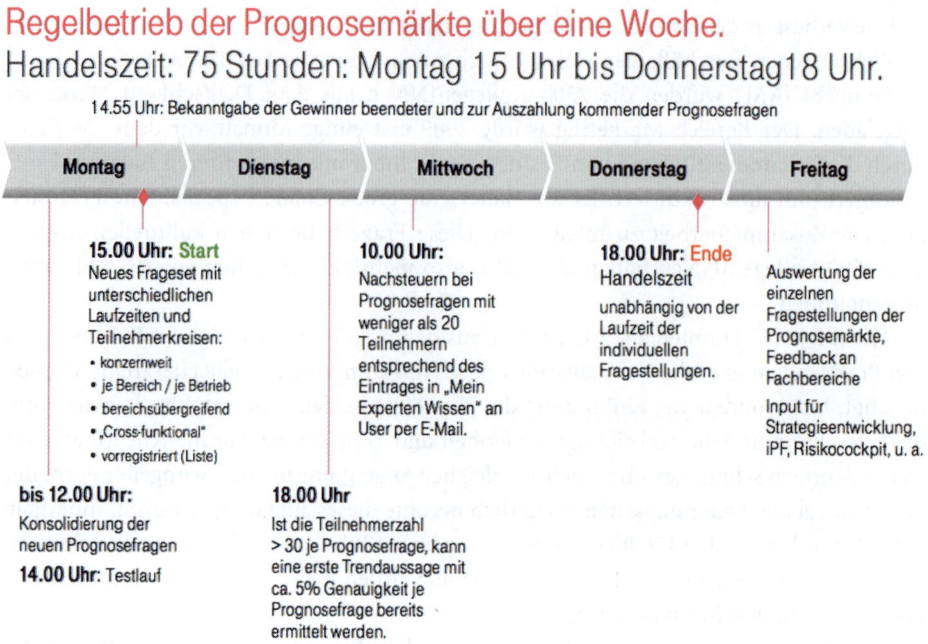

Regelbetrieb der Prognosemärkte über eine Woche.
Handelszeit: 75 Stunden: Montag 15 Uhr bis Donnerstag 18 Uhr.

14.55 Uhr: Bekanntgabe der Gewinner beendeter und zur Auszahlung kommender Prognosefragen

Montag	Dienstag	Mittwoch	Donnerstag	Freitag

15.00 Uhr: Start
Neues Frageset mit unterschiedlichen Laufzeiten und Teilnehmerkreisen:
- konzernweit
- je Bereich / je Betrieb
- bereichsübergreifend
- „Cross-funktional"
- vorregistriert (Liste)

10.00 Uhr:
Nachsteuern bei Prognosefragen mit weniger als 20 Teilnehmern entsprechend des Eintrages in „Mein Experten Wissen" an User per E-Mail.

18.00 Uhr: Ende
Handelszeit
unabhängig von der Laufzeit der individuellen Fragestellungen.

Auswertung der einzelnen Fragestellungen der Prognosemärkte, Feedback an Fachbereiche

Input für Strategieentwicklung, iPF, Risikocockpit, u. a.

bis 12.00 Uhr:
Konsolidierung der neuen Prognosefragen
14.00 Uhr: Testlauf

18.00 Uhr
Ist die Teilnehmerzahl > 30 je Prognosefrage, kann eine erste Trendaussage mit ca. 5% Genauigkeit je Prognosefrage bereits ermittelt werden.

Abb. 5.4 Prozessablauf Prognosemärkte, © Deutsche Telekom

zen. Immer dann wenn ein Mitarbeiter eine Meinung zu einer Frage abgeben will, entscheidet der Mitarbeiter wie viele „Telekomdollar" er dafür einsetzen will und zu welchem Zeitpunkt er in den Handel einsteigt.

Ablauf von Prognosen Wir haben einen Prozessablauf entwickelt, der es dem Management ermöglicht, binnen fünf Arbeitstagen quantifizierte Ergebnisse der Telekom Crowd zu erhalten. Jeweils bis Montagnachmittag konnte eine Frage mit Hintergrundinformationen eingestellt werden, die einen Handelszeitraum von drei Tagen bis Donnerstagabend hatte. Der Freitag diente zur Auswertung der Ergebnisse. Am Montag darauf lag der Report des Prognosemarktes für das Management vor.

Im Pilotzeitraum 2010/2011 haben wir über 230 Fragen online gestellt und durch die Crowd bewerten lassen. Unsere wissenschaftlichen Untersuchungen zeigen, dass bereits 30 Mitarbeiter ausreichen um valide Ergebnisse von der Crowd zu erhalten. Ein Wert, der schnelle und effiziente Auswertungen möglich macht.

Die Nutzung kollektiver Intelligenz mittels Prognosemärkte dient dazu

- das Wissen der Mitarbeiter mittels Prognosen sichtbar zu machen,
- schnell von vielen Mitarbeitern Bewertungen zu Business Fragen zu erhalten,
- Mitarbeiterexpertise quantifizierbar zu machen,
- binnen drei bis vier Tagen Entscheidungsunterstützung für das Management zu liefern,
- ein cooles Verfahren mit gamification Elementen.

Der Nutzen der Deutschen Telekom von Social Forecasting:

- drastische Reduktion von Marktforschungsbudgets,
- spielerisches Einbinden von diversifiziertem Wissen und Experten Know-how,
- hohe Wertschätzung gegenüber Mitarbeitern,
- sicherere Entscheidungsbasis für das Management.

Gerne greife ich im Folgenden zwei Beispiele der konkreten Nutzung der Telekom Prognosemärkte auf.

Entwicklung der Produktroadmap im Bereich Product & Innovation Die Business Unit „Access Products" im Marktbereich Product & Innovation nutzte die Telekom Prognosemärkte für die Beurteilung von 47 Produktideen und -services für die Roadmap-Planung 2013/2014. In drei Wellen von je einer Woche wurde in einem geschlossenen Prognosemarkt mit knapp 200 Teilnehmern 47 Produktideen und -services iterativ behandelt und beurteilt. Im letzten Durchgang lies das Management ein Ranking der Top 15 Produkte durchführen. Als Ergebnis nutzte das Management die Ergebnisse der Crowd und setzte die 10 am besten bewerteten Produkte auf die Roadmap 2013/2014.

Noch nie hatte ein Bereich zuvor mit dieser Methode in der Deutschen Telekom seine Planungsentscheidung auf die Basis kollektiver Intelligenz gestellt.

Pricing neuer Produkte bei T-Systems Die T-Systems hatte im Bereich New Business Development die Herausforderung, das Pricing für Web Services in Deutschen Fußballstadien, einem neuen Geschäftsbereich, festzulegen. Das Expertenteam aus dem Bereich prognostizierte ein Pricing von rund einem Euro pro User in den Fußballstadien. Der Vorstand stoppte die Entwicklung dieses Produktes, da es mit dieser Erlösprognose wirtschaftlich nicht umsetzbar gewesen wäre. In dieser Phase stellte das Web Services Projektteam diese Herausforderung als Frage in die Telekom Prognosemärkte und ließ den Preis durch die Crowd ermitteln. Der Crowd Erlös lag bei 3,89 EUR pro User. In einer ersten Validierungsstufe wurden mittels externer Marktforschung Interessenten befragt, die auf exakt den gleichen Betrag kamen.

Auf Basis dieser Erkenntnis wurde das Pricing angepasst und in den Vertragsverhandlungen auf Grundlage der Ergebnisse argumentiert. Der Vorstand gab die Investitionen frei für die Produktentwicklung. Im April 2013 wurde das erste Produkt im Stadion von Bayer Leverkusen vorgestellt.

Die zweite Validierungsstufe, die Nutzung durch die Fans und Kunden im Stadion, untermauerte die richtige Pricing-Prognose.

Mit Hilfe der Telekom Prognosemärkte konnten somit 7-stellige Zusatzeinnahmen pro Stadion erzielt werden.

Fazit zu crowdbasierten Innovationen Das Feedback der MitarbeiterINNEN für die neuen Formen der crowdbasierten Innovation Telekom JAMs und Telekom Prognosemärkte war überwältigend gut. Die Bestätigung der offenen Dialogformen zeigte uns, wie sehr der Bedarf an Formaten mit E 2.0-Charakter vorhanden ist. Wir haben aus den durchgeführten Piloten bei den JAMs und Prognosemärkten während der letzten Jahre viel gelernt – was die Anforderungen sowohl an die technische Plattform als auch an den Culture Change-Aspekt betrifft. Mittlerweile sind wir in der Lage, messerscharfe Instrumente auf Basis kollektiver Intelligenz und Partizipation mit hohem Nutzen für den Konzern einzusetzen.

Dem Culture Change Aspekt ist weit mehr Bedeutung zu widmen als der technischen Infrastruktur. Erst wenn das Management diese Arbeitsform als neue Chance erkennt und in der Lage ist, „los zu lassen" und Wissen nicht mehr als Machtinstrument betrachtet, erst dann ist der Nährboden für einen wirkungsvollen Einsatz gegeben.

Die Telekom ist sicher noch nicht flächendeckend soweit, aber wir sind mutig gestartet, unterstützt von Führungskräften, die die neuen Potenziale von Enterprise2.0 erkannt haben.

Ich halte es auf dem Weg der Deutschen Telekom zur Enterprise2.0 mit den Worten von Ingvar Kamprad (IKEA Gründer): „Noch ist viel zu tun – eine wunderbare Zukunft!"

Literatur

[1] Bildquelle: Flickr. http://www.flickr.com/photos/gauravonomics/4102019809/sizes/o/
[2] http://de.wikipedia.org/wiki/Francis_Galton#Intelligenz_der_Masse

Social Media im Unternehmen – Man muss es wollen

6

Kathrin Langkamp und Thomas Köplin

Web 2.0, Enterprise 2.0, Knowledge Management, Social Collaboration, Digital Workplace, User Generated Content – die Liste der Buzzwords ließe sich mühelos fortsetzen. Allen gemein ist, sie haben etwas mit den Veränderungen, dem Kulturwandel zu tun, den viele Unternehmen heute erfahren und im besten Fall selber gestalten. Ein breiter Konsens herrscht darüber, dass Social Media neue Möglichkeiten für den Umgang mit Wissen, für Kommunikation und Zusammenarbeit eröffnet. Vielstimmig wird es dagegen, wenn es darum geht, konkret zu werden. Welche Chancen bieten sich? Was sind die größten Herausforderungen? Welche Vorgehensweisen empfehlen sich? Im Folgenden geht es nicht darum, diesem Kanon eine weitere Stimme hinzuzufügen, sondern darum, besonders für mittelständische Unternehmen wichtige Erkenntnisse, Erfahrungen und Trends zusammenzufassen.

6.1 Woher kommen wir? Die Entstehung des Enterprise 2.0

Tim O'Reilly war es, der 2005 den Begriff „Web 2.0" für das neue interaktive Internet prägte. Früher als jeder andere zuvor hat er die Mechanismen und Gesetze des Webs beschrieben und eine Entwicklung vorhergesagt, die das Netz erheblich verändert hat. Der Online-Vordenker prägte dabei nicht nur den Begriff, sondern hat auch die Folgen für Gesellschaft, Wirtschaft und Technik klar und präzise skizziert. Das Web 2.0 ist für O'Reilly eine Weiterentwicklung des Internets, die in erster Linie durch Partizipation und Mitwir-

Kathrin Langkamp ✉
T-Systems Multimedia Solutions GmbH, Bonn, Deutschland
e-mail: kathrin.langkamp@t-systems.com

Thomas Köplin
T-Systems Multimedia Solutions, Dresden, Deutschland
e-mail: Thomas.Koeplin@t-systems.com

C. Rogge und R. Karabasz (Hrsg.), *Social Media im Unternehmen – Ruhm oder Ruin*,
DOI 10.1007/978-3-658-03087-2_6, © Springer Fachmedien Wiesbaden 2014

kung gekennzeichnet ist. Sie unterscheidet sich vom Internet davor durch die besondere Bedeutung, die die Nutzer jetzt haben. Tim O'Reilly nennt dies die „Architecture of participation" – Teilnahme wird zum Zweck und Ziel des Web 2.0 [8]. Was schon lange vor der Prägung des Ausdrucks „Web 2.0" mit einfachen Kundenrezensionen und Bewertungen auf Seiten wie Amazon und eBay begann, hat sich in den vergangenen Jahren zu einer gigantischen Bewegung rund um den so genannten „User Generated Content" entwickelt. Dahinter steckte stets die Idee, dass Informations- und Austauschplattformen umso attraktiver werden, je mehr Menschen daran mitarbeiten. Plattformen wie Wikipedia, Facebook und Twitter hätten ohne diesen Grundgedanken niemals einen so großen Erfolg erzielt.

Der Begriff „Web 2.0" selber wird inzwischen zunehmend durch das weitgehend synonym verwendete „Social Media" verdrängt. Letzteres stellt die Rolle der Nutzer noch stärker ins Zentrum und lässt die technologischen Aspekte weiter in den Hintergrund rücken. Wobei technologischer Fortschritt natürlich in besonderem Maße für die zunehmende Verbreitung von Social Media verantwortlich ist. Neue Software, neue Endgeräte, bessere Infrastruktur und bessere Services haben dafür gesorgt, dass Internet und Social Media in den Alltag der Menschen eingezogen sind und dass die Gesellschaft heute für ihre Möglichkeiten sensibilisiert ist. Seit 2002 haben Plattformen wie LinkedIn, MySpace, Youtube, XING, Facebook, Twitter u. v. a. immer mehr Nutzer gewinnen können. Anfang 2013 hat Intel eine Schätzung veröffentlicht, was in nur einer Minute im Internet passiert [4]: Bei Wikipedia werden 6 neue Artikel veröffentlicht, es gibt 20 neue Opfer von Identitätsdiebstahl, bei LinkedIn entstehen über 100, bei Twitter über 300 neue Accounts und 100.000 Tweets, 277.000 Logins bei Facebook, 1,3 Mio. Views und 30 Stunden neues Filmmaterial auf YouTube und mehr als 2 Mio. Suchanfragen bei Google.

Allein die schiere Größe der Nutzerzahlen legt nahe, dass Social Media auch Eingang in den Alltag der Unternehmen findet. Befasst man sich mit dem Einfluss und den Möglichkeiten von Social Media im Unternehmenskontext, gelangt man schnell zu dem 2006 erstmals durch Andrew McAfee geprägten „Enterprise 2.0" [3]. McAfee versteht darunter den Einsatz von sozialer Software im Unternehmen, zum Beispiel für die Zusammenarbeit in Projekten, mit Partnern oder Kunden, das Wissensmanagement oder die Unternehmenskommunikation. Auch McAfee hatte hier zunächst eher die technischen Aspekte im Blick. Im weiteren Sinne beschreibt „Enterprise 2.0" heute vor allem aber auch den kulturellen Wandel, der mit dem Einsatz von Social Media in Unternehmen einhergeht: Herkömmliche Arbeitsweisen verändern sich. Der Frontalunterricht in Unternehmen ist vorbei. Zentrale, hierarchische Strukturen lösen sich auf. An ihre Stelle treten Teams, die sich selber steuern und dadurch Führungs- wie auch Mitarbeiteraufgaben von Grund auf verändern. Mitbestimmung, Transparenz und Teilen von Wissen stehen hoch im Kurs.

Führungskräfte müssen Kontrolle abgeben, Veränderungen zulassen, diese aber auch selbst gestalten und vorleben. Sie finden sich zunehmend in der Rolle von Moderatoren wieder. Wichtig sind vor allem Offenheit, auch für Kritik der Mitarbeiter, und Verzicht auf Detailsteuerung. Es geht weniger darum, zu kontrollieren, sondern vielmehr darum, Informationen transparent zu machen und zu motivieren. Eine derartige Führungskultur lässt deutlich mehr Diskussionen zu. Die Firmenhierarchien zwischen den einzelnen Positionen und Mitarbeitern werden flacher. In Kombination mit organisatorischer Dezentralität werden die Eigenständigkeit und das Verantwortungsgefühl der Mitarbeiter gefördert.

Das Interesse des Unternehmens an der Meinung seiner Mitarbeiter, die offene Diskussion mit vielen Experten (auch jenen, an die zunächst gar nicht gedacht wurde) sowie deren unmittelbare Rückmeldung tragen dazu bei, dass Entscheidungen transparenter und Konzepte runder werden. Social Media machen bislang unstrukturierte und lose vorhandene Informationen zugänglich, indem sie es Menschen leicht machen, ihr Wissen zu teilen. Und erst indem Mitarbeiter ihr Wissen teilen, wird dieses relevant für das Unternehmen.

6.2 Wo stehen wir? Status quo des Einsatzes von Social Media im Unternehmen

Die Frage, ob Social Media Einzug ins Unternehmen halten, stellt sich mit Blick auf ihre rasante Verbreitung inzwischen nicht mehr. Spätestens mit Eintritt der Generation der sogenannten Digital Natives ins Berufsleben wird Social Media zum Standard im Unternehmen. Denn Digital Natives sind mit Internet und Web 2.0 aufgewachsen und erwarten entsprechende Angebote auch von ihrem Arbeitgeber. Die Studie „Einsatz und Potenziale von Social Business" [1] des BITKOM (Bundesverband Informationswirtschaft, Telekommunikation und neue Medien e. V.) scheint diese Entwicklung zu bestätigen. Demnach nutzt bereits ein Großteil (80 Prozent) der befragten ITK-Unternehmen Social Media besonders für die Kommunikation mit Kunden, Interessenten und vor allem potenziellen Mitarbeitern. Richtet man den Blick auf die Verwendung von Social Media in der internen Kommunikation, ergibt sich ein differenzierteres Bild. Zwar setzen 71 Prozent der befragten Unternehmen bereits Social Software ein – an erster Stelle Wikis und Intranets. Dennoch werden auch geschlossene Gruppen bei externen Netzwerken wie Facebook oder XING recht häufig (53 Prozent) von Unternehmen zur internen Kommunikation genutzt. Das zeigt: Mitarbeiter weichen auf externe Plattformen aus, um ihre Kommunikation und Zusammenarbeit zu organisieren, wenn das Unternehmen keine entsprechenden Angebote zur Verfügung stellt. Deutlich sichtbar wird jedenfalls, dass interne Kommunikation und Kollaboration immer wichtiger für Unternehmen werden. Diese Tendenz spiegelt auch das Thesenpapier „UCC-Strategien 2012. Status quo und Investitionspläne in deutschen Unternehmen" [7] wider. Die Themen Kommunikation und Zusammenarbeit hatten bereits vor einem Jahr eine hohe Priorität bei den Investitionen der ITK-Verantwortlichen.

Die Investition lohnt sich. Der BITKOM kommt in seiner oben genannten Studie zu dem Schluss, dass Unternehmen, die Social Media einsetzen, auch einen klaren Mehrwert darin sehen. Teilen, Wissensspeicherung, Vernetzung, Zusammenarbeit und Kommunikation verbessern sich durch den Einsatz deutlich. Die soziale Vernetzung ist kein kurzweiliger Trend, sondern bietet den Unternehmen auch Vorteile. Diese beinhalten neben dem Informationsvorsprung eine effiziente Verwaltung von Kontakten sowie effizienteres Marketing [6]. Dieser Vorzug ist bereits in der privaten Nutzung sozialer Medien sichtbar.

Inhalte, die geteilt werden, haben in kürzester Zeit eine enorme Reichweite, Benutzer sozialer Netzwerke sind zudem schnell mit aktuellen Informationen versorgt. Dennoch gibt es auch kritische Stimmen: Gartner äußerte sich Anfang 2013 eher pessimistisch zu den Erfolgsaussichten von Social-Software-Vorhaben. 80 Prozent aller Vorhaben würden demnach bis 2015 scheitern [5]. Einer der Gründe: Oft steht die Technik und nicht die Strategie im Vordergrund. Ein weiterer Grund: Häufig wird übersehen, dass Social Media freiwillig genutzt werden sollten, dass sie von Freiwilligkeit leben und davon, dass Mitarbeiter für sich einen klaren Nutzen erkennen. Auch der Bundesverband Digitale Wirtschaft (BVDW) e. V. sieht in seiner Studie „Einsatz und Nutzung von Social Media in Unternehmen" [2] Hindernisse. Die größten sind: Ressourcenmangel (fehlende Zeit, fehlendes Budget und Personal) und Datenschutz. Aber auch die mangelnde Bereitschaft zur abteilungsübergreifenden Zusammenarbeit und andere interne Widerstände wie zum Beispiel die Angst der Unternehmen vor Zeitverschwendung behindern Social Media-Vorhaben.

Einer Untersuchung von Pierre Audoin Consultants (PAC) „Social Collaboration in Germany, France and the UK 2013" zeigt, dass Deutschland im Vergleich mit Großbritannien und Frankreich bei der Nutzung von internen sozialen Netzwerken hinterherhinkt. Dies hat zum Teil kulturelle Gründe. Das Streben nach dem *german perfectionism* sowie große Sicherheitsbedenken bremsen in Deutschland viele Vorhaben. Außerdem wird deutlich, dass sich ein Großteil der Social Media-Initiativen momentan noch in der Anfangsphase befindet. Der Drei-Länder-Vergleich zeigt auch, dass die Bedenken bezüglich der Datensicherheit in Frankreich und Deutschland die größte Barriere zum Eintritt in das Enterprise 2.0 darstellen. In Großbritannien liegen die Bedenken bezüglich Datensicherheit mit 50 Prozent auf Platz zwei hinter legalen Bedenken. Ein Sicherheitskonzept sowie der frühe Einbezug der Arbeitnehmervertretung bildet deswegen eine wichtige Grundlage für den Einsatz von Social Media.

Die Marktforscher von PAC sehen eine offene Unternehmenskultur als weitere Voraussetzung – wenn auch nicht als Garant – für den erfolgreichen Einsatz. Sie kommen zu dem Ergebnis, dass Mitarbeitern in vielen Fällen trotz offener Unternehmenskultur zu wenig Unabhängigkeit und Autonomie zugestanden wird. Diese Freiheiten aber sind für eine Vernetzung im Unternehmen unabdingbar. Hier wird deutlich, welche Bedeutung dem Management bei der Einführung von Social Software im Unternehmen zukommt. Ein hohes Maß an Flexibilität und Autonomie wird die Wissensarbeitsplätze der Zukunft gestalten. Da in der immer komplexeren Arbeitswelt Lösungen und Entscheidungen schnell und innovativ herbeigeführt werden müssen, sind gut vernetzte Fachkräfte von besonderer Bedeutung. Im Social Intranet Ideen zu diskutieren, macht für jeden im Unternehmen sichtbar, wer sich mit der Idee gerade beschäftigt und sich die Zeit nimmt, diese weiter zu verfolgen. Mitarbeiter beteiligen sich an diesen Diskussionen nur, wenn sie wissen, dass Kollegen und Vorgesetze dies positiv bewerten und nicht als ein Mangel an Produktivität sehen. Um die Effizienz und Effektivität der Mitarbeiter optimal auszuschöpfen, sind Vertrauen und ein gewisses Maß an Selbstbestimmung für jeden Mitarbeiter notwendig.

Den Mitarbeitern Freiräume zur Verfügung zu stellen, ist die eine Sache. Social Media-Kompetenz vorzuleben die andere: Wie steht es um das Top-Management? Bloggt der Chef? Die Vorbildrolle des Managements ist entscheidend für den Erfolg von Social Media-Vorhaben – auch um einer Social Media-Initiative die entsprechende Ernsthaftigkeit zu geben. Laut einer globalen Studie „The Social CEO: Executives Tell All" von Weber Shandwick kommuniziert die Hälfte der befragten Geschäftsführer im Firmen-Intranet, mehr als die Hälfte sind auf der Unternehmenswebseite aktiv. Interessant ist hier, dass die CEOs, die in sozialen Netzwerken aktiv sind, eher mit positiven Eigenschaften beschrieben werden, als jene, die von sozialen Netzwerken Abstand nehmen. Ein Social CEO bloggt aber nicht allein zu seinem eigenen Vorteil: Nutzt der CEO eines Unternehmens auch externe soziale Kanäle, so steigt die Reputation des gesamten Unternehmens nachweislich. Es gilt als innovativ und bekommt zudem ein Gesicht. In Bezug auf die Kommunikation mit den Mitarbeitern liegen die Vorteile auf der Hand. Neuigkeiten können besser bekannt gemacht und die Kommunikation mit den Mitarbeitern erleichtert werden. Dennoch gibt es auch hier Bedenken. Das wahrgenommene Risiko, dass mit den Social Media-Aktivtäten des Chefs einhergehen könnte (beispielsweise durch öffentliche Kritik) wird als relativ hoch eingeschätzt.

Im Großen und Ganzen lässt sich sagen, dass die Mehrheit der Unternehmen erkannt hat, dass der Einsatz von Social Media einer klaren Strategie folgen muss. Laut des BVDWs verfügen bereits drei Viertel der befragten Unternehmen über eine Social Media-Strategie. Entscheidend ist, dass hier langfristig gedacht wird. Denn trotz möglicher schneller Erfolge – der Wandel zum Enterprise 2.0 ist überwiegend kultureller Natur.

6.3 Man muss es wollen!

Dass Kommunikation und Information zentrale Themen sind und das Intranet dafür ein geeignetes Werkzeug ist, ist vielen Firmen inzwischen bewusst. Der Status quo hat gezeigt, dass viele Unternehmen ein neues Intranet aufsetzen möchten: mit dem Ziel mehr Interaktionsmöglichkeiten und einen zentralen Ablageort von Informationen zu schaffen. Oft gibt es schon konkrete Wünsche und erste Ideen aus den Fachbereichen. Oft hat man sich schon Software-Produkte einiger Hersteller angeschaut.

Der Fokus dieser Hersteller liegt meist auf den technischen Funktionalitäten, mit denen ihre Plattform dienen kann. Da in den letzten Jahren der Markt immer stärker umkämpft ist, werden die Funktionalitäten komplexer, nähern sich gleichzeitig aber auch an. Die Herausforderung besteht darin, sich nicht in Funktionalitäten zu verlieren, sondern das Ziel immer im Auge zu behalten: den Mitarbeitern ein Social Intranet zur Verfügung zu stellen, das sie in ihren Aufgaben, Prozessen und Bedürfnissen unterstützt.

Die Anforderungen an ein Social Intranet sind oft sehr umfangreich und unkonkret. Ein neues Social Intranet zu konzipieren, zu planen und umzusetzen, ist ein Prozess, der sich über Monate, manchmal auch über ein bis zwei Jahre erstreckt. Innerhalb dieser Zeit gibt es immer wieder neue Ideen oder Überlegungen, was das neue Intranet können sollte, was man hinzufügen oder weglassen kann oder wie sich das Konzept entwickeln sollte. Diese Ideen und Einwände kommen von verschiedenen Stakeholdern zu verschiedenen Phasen mit unterschiedlich großem Druck. Um diesem Ansturm gewappnet zu sein, bedarf es einer guten, nachhaltigen Argumentation, warum man die Ausrichtung des Projektes so gewählt hat und warum genau diese Ziele verfolgt werden.

Ein neues Intranet ist, wie alle anderen Anwendungen ebenfalls, kein Selbstzweck. Welche Unternehmensziele werden mit einem neuen Intranet unterstützt? Wer diese Frage zu Beginn beantwortet, verschafft sich zwei Vorteile: Zum einen kann sich das Unternehmen leichter auf einige wenige Ziele fokussieren, zum anderen können aus den Zielen Kennzahlen entwickelt werden. Letzteres ermöglicht es, im Nachhinein zu überprüfen, wie gut die gesetzten Ziele erreicht wurden und wo noch optimiert werden kann.

Einen Königsweg gibt es in der Disziplin Social Intranet nicht. Gerade weil die Anforderung von Unternehmen zu Unternehmen variieren, die Prozesse sehr verschieden sind und besonders die Unternehmenskultur zu beachten ist, wäre ein Vorgehen wünschenswert, das genügend Spielraum für kontinuierliche Verbesserung lässt. Anwendungsfälle zu entwickeln bildet jedoch einen zentralen Schritt, um das Intranet so zu gestalten, dass es die Nutzer bei ihrer täglichen Arbeit unterstützt. Da ein Social Intranet nicht nur Informationen bereitstellen, sondern die Mitarbeiter in ihrer Arbeit unterstützen soll, stellt sich die Frage, was denn genau die Mitarbeiter benötigen.

Ein mögliches Ziel wäre beispielsweise, die Weiterentwicklung der Forschungsabteilung durch Wissensteilung zu unterstützen. Wenn Unternehmen bereits ein Dokumenten-Center benutzen, kann das Ziel eines Social Intranets die Vernetzung der Mitarbeiter über Abteilungen hinweg sein. Damit wird das Auffinden von Experten und den inoffiziellen Netzwerken vereinfacht. Sowohl bei der Auswahl der Software, als auch bei der Konzeption bekommen damit das Mitarbeiterprofil sowie die internen Vernetzungsmöglichkeiten eine höhere Gewichtung.

Anhand eines Beispiels aus der Projektkommunikation kann man sich die Funktionalität des neuen Intranets vor Augen führen. In der klassischen Projektkommunikation werden zahlreiche E-Mails mit Dokumentenanhängen an einen mehr oder weniger großen Verteiler hin und her geschickt. Spätestens nach der zehnten Antwort auf die E-Mail bleiben dabei Nachvollziehbarkeit und Transparenz auf der Strecke. Ein Anwendungsfall des neuen Intranets könnte sein, die Projektkommunikation transparent und nachvollziehbar zu gestalten. Ein Blog oder Microblog könnte genutzt werden, um zukünftig Aktualisierungen zu kommunizieren, das aktuelle Protokoll wird ebenfalls zentral in einem Projektraum abgelegt.

Doch wann wird ein Blogpost geschrieben – täglich oder wöchentlich? Darf nur der Projektleiter einen Blogpost verfassen oder alle Projektmitarbeiter? Organisieren sich alle Projekte über einen eigenen Gruppenraum? Oder werden thematisch gleiche Projekte zusammengefasst? Werden Protokolle direkt als Blogpost verfasst oder wird das Protokoll weiterhin als Dokument zentral auf der Plattform abgelegt? Werden Kommentare im Protokolldokument direkt eingetragen? Oder wird der Blog eine Kommentarfunktion besitzen, über die dann kommentiert wird? Darf jeder Mitarbeiter den Blog lesen? Für alle diese Fragen gibt es viele verschiedene Antworten, die von der Firmenkultur und den Arbeitsprozessen abhängen.

Diese Details müssen bereits in der Konzeption beantwortet werden, um gleich zu Beginn einen funktionierenden Workflow bereitzustellen, mit dem es Freude macht, zu arbeiten. Auch können so klare Zuständigkeiten direkt zu Anfang bereitgestellt und kommuniziert werden. Nur wenn ganz genau festgelegt ist, wie die neuen Kommunikationswege aussehen, werden diese auch von den Mitarbeitern genutzt. Anhand dieser Detailfragen sieht man, dass es hier vor allem wichtig ist, die Funktionen den gelebten Arbeitsprozessen anzupassen. Wenn ein Social Intranet den Arbeitsalltag erleichtert, lassen sich die Mitarbeiter leichter von den Vorteilen überzeugen – und ein wichtiger Schritt für erfolgreiches Change Management ist getan.

Ein Social Intranet einzuführen heißt, in die Arbeitsprozesse einzugreifen und die Unternehmenskultur zu verändern. In einem Social Intranet kann jeder Mitarbeiter nicht nur Empfänger sein, sondern auch Sender. Dies ändert und hinterfragt die Unternehmenskultur, in der bisher die sichtbare Kommunikation meist nur von Marketing oder Managementebene erfolgte.

Darauf müssen sowohl Mitarbeiter als auch Führungskräfte vorbereitet werden. Um bei der Einführung zielgerichtet vorzugehen, ist es zunächst wichtig, eine Stakeholder-Matrix zu erstellen, in der alle potentiell vom Projekt Betroffenen aufgeführt sind mit ihren Eigeninteressen hinsichtlich des Intranets, ihrem Einfluss und wie man sie für das Projekt Social Media gewinnen kann. Daraus lassen sich leichter die richtigen Kommunikationsmaßnahmen ableiten. Die anfangs erwähnten Ziele erweisen sich hier als nützlich, weil diese direkt in die Kommunikation aufgenommen und zur Untermauerung der Argumentation verwendet werden können. Je klarer diese zu Beginn formuliert wurden, umso einfacher ist es, sie zu kommunizieren. Das gleiche gilt für die Anwendungsszenarien. Einige wenige, sehr gut definierte und mit den Mitarbeitern abgestimmte Szenarien helfen ebenfalls, die Mitarbeiter für das Projekt zu begeistern.

6.4 Personenzentriertes Wissensmanagement: Das Social Intranet bei T-Systems Multimedia Solutions

Wie schaffen es Unternehmen, die Erfahrungen und Meinungen aller Mitarbeiter in den Geschäftsalltag einfließen zu lassen? Bei T-Systems Multimedia Solutions setzt man seit 2008 auf ein unternehmensweit genutztes Social Intranet, auf das alle Mitarbeiter zugreifen können. Seit seinem Start hat es sich mit vielen Neuerungen zum unternehmenskritischen System gemausert. Es ist zu einem der wichtigsten Bausteine des Wissensaustausches und der Team-Zusammenarbeit an allen Standorten von T-Systems Multimedia Solutions geworden. In großen Teilen trägt es den Ansatz „von Mitarbeitern für Mitarbeiter" in sich. Dazu passt der Name des Tools: TeamWeb.

Das Interesse an Web-Technologien mit neuen Möglichkeiten ist bei der T-Systems-Tochter Programm und eng verzahnt mit den alltäglichen Tätigkeitsbereichen der rund

1200 Mitarbeiter. Während das Intranet einseitig als Kommunikationskanal und Mittel für die Informationsvermittlung genutzt worden war, beruht das Social Intranet auf der täglichen Kommunikation und Kooperation der Mitarbeiter untereinander. Dies geschieht sowohl in Unternehmensbereichen als auch standortübergreifend bei speziellen Themen. Sortiert werden Themengruppen nach Interessen- und Fachgebieten, die mit persönlichen Seiten ergänzt werden. Das Social Intranet bietet neben den üblichen Wiki-Funktionen Blogs, RSS-Feeds, ein Rechtemodell sowie diverse Bewertungsfeatures. Außerdem hat jeder Mitarbeiter die Möglichkeit, eine Profilseite anzulegen und hier einen persönlichen Blog zu führen. Das Social Intranet entwickelt sich Tag für Tag weiter. Neue Funktionen gehen dabei oft auf Verbesserungsvorschläge der Mitarbeiter zurück.

Die Nutzung des Social Intranets ist den Mitarbeitern freigestellt, auch wenn diese Tatsache inzwischen nur noch theoretische Bedeutung hat. Die große Akzeptanz bei der Mehrheit der Mitarbeiter führt dazu, dass viele wichtige Informationen für die tägliche Arbeit ausschließlich hier verfügbar sind. Eine wesentliche Veränderung, die das Social Intranet mit sich bringt, ist eine deutlich gesteigerte Transparenz im Management des Unternehmens. Dies zeigt sich beispielsweise in der Offenheit des Systems: Jede Seite kann kommentiert werden, jeder Mitarbeiter ist gleichermaßen beteiligt und es werden keine Unterschiede zwischen den einzelnen Positionen gemacht. Die Grundeinstellungen legen fest, dass jede Information von jedem Mitarbeiter eingesehen und bearbeitet werden kann. Soll der Lese- und Schreibzugriff doch einmal eingeschränkt werden, muss dies manuell und im Einzelfall passieren. Dies kann beispielsweise bei Projekten der Fall sein, die zunächst nur teamintern diskutiert werden.

Eine derart offene Führungskultur lässt deutlich mehr Diskussionen zu. Die Mitarbeiter verlieren die Hemmungen, auch mit Vorgesetzten einen Diskurs zu beginnen. Wird dieser Diskurs im Unternehmen gut moderiert, dann verbessert sich dadurch der Informationsfluss. Das heißt auch, dass relevante Informationen schneller zu den Mitarbeitern gelangen.

Doch welchen konkreten Nutzen bringt das Social Intranet aus Unternehmenssicht und aus der Perspektive des Mitarbeiters? Soziale Software unterstützt im Unternehmen das Informations-, Zusammenarbeits-, Reputations- sowie Beziehungsmanagement. Soziale Software hilft darüber hinaus, entscheidungsrelevante Informationen aus Daten zu gewinnen, die andernfalls eventuell verborgen geblieben wären. Einen weiteren Nutzen beinhaltet das Social Intranet für das interne Networking.

Es optimiert die Zusammenarbeit sowohl zwischen den einzelnen Standorten als auch zwischen Teams und Positionen. Gleichzeitig standardisiert es Zusammenarbeit und Projektmanagement. Betriebswirtschaftlich betrachtet sorgt diese neue Art der Teamarbeit neben einer deutlichen Zeitersparnis für einen optimierten Wissenstransfer. Wissen, Ideen und Erfahrungen werden idealerweise direkt aus den Köpfen der Mitarbeiter ins Social Intranet gestellt. Dies erweist sich vor allem beim Ausscheiden eines Mitarbeiters oder bei der Einarbeitung neuer Kräfte als hilfreich. Doch auch in Bezug auf die Nachhaltigkeit bietet das soziale Intranet Vorteile: Zum einen liegen sämtliche wichtigen Firmen- und Teaminformationen dokumentiert vor, zum anderen werden neue Informationen eingebracht. Wissensentstehung, -codierung sowie -dokumentation finden nicht länger voneinander getrennt statt: Die Wissensprozesse im Unternehmen werden vielmehr als einheitlicher Prozess verstanden und im Social Intranet gebündelt. Denkbar ist darüber hinaus auch eine Einbeziehung unternehmensexterner Stakeholder wie beispielsweise Kunden oder Partner, was die Wissensbasis weiter vergrößern würde.

6.5 Fazit und Ausblick

Schon längst ist Deutschland ein Land der Wissensarbeit. Am strategischen Umgang mit Wissen führt kein Weg vorbei. Social Media können dabei helfen, das Wissen in Unternehmen zu managen und Mitarbeiter miteinander zu vernetzen. Sie sind im privaten Bereich weit verbreitet, was die Akzeptanz im Unternehmen verbessert. Unternehmen, die Social Media ignorieren, riskieren inzwischen ihren Geschäftserfolg. Bisher sind die meisten Initiativen in Firmen noch in externe und interne Social Media-Aktivitäten getrennt. Den vollen Nutzen von Social Media wird man aber erst erreichen, wenn beides miteinander verknüpft sein wird. Um Social Media erfolgreich im Unternehmen einzusetzen, reicht es nicht aus, sich mit technologischen Fragen zu beschäftigen. Veränderungen der Strategie, Unternehmenskultur und des Führungsstils sind zwingend erforderlich. Für diese Veränderung gibt es keinen allgemeingültigen Königsweg. Jedes Unternehmen ist einzigartig. Eines aber gilt immer: Die Einführung von Social Media im Unternehmen hat nur dann Erfolg, wenn das Management dahinter steht.

Literatur

[1] BITKOM Bundesverband Informationswirtschaft, Telekommunikation und neue Medien e.V.: Einsatz und Potenziale von Social Business für ITK-Unternehmen. http://www.bitkom.org/files/documents/Studie_SocialBusiness_Potenziale.pdf

[2] Bundesverband Digitale Wirtschaft (BVDW) e. V. Einsatz und Nutzung von Social Media in Unternehmen.

[3] Enterprise 2.0 is the use of emergent social software platforms within companies, or between companies and their partners or customers. http://andrewmcafee.org/

[4] http://scoop.intel.com/what-happens-in-an-internet-minute/

[5] http://www.gartner.com/newsroom/id/2319215

[6] PAC: Sozial vernetzt, integriert & individuell: Kommunikation im Mittelstand 2015. https://swyx.com/fileadmin/dateien/studies/Thesenpapier_Swyx_PAC.pdf

[7] PAC: UCC-Strategien 2012. **März** (2012)

[8] Schönefeld, F.: Praxisleitfaden Enterprise 2.0: Wettbewerbsfähig durch neue Formen der Zusammenarbeit, Kundenbindung und Innovation (2009)

Gute Arbeit auf Wolke 7

7

Bert Stach

Technologische Veränderungen beeinflussen von jeher die Art, wie wir arbeiten und was wir arbeiten. Die gesamtgesellschaftlichen Auswirkungen dieser Veränderungen wurden besonders durch die industrielle Revolution des vorvergangenen Jahrhunderts deutlich. Sie bedeutete den Aufbau großer Fabriken, ermöglicht durch die Erfindung und den Einsatz von Dampfmaschinen sowie einen Urbanisierungsschub.

Die existierenden Formen von Unternehmen – vorher waren es vor allem Handwerksbetriebe oder kleine Manufakturen – wurden ergänzt von Werkshallen mit hunderten und tausenden Beschäftigten, die oft ein Produkt in vielen kleinen Arbeitsschritten arbeitsteilig erstellten. Dies verschaffte Unternehmern die Möglichkeit, Gewinne bis dahin unbekannten Ausmaßes zu erzielen.

Damit einher ging eine Veränderung der Arbeitsbeziehungen eines bis dahin unbekannten Ausmaßes. Die ersten Folgen waren eine Vereinzelung der Arbeiter, die aus ihren tradierten Gemeinschaften wie Familie oder Dorf und auch Kirchengemeinden herausgerissen wurden. Die Ausbeutung jener Zeit wird auch an der damals eskalierenden Kinderarbeit deutlich. Die Beschäftigten jener Zeit schlossen sich zusammen, um sich für die Verbesserung der Lebens- und Arbeitsbedingungen einzusetzen. Dies geschah auf unterschiedlichen Ebenen: im Betrieb, in Arbeitervereinen und auch in religiösen Zusammenschlüssen. Die in einem langen Prozess vollzogene Gründung von Gewerkschaften führte dann dazu, dass die Belegschaften eine schlagkräftige Organisation bekamen. Viele Einzelschritte führten auch zur Entwicklung von Sozialversicherungssystemen und einer ausformulierten Arbeitsgesetzgebung.

Die Arbeitsbedingungen wurden Schritt für Schritt weiter ausgehandelt.

Durch die Gesetzgebung wurden die Rahmenbedingungen der Arbeitsbeziehungen immer weiter ausdifferenziert. Heute liegt eine umfangreiche Arbeitsgesetzgebung vor, die

Bert Stach ✉
Bundesverwaltung, ver.di, Berlin, Deutschland
e-mail: bert.stach@verdi.de

C. Rogge und R. Karabasz (Hrsg.), *Social Media im Unternehmen – Ruhm oder Ruin*,
DOI 10.1007/978-3-658-03087-2_7, © Springer Fachmedien Wiesbaden 2014

auch definiert, welche Merkmale ein Arbeitsverhältnis oder ein freie Berufstätigkeit grundsätzlich haben.

Neben gesetzlichen Regelungen gibt es tarifliche und betriebliche Regelungen, die die Arbeitsbeziehungen immer weiter ausgestalten. 1918 schlossen der Industrielle Hugo Stinnes und der Gewerkschafter Carl Legien das Stinnes-Legien-Abkommen, in dem Arbeitgeber und Gewerkschaften erstmals ihre Beziehungen zueinander vertraglich aushandelten und die Basis für Kollektivvereinbarungen legten, die dann zu Tarifverträgen weiterentwickelt wurden. In Deutschland gelten inzwischen fast 70.000 Tarifverträge [8], die für viele Bereiche des Arbeitslebens ihre normative Wirkung entfalten.

Betriebsvereinbarungen gestalten diese Regelungen noch weiter aus. Dort, wo zum Beispiel bei IBM ein Tarifvertrag Qualifizierungsansprüche begründet, beschreibt eine Betriebsvereinbarung, wie die Abläufe zu deren Verwirklichung funktionieren. Dort, wo bei VW ein Tarifvertrag die Arbeitszeiten festlegt, klärt eine Betriebsvereinbarung, wenn welche Server an- oder abzuschalten sind. Dadurch ruhen die Maileingänge auf den Smartphones der Mitarbeiterinnen und Mitarbeiter außerhalb der Arbeitszeiten.

Während Gesetze politische Mehrheiten brauchen und damit zumindest in gewisser Weise einen gesellschaftlichen Konsens zu deren Verabschiedung benötigen, braucht es bei Tarifverträgen und Betriebsvereinbarungen eine so weit reichende gemeinsame Auffassung der Verhandelnden vom Regelungstatbestand, dass sie diese frei ausgehandelten Vereinbarungen gemeinsam unterzeichnen können. Dahinter liegt der Grundkonsens, gemeinsam Dinge regeln zu wollen und aus diesem Grundkonsens lässt sich ein weiterer Konsens ableiten – der der Übernahme von gegenseitiger Verantwortung füreinander und ein gemeinsames Interesse: Arbeitgeber erwarten von ihren Arbeitnehmerinnen und Arbeitnehmern eine möglichst optimale Arbeitsleistung und übernehmen dafür eine Verantwortung für ihre Mitarbeiterinnen und Mitarbeiter, die nicht nach Arbeitsende des jeweiligen Tages endet. Auf diesem Fundament sind die Arbeitsbeziehungen aufgebaut, die ein erfolgreiches Wirtschaftssystem ausmachen und Teilhabe und auch Wohlstand ermöglichen – und damit übrigens auch Konsum.

Die technologischen Entwicklungen sind auch nach der Erfindung der Dampfmaschine fortgeschritten und haben in den letzten Jahren besonders die Kommunikation verändert. Der private Mobilfunk und das html-basierte Internet sind gerade einmal etwa 20 Jahre alt. Schon diese Technologien haben dazu geführt, dass die Abgrenzungen der Arbeitsorte unschärfer werden. Moderne Kommunikationstechnologien ermöglichen es für viele Tätigkeiten, Arbeitsleistungen auch außerhalb des klassischen Büroarbeitsplatzes zu erbringen. Die räumliche Entgrenzung geht mit einer zeitlichen einher. So kommt eine Repräsentativbefragung der DGB-Index Gute Arbeit GmbH aus dem Jahr 2011 zu dem Ergebnis, dass 28 Prozent der im Dienstleistungs-Sektor Arbeitenden auch außerhalb ihrer regulären Arbeitszeit sehr häufig oder oft für betriebliche Belange erreichbar sein müssen [7].

War das Internet zuerst ein Medium, das vorwiegend der Kommunikation diente, wurde es schon bald zur Austauschbörse von Ideen und zum Marktplatz für alle möglichen Waren. Mit neuen interaktiven Plattformen können Arbeitsabläufe komplett in das WorldWide-Web verlegt werden. Dabei lassen sich nicht nur neue Abläufe entwickeln, die die Formen der Arbeitserledigung der Beschäftigten eines Unternehmens verändern – auch Externe Mitarbeiterinnen und Mitarbeiter können leichter eingebunden werden. Zwei Schlagworte beschreiben diese neuen Formen der Arbeitsbeziehungen: Crowdsourcing und Cloudworking.

Crowdsourcing bezeichnet die Auslagerung traditionell interner Teilaufgaben an eine Gruppe freiwilliger User, z. B. über das Internet. Diese Bezeichnung ist an den Begriff Outsourcing angelehnt, die Auslagerung von Unternehmensaufgaben und -strukturen an Drittunternehmen [3].

Cloudworking bezeichnet einen Arbeitsplatz in einer virtuellen Umgebung. Faktisch ist der Arbeitsplatz unabhängig von einem bestimmten Ort, aber abhängig von cloudbasierten Rechenleistungen (Web-Plattformen als Marktplatz für Aufträge und gegebenenfalls auch Software zur Erledigung der Arbeit).

Sowohl für Crowdsourcing als auch Cloudworking gilt, dass die einzelnen Akteure in diesem Zusammenspiel keinesfalls an nationale Grenzen gebunden sein müssen. Ein Crowdsourcing-Projekt aus Deutschland kann ohne weiteres von über Cloudworking eingebundenen Freelancern, also freien Mitarbeiterinnen und Mitarbeitern, aus irgendeinem anderen Land der Erde in Teilen oder in Gänze erledigt werden. Dies gilt natürlich genauso für Crowdsourcing-Projekte aus anderen Ländern von Ägypten bis Zypern, an denen dann auch über Cloudworking einbezogene Freelancer aus anderen Ländern, zum Beispiel auch Deutschland beteiligt sein können.

Für die Umsetzung vom Crowdsourcing im digitalen Produktionsprozess und die Einbeziehung vom Mitarbeiterinnen und Mitarbeitern, die sich als Cloudworker einbringen, bedarf es einer besonderen Strukturierung der Abläufe. Cloudworker sollen als „Betriebsfremde" jeweils nur einen überschaubaren Teil eines Endproduktes kennen und erledigen. Dazu müssen komplexe Produktionsprojekte in viele kleine überschaubare Arbeitsschritte zerlegt werden – ähnlich wie es auch der tayloristische Ansatz der Zerlegung der industriellen Produktionsprozesses beschreibt. Allerdings werden diese einzelnen Arbeitsschritte nun nicht, wie es bei einer tayloristischen Umsetzung geschehen würde, als eindeutige Arbeitsanweisungen an einzelne Beschäftigte direkt vergeben. Die einzelnen Arbeitsschritte werden über Webplattformen ausgeschrieben und können nun von vielen Cloudworkern erledigt werden. Dies ist auch genauso gewünscht. Unbegrenzt viele Cloudworker können sich mit ihren Arbeitsergebnissen an einer Ausschreibung beteiligen. Sie posten ihre Ergebnisse auf der Plattform, auf der auch die Teilprojekte ausgeschrieben werden. Auftraggeber sichten und bewerten nun die von einer Vielzahl von Cloudworkern eingebrachten Ergebnisse. Sie können sich die aus ihrer Perspektive besten Arbeitsergebnisse aussuchen und müssen auch nur diese bezahlen.

Die Umsetzung von Crowdsourcing und Cloudworking auf Internetplattformen ist inzwischen eine zunehmend verbreitete Form der Arbeitsabwicklung. Es gibt Plattformen, die auf bestimmte Dienstleistungen wie etwa Grafik-Design, Übersetzungen oder Programmierarbeiten spezialisiert sind und Internetplattformen, die mehr oder weniger allumfassend die Erledigung von Dienstleistungen organisieren, die unabhängig von Ort und Zeit erbracht werden können. Eine der größten Vermittlungsplattformen ist unter der Adresse freelancer.com erreichbar. Das australische Unternehmen freelancer.com wurde 2009 gegründet und wirbt auf seiner Website mit Zahlen über registrierte Freelancer und deren Arbeit (Stand 28. Juni 2013 um ca. 15:00 Uhr): 7.956.290 registrierte Freelancer, $1.155.719.968 Honorare in 4.671.325 veröffentlichten Projekten. Dies bedeutet, dass das durchschnittliche Honorar pro Freelancer $145,26 beträgt, woraus sich ein durchschnittliches Jahreshonorar von knapp $30 oder von etwa zweieinhalb Dollar pro Monat ergibt. Der durchschnittliche Wert einer Ausschreibung beträgt dem entsprechend $247,41. Bei fast acht Millionen registrierten Freelancern und etwas mehr als viereinhalb Millionen ausgeschriebenen Projekten bedeutet dies aber auch, dass – den unrealistischen Fall einer absolut gleichmäßigen Verteilung angenommen – etwas über 40 Prozent der registrierten Freelancer noch nie überhaupt ein Honorar bekommen haben können.

Vor dem Hintergrund der genannten Zahlen erscheint Cloudworking kaum als eine Arbeitsform, die existenzsichernde Einkommen, soziale Absicherung und eine Daseinsvorsorge in Aussicht stellt.

Die unter der Webadresse www.mturk.com erreichbare Freelancerplattform Amazon Mechanical Turk listet auf ihrer Startseite gleich drei Vorteile für die Auftraggeber, die hier ihre Projekte zur Erledigung von Cloudworkern einstellen: „Have access to a global, on-demand, 24 × 7 workforce; Get thousands of HITs completed in minutes; Pay only when you're satisfied with the results." Solche Aussichten werden bei Unternehmen und Konzernen, die die Möglichkeiten haben, Crowdsourcing und Cloudworking in ihren Produktionsprozessen einzusetzen, das Interesse wecken, dieses auch umzusetzen. Es gibt starke Indizien, dass zum Beispiel der IT-Gigant IBM plant, Crowdsourcing und Cloudworking strukturiert einzusetzen. Bereits im April 2010 stellte Louisa Peacock in der Fachzeitschrift Personnel Today zur Personalentwicklung bei IBM fest, dass die „global workforce of 399,000 permanent employees could reduce to 100,000 by 2017, the date by which the firm is due to complete its HR transformation programme" [6]. Sie nimmt dabei Bezug auf ein Statement des damaligen britischen Chefs des IBM Human Capital Managements, Tim Ringo, der gegenüber ebenjener Zeitschrift die Zahl von 100.000 IBM-Beschäftigten ins Spiel brachte und erklärte: „I think crowd sourcing is really important, where you would have a core set of employees but the vast majority are sub-contracted out" [6]. In einem Aufsatz in dem Buch „Grenzenlos Vernetzt" habe auch ich zusammen mit Frank Bsirske auf diese Entwicklung und ihre problematischen Auswirkungen für bestehende Belegschaften verwiesen:

> Eine dynamische Workforce erbringt die Dienstleistungen für Kunden im Rahmen einer globalen Talent Cloud. Funktion der übrig bleibenden Kernbelegschaft ist dann die Aufrechterhaltung der Kundenbeziehungen. Es ist durchaus vorstellbar, dass es noch einige weitere Rumpffunktionen sein werden, für die eine Kernbelegschaft gebraucht wird. Allerdings wird dies primär ökonomischen Aspekten unterworfen [2].

Neben der Reduktion von Stammbelegschaften sind die Arbeitsbeziehungen zu Cloud-workern fast ausschließlich auf die reine Bezahlung einer ausgewählten Arbeit angelegt. Während bei festangestellten Beschäftigten Gehaltsbestandteile für die Sozialversicherungsbeiträge mitkalkuliert werden, ist das bei Freelancern nicht der Fall. Der bereits zitierte Tim Ringo präzisiert: „There would be no buildings costs, no pensions and no healthcare costs, making huge savings" [5].

Auf Outsourcing (der Vergabe von Unternehmensaufgaben an andere Anbieter) unter der Berücksichtigung von Nearshoring (an andere Unternehmen in der Nähe) und Offshoring (an andere Unternehmen in anderen Ländern und Kontinenten) folgt Crowdsourcing als Instrument für Unternehmen, Arbeit von angestammten Kernbelegschaften unter dem Aspekt der Gewinnmaximierung bei Reduktion der Arbeitskosten zu verlagern.

Die Einbeziehung von Freelancern im großen Umfang birgt allerdings erhebliche Risiken. Mitarbeiterinnen und Mitarbeiter, die fest bei einem Unternehmen angestellt sind, entwickeln auch eine feste Beziehung zu ihrem Unternehmen. Für sie gilt nicht nur ein Direktionsrecht des Arbeitgebers, aus dem mindestens eine klare Aufgabenvergabe hervorgeht – sie fühlen sich ihrem Arbeitgeber auch verbunden. Der Arbeitgeber hat darüber hinaus auch im rechtlichen Rahmen Kontrollmöglichkeiten um die Erledigung der übertragenen Aufgaben zu überwachen. Für Freelancer gilt dies alles nur in sehr eingeschränktem Rahmen. Letztendlich ist bei der Auftragsvergabe über das Internet kaum nachvollziehbar, ob der Freelancer, der seine Arbeitsergebnisse auf einem Freelancerportal eingibt, diese selbst erbracht hat oder durch andere erledigen lässt oder andere in Details des Auftrages mit einbezogen hat. Es kann sogar völlig unklar sein, von wo aus die Arbeit erledigt wurde. Daraus ergeben sich für Auftraggeber von Cloudworkern wichtige Fragen nach Zuverlässigkeit und auch Sicherheit sowie Fragen der Produkthaftung. Wie verhält sich zum Beispiel ein Auftraggeber, wenn es zu einem Fall der Produkthaftung kommt und der Freelancer, der die Leistung von irgendwo auf der Welt über eine Internetplattform erbracht hat, schlichtweg nicht mehr auffindbar ist?

IT-Unternehmen arbeiten an Lösungsansätzen, die besonders ihren unternehmerischen und ökonomischen Interessen dienen: Zertifizierung, Bewertung und Transparenz.

Zertifizierung Eine Möglichkeit, die Arbeitsqualität von Freelancern, die als Cloudworker tätig werden, zu kategorisieren ist eine Zertifizierung. Diese Zertifizierung kann direkt von Unternehmen in mehreren Stufen angeboten werden. Je höher der Zertifizierungsstandard – zum Beispiel Blau, Silber, Gold und Platin – desto besser ist für Auftraggeber abschätzbar, welche Qualität, die auf einer Freelancerplattform eingegebene Arbeit haben kann. Eine frühe Etablierung von Zertifizierungsstandards eines Unternehmens kann dabei eine wichtige Funktion haben. Nicht nur werden die Freelancer anstreben, durch eine möglichst gute Zertifizierung ihre eigene virtuelle Bonität zu belegen oder zu steigern, auch kann das zertifikatvergebende Unternehmen dadurch eine weitere Einnahmequelle generieren, wenn es sich die Zertifizierungskurse und -tests von den Freelancern bezahlen lässt.

Bewertung Jeder Marktteilnehmer auf der Versteigerungsplattform eBay kennt das Procedere – nach einem abgeschlossenen Kauf oder Verkauf kommt die Frage nach der Bewertung. Hat alles so funktioniert, wie es Ver- und Ersteigerer geplant oder erwartet haben, gibt es Sternchen für eine positive Bewertung oder Abzüge für eine negative Bewertung und die Bewertung ist für alle eBay-Nutzerinnen und Nutzer einsehbar. Dies kann gut als Modell für die Bewertung der Arbeitsleitung von Cloudworkern dienen.

Transparenz Wer sich heute auf den einschlägigen Social Media-Plattformen registriert, gibt meist einiges an persönlichen Daten ein: Geburtstag, Wohnort und oft noch vieles mehr. Je mehr persönliche Informationen eingegeben werden, umso besser lässt sich für den Auftraggeber die Seriosität, Bonität und Zuverlässigkeit des Freelancers überprüfen. Hierfür kommen Konto-, Kreditkarten- und Gesundheitsdaten besonders in Frage.

Die hier genannten Lösungsansätze sind einseitig. Die Interessen von Unternehmen stehen dabei den Interessen von Freelancern entgegen. Eine Zertifizierung wird erst dann für Freelancer relevant, wenn diese kostenfrei, frei zugänglich und transparent ist und Zertifizierungskriterien und -prozesse von Freelancern mitbestimmt werden. Für Bewertungssysteme muss es mindestens nachvollziehbare Regulierungen und Einspruchsmöglichkeiten geben. Die Anforderungen zur Transparenz, die einen gläsernen Freelancer erzeugen sollen, stehen im krassen Konflikt mit Persönlichkeitsrechten und sind damit eigentlich gar nicht hinnehmbar.

Es ist durchaus erwartbar, dass Crowdsourcing und Cloudworking eine zunehmend starke Rolle in den Arbeitsbeziehungen der Zukunft spielen werden. Für Freelancer wird sich dann eine eskalierende Markttransparenz ergeben. Durch Freelancerplattformen, die von quasi jedem Ort der Welt erreichbar sind ergibt sich für Freelancer auch eine weltweite Konkurrenzsituation, die Druck auf ihre Preise und Stundensätze ausübt.

Heute gibt es viele Motivationen für den beruflichen Weg in die Selbständigkeit – ins Freelancertum. Neben einem problematischen Hintergrund, also im normalen Arbeitsmarkt nicht die gewünschte Anstellung gefunden zu haben, steht auch die Hoffnung nach gutem Einkommen und beruflicher Flexibilität. Und tatsächlich können – was eben nicht für alle Freelancer gilt – freiberufliche Spezialisten ordentliche Stundensätze verlangen. Eine Erhebung der GULP Information Services GmbH, einer Internet-Börse für IT-Freiberufler, vom August 2012 titelt: „Allzeithoch: IT-/Engineering-Freiberufler fordern so hohe Stundensätze wie nie" und führt weiter aus: „So hohe Stundensätze haben IT-/Engineering-Freiberufler noch nie gefordert – zumindest nicht seit Start dieser halbjährlich durchgeführten GULP Stundensatz-Auswertung im August 1998. Damals lagen die Honorarvorstellungen der Selbstständigen übrigens bei 60 Euro. Heute, genau 14 Jahre später, fordern IT-/Engineering-Freelancer im Schnitt 74 Euro pro Stunde. Und auch mit der Aussicht, seine Forderung erfüllt zu bekommen, sieht es gut aus" [4]. Hintergrund der in diesem Bereich gezahlten Honorare ist ein knappes Angebt. Wenigen IT-/Engineering-Freelancern steht eine hohe Nachfrage nach ihren Dienstleistungen gegenüber.

Aber – auch wenn wie bei Sascha Lobos „Wir nennen es Arbeit" die Freiberuflichkeit gern verklärt wird – eine Garantie für ein gutes Einkommen gibt es nicht. Vielleicht ist es ein wenig so wie im Profifußball. Jeder kleine Junge träumt einmal davon, wie es sein könnte, als erfolgreicher Fußballspieler in der ersten Bundesliga Starruhm und ein gigantisches Einkommen zu genießen. In einem Beitrag im Focus wird die Realität dargestellt und beschrieben, „dass ein Viertel der Spieler nach dem Karriereende dauerhaft arbeitslos ist und Hartz IV bezieht. Gerade einmal zehn Prozent haben für die Zukunft ausgesorgt." [1]

Wenn es also nicht so gut läuft, dann winken für die Beschäftigten geringe Einkommen ohne Sozialversicherungsbeiträge und Daseinsvorsorge, die Gefahr Arbeit abzuliefern, ohne dafür bezahlt zu werden und der Ausschluss von kalkulierbaren Arbeitszeiten und anderen wichtigen Bestandteilen eines festen Arbeitsverhältnisses wie zum Beispiel Urlaub oder Lohnfortzahlung im Krankheitsfall.

Wenn die Entwicklung in diese Richtung weitergeht, stehen auch die sozialen Sicherungssysteme vor einer weiteren Herausforderung. Freelancer, die ihre Aufträge ohne großen Erfolg auf Internetplattformen ausführen, zahlen kaum in die sozialen Sicherungssysteme ein, werden aber gegebenenfalls Leistungen aus ihnen abfragen.

Zur Besteuerung werden die Einkommen der Freelancer herangezogen, die der nicht in Deutschland ansässigen Freelancerplattformen kaum. Wo die Steuern der Auftraggeber erhoben werden, kann dann noch davon abhängen, von wo aus der Auftrag erteilt wurde.

Zwar eröffnen Crowdsourcing und Cloudworking neue Zugänge zu einem digitalen Arbeitsmarkt, wo dies bisher nicht oder nur kaum möglich war. Um als Cloudworker tätig zu werden, bedarf es neben den notwendigen Qualifikationen nur noch eines brauchbaren Rechners und eines Zugangs zum Internet. Um tätig zu werden, sind Cloudworker eben nicht mehr darauf angewiesen, dass Unternehmen in ihrer räumlichen Nähe eine Dependance eröffnen und Stellen ausschreiben. Allerdings ist Cloudworking zurzeit als ökonomisierte Form von Crowdsourcing auch stark darauf ausgelegt, Arbeitskosten zu senken, soziale Absicherungen und weitere Zusatzleistungen auszublenden und gegebenenfalls auch noch die Besteuerung zu minimieren. Dies droht in der Gesamtbilanz mehr negative als positive Effekte mit sich zu bringen. Die Konsequenzen für Freelancer werden massiv sein:

Zur Erbringung ihrer Aufträge werden Freelancer, beziehungsweise hier Cloudworker, einzeln über Cloudworking-Plattformen angesprochen und eingebunden. Wenn überhaupt, dann findet nur ein virtueller Austausch statt. Ihnen fehlt in dieser Form der Arbeit jede Form der Zusammenarbeit mit Kolleginnen und Kollegen. Echte Teamarbeit findet nicht statt. Es gibt keine Kooperation unter Kolleginnen und Kollegen, sondern nur virtuelle Kooperation. Die Vereinzelung wird weiter vorangetrieben und der Aufbau dauernder Beziehungen quasi unmöglich gemacht. Manch andere Unternehmen schlagen hier ganz bewusst einen anderen Weg ein. So kündigte Marissa Mayer, CEO von Yahoo, den möglicherweise auch wieder extremen Weg an, alle Tele-Mitarbeiterinnen und -Mitarbeiter wieder zurück in den Konzern zu beordern, da der Austausch unter Kolleginnen und Kollegen ein wichtiger Faktor für Innovation und Produktivität sei.

Durch die Kontaktaufnahme zwischen Auftraggeber und Cloudworker, die einzig über eine von Dritten betriebene Plattform stattfindet, erschwert den Aufbau eines Vertrauensverhältnisses massiv. Dabei weisen arbeitswissenschaftliche Erkenntnisse deutlich auf die wichtige Funktion eines persönlichen positiven Feedbacks am Arbeitsplatz für die Arbeitszufriedenheit hin.

Für die Arbeit als Cloudworker besteht keine Planbarkeit. Kein Cloudworker besitzt irgendeine Sicherheit, dass am nächsten Tag oder in der nächsten Woche auch ein passender Auftrag für die eigenen Qualifikationen ausgeschrieben wird. Und selbst wenn dem so ist, dann es besteht überhaupt keine Gewissheit, für eine Ausschreibung – bei der die Arbeitsleistung bei Beteiligung an der Ausschreibung ja bereits erbracht wurde – auch den Zuschlag und damit das in Aussicht gestellte Honorar auch zu erhalten. Kommt eine lang erwartete Ausschreibung während einer geplanten Urlaubsphase, hat der Cloudworker nur die Optionen, entweder die Aussicht auf ein möglicherweise dringend benötigtes Honorar aufzugeben oder die Urlaubspläne zu streichen. Solche Arbeitsbedingungen sind mit einer gesunden Familienplanung, besonders wenn gar die Ferien schulpflichtiger Kinder zu berücksichtigen sind, nicht vereinbar.

Zu einer auf Dauer angelegten Arbeitsbeziehung, die eine wichtige Rolle in einer Lebensplanung einnimmt, gehören nicht nur Elemente wie ein sicheres Einkommen, um zum Beispiel Mietzahlungen oder Abträge zusagen zu können. Hierzu gehören auch eine Zeitplanung, die nicht nur kalkulierbare Arbeitszeiten pro Tag, Woche und Monat umfasst, sowie auch Erholungsphasen. Das Bundesurlaubsgesetz ist aus gutem Grund erlassen worden. Soziale Verpflichtungen zur Daseinsvorsorge, die sich in den Sozialversicherungsbeiträgen der Arbeitgeber manifestieren, sind fest etabliert. Dieses alles gibt es für Cloudworker nicht.

Letztendlich stehen Cloudworker in einer weltweiten Konkurrenz zueinander. Bei der Zerlegung der eigentlichen Projekte in immer kleinere Teilprojekte steigt für Auftraggeber die Wahrscheinlichkeit, auch für kleine Honorare Cloudworker zu finden, die bereit sind, diese Tätigkeiten auszuführen. Als Konsequenz sind sinkende Einkommen für Cloudworker erwartbar, wie an dem Beispiel der Plattform freelancer.com deutlich wurde. Auftraggebern steht hier ein Instrument zur Verfügung die Konkurrenzsituation zu nutzen und Honorare zu drücken.

Ein Arbeitgeber, der einen Tagelöhner beschäftigen will, muss dies vor dem Hintergrund der jeweiligen nationalen Gesetzgebung tun, die meist wenigstens ein Minimum an Standards für Arbeitssicherheit und ähnlichen weiteren Absicherungsmechanismen beinhaltet. Im Vergleich mit der Erledigung von Tätigkeiten durch Tagelöhner stehen Cloudworker durch eine globale Markttransparenz schlechter dar. Der Cloudworker, der sich an einer Ausschreibung beteiligt, spielt als Mensch überhaupt keine Rolle mehr. Moralische Werte kommen hier nicht vor.

Schlechteren Arbeitsbedingungen, die mit sinkenden Einkommen einhergehen, folgt der Verlust an Kaufkraft. Die Minimierung der Besteuerung schränkt die staatliche Handlungsfähigkeit ein. Der Rückzug aus den sozialen Sicherungssystemen führt logischerweise zu einem Verlust an Absicherung.

Um sich zu organisieren und sich für eine Verbesserung der Lebens- und Arbeitsbedingungen einzusetzen, stehen auch Cloudworkern Gewerkschaften offen. Gewerkschaften stellen auch im 21. Jahrhundert eine starke Organisationsform dar. Sie haben sich in den

Vergangenen Jahren mit speziellen Angeboten auf die Organisationsbedürfnisse von Free-lancern verschiedener Bereiche vorbereitet. Bei der Vereinten Dienstleistungsgewerkschaft existieren verschiedene Initiativen wie mediafon oder ich-bin-mehr-wert, in denen sich Freelancer engagieren und die auch auf Freelancer ausgerichtet sind. Schon heute sind un-ter den ca. zwei Millionen ver.di-Mitgliedern Tausende Freelancer.

Nachdem für klassische Beschäftigungsverhältnisse die Arbeitsbedingungen Schritt für Schritt ausgehandelt wurden und sich daraus eine Basis für ein erfolgreiches Wirtschafts-system, das Teilhabe und auch Wohlstand ermöglicht – und damit übrigens auch Konsum – ergab, steht die Selbstorganisation von Freelancern und Cloudworker noch am Anfang. Wenn Menschen einen klaren Blick für eine ungleiche Verteilung gewonnen haben, haben sie sich bisher früher oder später immer wieder organisiert, um sich für ihre Arbeitsbedin-gungen zu engagieren.

Um dafür Transparenz zu schaffen, ist das Internet auch ein geeignetes Medium.

Literatur

[1] Focus, 04/2013. http://www.focus.de/sport/fussball/sogar-hartz-iv-droht-experte-warnt-kuenftig-mehr-fussballprofis-arbeitslos_aid_907308.html

[2] Bsirske, F., Stach, B.: „eBay für Arbeitskräfte". In: Grenzenlos Vernetzt, S. 117. Hamburg (2012)

[3] http://de.wikipedia.org/wiki/Crowdsourcing

[4] http://www.gulp.de/kb/st/stdsaetze/sstext.html

[5] http://www.personneltoday.com/articles/23/04/2010/55343/ibm-crowd-sourcing-could-see-employed-workforce-shrink-by-three-quarters.htm

[6] Personnel Today, 23. April 2010

[7] ver.di Vereinte Dienstleistungsgewerkschaft (Hrsg.): Ständig erreichbar – dauernd gehetzt, Ar-beitsberichterstattung aus der Sicht der Beschäftigten. Berlin, S. 3

[8] Wirtschafts- und Sozialwissenschaftliches Institut in der Hans-Böckler-Stiftung (Hrsg.): Statisti-sches Taschenbuch Tarifpolitik. Düsseldorf, S. 12 (2013)

Ketch-mob! Impulse für die Organisationsentwicklung

Fred F. Schmidt

So wie informeller Austausch schon immer Entscheidungen mitgesteuert hat, gestaltet zukünftig verstärkt der Einsatz von Social Media-Tools die Wirklichkeit im Unternehmen mit. Der Autor überträgt die öffentliche Tool-Landschaft in ein bewährtes Modell zur Kulturanalyse und behauptet, dass alles gar nicht neu, sondern nur anders wird.

> Die Lawine donnert bereits zu Tal. Überzeugungsarbeit ist nicht notwendig. Und bist du nicht willig, so brauche ich … Geduld (Peter W. Kruse, re:publica 2010).

8.1 Eine These

Transparenz steuert mit! Alles, was Sie heute online als Social Media kennen, gibt es so auch schon offline in jedem Unternehmen: Auf der Firmenfeier und anderen Formen geselligen Beisammenseins wird miteinander *gefacebookt* – in der täglichen Arbeit sucht man sich zur Durchsetzung seiner Ziele Verbündete in einem passenden *Forum* – im Aufzug, auf dem Flur und unter (den weniger werdenden) Rauchern wird tüchtig *gezwitschert* – jemand *wikipediat* zur Dokumentation von Abläufen und Prozessen – und das Management *bloggt* in Meetings ihre Sicht der Dinge, um einen Überblick herzustellen.

Im Unterschied zu diesen offline-Varianten, wirkt eine online-Kommunikation länger nach – ist vielleicht gar nicht löschbar. Sie kennen den Satz: „Das Internet vergisst nichts!". Wie oft haben Sie schon jemanden auf dem Flur nach einem kurzen „Hallo!" gefragt „Wie geht es dir?" und die Antwort entweder direkt aus dem Arbeitsspeicher gelöscht oder ganz hinten in Ihrem Speichermedium zwischen den Ohren abgelegt? Wer fragt, bekommt Antworten. Wer Antworten bekommt, entscheidet meist individuell, was er mit der Information anfängt. Dabei machen wir uns in der Regel die Welt so wie sie uns gefällt. Wir steuern

Fred F. Schmidt ✉
QSC AG, Köln, Deutschland
e-mail: fred.schmidt@qsc.de

C. Rogge und R. Karabasz (Hrsg.), *Social Media im Unternehmen – Ruhm oder Ruin*, 87
DOI 10.1007/978-3-658-03087-2_8, © Springer Fachmedien Wiesbaden 2014

unsere Aufmerksamkeit nach den meist unbewusst bewährten Erfolgsroutinen oder bewusst gemachten Wertvorstellungen. Mit dem Einsatz von Social Media-Tools als Kommu-
nikations- und Kollaborationsplattform sprechen wir über ein permanentes Angebot, auch
ungefragt eine Kommunikation in die Welt zu setzen. Das Zusammenspiel der unterschiedlichen Perspektiven wird verändert. Die Möglichkeit nach dem Prinzip der Nutzungsoffenheit sein Wissen zu teilen – sozusagen ungefragt Antwort zu geben, führt Unternehmen als
soziale Zweckgemeinschaft in eine öffentlicher geführte Debatte über die „richtige" oder
„falsche" Entscheidung. Diese zunehmende Transparenz steuert die Organisation immer
stärker mit. Der erlebte Alltag ist uns oft wichtiger als die abstrakte Vorstellungskraft. Erst
recht, wenn wir über Technogien und ihre Auswirkung auf unser tägliches Tun sprechen.
Meist fällt es uns erst dann auf, wenn gewohnte Routinen in Frage gestellt oder verändert werden. Im Kontext von Social Media im Unternehmen lesen, erfahren und lernen
wir gerade aus und von unterschiedlichen Perspektiven auf die anstehenden Veränderungen. Mir geht es hier um den Beitrag zur Systemqualifizierung von Organisationen. Social
Media-Aktivitäten bilden einen öffentlichen Resonanzraum. Wie hat sich das öffentliche
Netz rund um Social Media-Anwendungen herum bereits organisiert und was können
wir daraus lernen? Welche Auswirkungen wirken zukünftig auf die Genetik einer sozialen Zweckgemeinschaft, die sich als effizientes Netzwerk im Sinne der „intelligent many"
aufstellt?

8.2   Ein Beispiel

Ketch-mob! Wir befinden uns an einem Standort eines mittelständischen Unternehmens
irgendwo in Deutschland. Nach der Aufarbeitung der letzten Mitarbeiterbefragung, der
immer wieder aufkommenden Beschwerden der – sagen wir mal – 350 Mitarbeiter, dem
engagierten Treiben der Mitarbeitervertretung und misslungenen Qualitätssteigerungsver-
suchen des Managements wird der Kantinenbetreiber gewechselt. Neben einem breiteren
Angebot an frischer und gesunder Kost und der Verfügbarkeit von Zwischenmahlzeiten
geht der Neustart einher mit einer Renovierung des Kantinenbereichs. Alles soll offener
gestaltet sein und Raum für einen lockeren Austausch bei einer Kaffeespezialität bieten.
Es wurde ganz im Sinne der Mitarbeiterschaft investiert. Auch einige der Mitarbeiter wurden vom neuen Betreiber übernommen. Zur Erhaltung bewährter Rituale bleibt auch das
Schnitzel mit Pommes im Angebot. Alles gut – könnte man meinen. Wäre da nicht die
Sache mit dem Ketchup. Wie gewohnt lädt eine Schüssel mit der roten Sauce zur Selbstbe-
dienung ein. Daneben steht mit der Neueröffnung ein Schild mit der Aufschrift „0,30 €".
Das ist neu. Das hat sich keiner gewünscht. Die Anpassung an die neue Situation verläuft
vielschichtig. Eine kleine Gruppe einigt sich schnell auf eine gemeinsame Dessertschüs-
sel für die 30 Cent und schreitet mit dem guten Gefühl des kollektiven Siegs über ein
autoritäres System zur Speiseaufnahme. Während der Kantinenbetreiber die Darstellung
der gemeinten Ge- und Verbote überdenkt, zahlen andere erst einmal den roten Klecks
auf ihrem Teller. Am Tisch angekommen wird die Lage nach Gleichgesinnten sondiert.

Vielleicht findet sich ja jemand, der was zu sagen hat. Einer der Kollegen aus dem Betriebsrat kündigt an, dass er „das mal mit in die nächste Sitzung nehmen" wird. Wieder andere üben stillen Protest und verzichten auf den Ketchup mit dem Entschluss, sich ab morgen eine eigene Flasche mitzubringen – das ist eindeutig günstiger. Einer der jungen Reformer (nennen wir ihn „Anhänger der Schüssel-Fraktion") postet um 13:00 Uhr noch vom Tisch im internen Social Media-Tool ein Foto mit dem Preisschild unter der Überschrift „Das finde ich nicht in Ordnung!". Nach 73 „likes" und etwa 40 Kommentaren lässt sich das Stimmungsbild gegen 15:00 Uhr so zusammenfassen: „Das finden wir nicht in Ordnung!". Der Kantinenbetreiber, der aus Sicherheitsgründen keinen Zugang zum Portal hat, bekommt um 15:10 Uhr eine E-Mail vom zuständigen Manager des Unternehmens mit einem Screenshot der laufenden Diskussion. Er antwortet sofort mit dem Wunsch einer Veröffentlichung. Er sei dankbar für die offene Kritik und möchte zu bedenken geben, dass alle mehr Qualität zu gleichen Preisen fordern. Dafür sei er auch angetreten und das will er mit seinem Team auch bieten. Er bittet um Verständnis dafür, dass die Mehrkosten für qualitativ bessere Rohstoffe in irgendeiner Form und aus Kundensicht auch fair umgelegt werden müssen. Selbstverständlich ist er bereit, in einer kontinuierlichen Qualitätsrunde über Alternativen nachzudenken. Bis dahin nehme er das Preisschild zurück und freue sich auf die weitere Verbesserung seines Angebots. Der verantwortliche Manager postet die Entscheidung und gegen 18:00 Uhr liegt die Anzahl der „likes" für diesen Kommentar bei 137. Am nächsten Tag ist das Schild weg und der Ketchup wieder kostenlos.

Wie wäre diese Episode im „Unternehmen 1.0" abgelaufen?

Im ersten Schritt weist der Kantinenbetreiber seine Servicekräfte an, die Ausgabe von Ketchup in Dessertschüsseln zu unterbinden. Im zweiten Schritt stellt er (übrigens wie geplant – die Großpackung sollte nur noch aufgebraucht werden) auf den Verkauf von kleinen Tütchen im Kassenbereich um. Ein Mitarbeitervertreter bringt das Anliegen „Ketchup soll wieder kostenlos sein" in das nächste Treffen mit seinen Kollegen ein. Man einigt sich darauf, den zuständigen Manager zur Steuerung des Kantinenbetreibers darauf anzusprechen. Im Gespräch verweist dieser darauf, dass die Verantwortung für die Preise beim Kantinenbetreiber liegt. Er würde sich aber gerne darum kümmern, wenn es sich um die Meinung vieler handelt. Über den Flurfunk landet das Thema auch auf dem Tisch des Geschäftsführers. Im nächsten Jour-Fixe mit dem verantwortlichen Manager erkundigt er sich dann auch direkt, ob „die Kuh vom Eis sei". Man setze hier auf die Eigenverantwortung des Kantinenbetreibers, der sich schon anpassen wird, wenn er merkt, dass er Umsatz verliert. In erster Linie sei das gesetzte Ziel „bessere Qualität ohne Preiserhöhung" ja erreicht worden. Und: Die Wahl des neuen Kantinenbetreibers scheint auch richtig, wenn er seine Marge mit kreativen Mitteln aufrecht erhält. Da die Statistiken zeigen, dass der Verbrauch von Ketchup nur unwesentlich zurückgegangen ist, sieht er derzeit keinen Anlass weiter einzugreifen. Das vereinzelte Mitbringen von eigenen Ketchupflaschen hat auch deutlich nachgelassen und wird sicher bald ganz aufhören („Wir kennen doch unsere Pappenheimer"). Im Übrigen ist man sich einig, dass sich dieser Fall doch sehr gut eignet, um der Mitarbeiterschaft mal wieder ein lebendiges Beispiel dafür zu geben, dass unternehmerische Entscheidungen auch bei Gegenwind durchgehalten werden müssen. Schließlich ist Anpassungsfähigkeit

eine entscheidende Größe für den gemeinsamen Erfolg. „Ob denn nicht mal dieser pfiffi-
ge Trainee aus dem Marketing", den der Geschäftsführer auf der letzten Weihnachtsfeier
kennengelernt hat, „das Thema für eine Intranetmeldung entsprechend aufarbeiten kann.
Vielleicht in einem Interview mit dem Kantinenbetreiber. Es ist doch wie immer bei Veränderungen: das Gute wird nicht gesehen und Einzelmeinungen bringen Unruhe rein, weil
sie nur die Defizite sehen." So wird es dann auch getan. In der jährlichen Mitarbeiterbefragung fordern ein paar Mitarbeiter unter „Verbesserungsvorschläge" die kostenlose Abgabe
von Ketchup in der Kantine. Sechs Monate später veröffentlicht das Management in der
Nachbereitung die ersten „quick-wins": dazu zählt, dass man sich mit dem Kantinenbetreiber darauf geeinigt hat, den Ketchup wieder kostenlos abzugeben. So kann schnell ein
emotionales Anliegen mit vielen Betroffenen gelöst und Handlungsstärke gezeigt werden.

Das Szenario „Unternehmen 1.0" kommt sicherlich in Ihrem Unternehmen so nicht
vor. Nehmen Sie es also bitte mehr als Übertreibung, die der Kernbotschaft dieses Artikels dient: Eine nachhaltig auf Anpassungsfähigkeit angelegte Unternehmenskultur nutzt
Social Media-Tools und erklimmt damit die nächste Evolutionsstufe hin zur lernenden Organisation. Dabei löst ihnen kein Tool der Welt das Dilemma einer kontextabhängigen und
individuellen Nutzwertbetrachtung, die durch Führungsarbeit gelöst werden muss.

8.3   Ein Modell

Social Media zeigt wie sich eine Netzwerkkultur organisiert! Oder anders gesagt: Was
das Internet schon kann, muss das Intranet noch lernen. Wir erleben den Übergang in eine
Organisationskultur, die auf den schöpferischen Umgang mit unterschiedlichen Perspektiven setzt. Das ist sicher nicht „jederorganisations Sache". Im öffentlichen Web haben sich
bereits unterschiedliche Perspektiven in Form von Nutzungsvorlieben und Beteiligungsar-
ten mit diesem Ansatz organisiert.

Abbildung 8.1 zeigt ein „Wertekreuz" zur Kulturanalyse mit zwei Achsen: eine zeitliche
und eine räumliche Betrachtung. Auf der zeitlichen Ebene geht es entweder um Veränderung und Wandel oder um Stabilität und Dauerhaftigkeit. Die räumliche Dimension
unterscheidet zwischen einer eher personen- und einer eher themenorientierten Perspektive. Auf der einen Seite geht es also um die Nähe zu anderen Menschen und auf der anderen
um die Konzentration auf Inhalte. In ihrer Bipolarität reduzieren diese beiden Achsen auf
ein sehr einfaches, meist intuitiv schnell nachvollziehbares Spannungsmoment. Das betrifft
den Umgang mit sich selbst genauso wie mit anderen. Sie kennen diese „Grundantinomien
des Lebens" [1] vielleicht auch schon aus der Persönlichkeitsdiagnostik oder Teamentwick-
lung. Auf eine soziale Gemeinschaft bezogen könnte man sagen: Wäre es ein Kompass und
Sie sollen ein anpassungs- und leistungsfähiges Team zusammenstellen, sorgen Sie dafür,
dass die Nadel in Bezug auf die handelnden Akteure und die Rollenbesetzung in jede Richtung ausschlägt!

Übertragen auf die heutige Tool-Landschaft biete ich folgende Einordnung in das Wertekreuz an (Abb. 8.2):

Abb. 8.1 „Wertekreuz" zur Kulturanalyse in Anlehnung an [1]

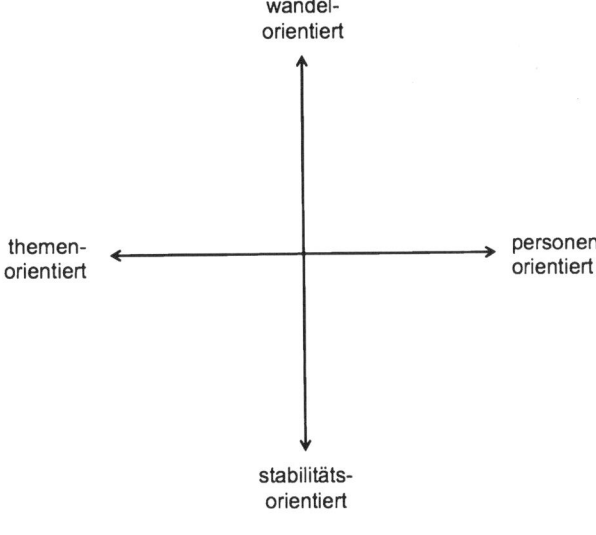

Abb. 8.2 Social Media im „Wertekreuz" zur Kulturanalyse, © Schmidt

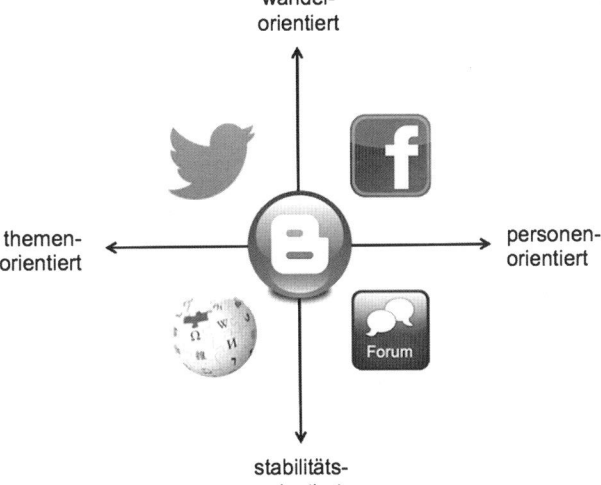

Unten rechts: Die ersten öffentlichen Begegnungsstätten im Netz waren Foren. Unter einer bestimmten Überschrift treffen Fragende auf Antwortende in einem virtuellen Raum. Es gibt einen Verhaltenskodex und nicht wenige Maßregelungen seitens der Forengründer oder Moderatoren im Falle von Verstößen. Wer sich mit vielen Beiträgen als nützlich erweist, bekommt Auszeichnungen und verdient sich den Respekt der Forengemeinde. Ich vergleiche das hier mit einer Art Familienkultur, die sich typischerweise eher personenorientiert und bewahrend organisiert.

Unten links: Eines der nächsten Großereignisse im Web war Wikipedia. Im Fokus stand und steht hier das Festhalten und die Organisation von Wissen. Dabei spielt zwar die Kollaboration eine entscheidende Rolle, ist aber in ein vorgegebenes Schema zur Veröffentlichung eingebunden. Alles basiert auf einem klaren Prozess und dient der Dokumentation. Mit einer themen- und eher prozessorientierten Aufstellung im Wertekreuz vergleiche ich (zumindest das deutsche) Wikipedia mit einer eher bürokratisch organisierten Kultur.

Oben rechts: Dann kam Facebook. Eine klare Ausrichtung auf die Verbindung zwischen Personen, die mit relativ hoher Geschwindigkeit Informationen austauschen. Das Maß aller Dinge ist die Anzahl der Freunde. Ein „Zuviel" an Information lässt sich in dieser „one-to-many"-Kommunikation über Freundeslisten organisieren. Diese eher personenorientierte Plattform mit sich schnell verändernden Inhalten („posts per person"), lässt sich einer aktiven Netzwerker-Kultur zuordnen. Vielleicht auch einer romantischen Vorstellung von Teamkultur – sie werden aber gleich noch merken, warum ich das hier einschränke.

Oben links: Im nächsten Entwicklungsschritt des „Web 2.0" bekamen Facebook und Co es mit Twitter zu tun. Anders als bei den ersten sozialen Netzwerken bezog und bezieht sich bei diesem Dienst alles auf die Veröffentlichung von kurzen Inhalten. Follower bekommt, wer etwas zu erzählen hat und einen Leser findet, den das interessiert. Mit diesem eher themenorientierten und auf Geschwindigkeit („tweets per minute") ausgerichteten Zugang ins Netz ähnelt Twitter eher einer leistungsgetriebenen Kulturidee – vergleichbar mit dem Spitzensport oder dem Vertriebsbereich einer Organisation.

In der Mitte: Der klassische Blog – von der Einordnung in die Entwicklung hier zuletzt genannt, weil wir es hier mit einer Art Renaissance für diese Form von Social Media-Aktivitäten zu tun haben. Mit der hier dargestellten Position im Zentrum des Wertekreuzes kommt der Bloggerin/dem Blogger eine neue Rolle zu, die auch zunehmend genutzt wird: das Kuratieren von Informationen. Ein wie ich finde guter Blog fasst für mich die allgemeine Lage zusammen, stört eine zu einseitig geführte Debatte durch Recherche und bringt ein wenig Ordnung in die Komplexität der Kommunikationen. Ein Blog setzt seinen Schwerpunkt und sorgt für eine kontextabhängige Balance.

Die hier fehlenden Mischformen wie Google+, LinkedIn oder XING haben es möglicherweise auch deshalb schwerer als die hier genannten Social Media-Plattformen, weil sie kein so klar einzuordnendes Momentum besitzen.

Nur im Zusammenwirken aller fünf hier dargestellten Social Media-Aktivitäten mit einer gewissen Kernprägnanz in der Zielsetzung ergibt sich das, was wir als tragfähigen Orientierungsrahmen von „Web 2.0" sehen. Dieses Modell eignet sich auch als Referenz für eine Unternehmensform, die sich als Netzwerkkultur gestalten will. Sie können auch Innovations- oder Potenzialentfaltungskultur dazu sagen. Im Kern geht es um kontextabhängig zu treffende Entscheidungen, die im Zusammenwirken der hier genannten Kulturausprägungen eine tragfähige Gesamt-Inszenierung ergeben.

8.4   Ein Zwischenfazit

Social Media ermöglicht eine „sowohl-als-auch"-Haltung! Was können wir also von Social Media als Referenzrahmen lernen? Lassen Sie mich den Gedanken so formulieren: Social Media treibt uns von einer stabilen „entweder-oder"-Taktik im Umgang mit unterschiedlichen Perspektiven hin zu einer „sowohl-als-auch"-Haltung im Austausch untereinander. Social Media leistet einen wichtigen Beitrag auf dem Weg in eine Unternehmenskultur, die Unterschiedlichkeit als Kraftquelle nutzbar macht. Führung erscheint hier in der Rolle der moderierenden Mitte, die auf die gesetzten Ziele hin Steuerungsimpulse in die Organisation setzt. Wir sprechen dann hoffentlich auch nicht mehr über die Führungskraft als „Coach", sondern als „Kurator" [4].

Neben juristischen und die technische Einführung betreffenden Fragestellungen, geht es dabei vermehrt um eine neue Steuerungsarchitektur. In der Zukunft heben sich Unternehmen nicht mehr dadurch ab, wie sie ihr kaum noch unterscheidbares Wertemodell anpreisen oder medienwirksam temporäre Schlaglichter produzieren. Im Wettbewerb um Talente und Kunden bekommt derjenige die gewünschte Aufmerksamkeit, der vielfältige Anreizsysteme schafft und sich dem Risiko eines konstruktiven Dialogs im Sinne des Wertekreuzes aussetzt. In einem solchen Systemverständnis geht es nicht mehr allein um die Nutzung der vorhandenen Ressourcen im Dienst der Zielerreichung. Wer Transparenz zulässt, etabliert eine Kultur der Anpassungsfähigkeit im Sinne einer leistungsfähigen Gemeinschaft in einem systemischen Verständnis von Mensch und Organisation.

Stellen wir uns die eingangs gestellte Frage noch einmal spezifischer im Kontext von Feedback-Mechanismen im Unternehmen: Wie ehrlich ist ein allgemein formulierter Werteappell in Bezug auf Innovationsfähigkeit denn für einen Unternehmensbereich gemeint, wenn dessen Wertbeitrag in einer automatisierten und kosteneffizienten Produktion liegt? Wenn die Antwort im stillen Kämmerlein schlicht „überhaupt nicht" lautet, greifen keine bewährten Strategien mehr zur Steuerung aufkommender Debatten. Hier muss die Führung lesbare Antworten kundtun und sich den typischen Herausforderungen von Change-Management stellen.

Mit dem Beispiel „Ketch-mob!" haben Sie einen vielleicht trivialen Anlass („Was hat schon Ketchup mit meinen Unternehmenszielen zu tun!?"), aber es zeigt exemplarisch, womit Sie rechnen müssen. Es treten vermehrt und nicht über die gewohnten Handlungsroutinen steuerbare Kommunikationen auf. Über die gewohnten oder zufälligen Begegnungen hinaus wird Öffentlichkeit für Anliegen und Themen erzeugt. In einem völlig normalen Mix aus eher themen- oder mehr personengetriebenen Wirklichkeitsausschnitten und sowohl veränderungs- als auch erhaltungsgetriebener Perspektive wird kommuniziert und kommentiert. Das schalten Sie dann nicht mehr einfach ab, wenn es lesbar in die Welt getragen wurde. Es findet Anhänger oder Gegner und erfordert eine Reaktion. In der Summe entsteht eine Kultur, die ihr Potenzial im schöpferischen Umgang mit diesen unterschiedlichen Ressourcen entfaltet.

Im Beispiel „Unternehmen 1.0" geht es am Ende nicht mehr um eine kontextabhängig optimale Entscheidung, der in einen kontinuierlichen Verbesserungsprozess einzahlt. Das macht einen Unterschied, wenn es um die Anpassungsfähigkeit des sozialen Netzwerks „Unternehmen" geht. Zukünftig ist schon die erste Kommunikation schnell Teil der Unternehmenswirklichkeit. Denken Sie dabei an die Aufschlagregel beim Tischtennis [6]: Unter anderem regelt diese, dass der erste Ball für den Mitspieler sichtbar aufgeschlagen werden muss. Das Spiel beginnt mit einer Transparenz über „die erste Kommunikation". Der weitere Verlauf wird vom Austausch „der Argumente" geprägt.

Transparenz ohne Vertrauen bleibt nur eine andere Form von Kontrolle!

Ein guter Benchmark, um die „Lust" auf mehr Transparenz im Unternehmen zu erkennen, scheint mir der Umgang mit der jährlichen Mitarbeiterbefragung in Ihrem Unternehmen: Wie interaktiv gehen Sie mit den Ergebnissen um? Landet die Momentaufnahme ohne Nachbereitung und um kritische Themen bereinigt bei den befragten Mitarbeitern? Oder bemühen Sie sich, die Ergebnisse in eine offene Nachbereitung zu überführen? Gehen Sie vielleicht sogar schon an vielen Stellen Ihrer Organisation den beschwerlichen Weg einer offenen Reflektion und Argumentation über Zustände der erlebten Unternehmenswirklichkeit in Wechselwirkung auf die Unternehmensziele durch Ihre Mitarbeiter immer wieder auf ein Neues an?

In meinen Vorträgen für die Reihe „Expedition Unternehmen" habe ich meine Erfahrungen aus einem mittelständischen Unternehmen gemeinsam mit Annahmen über eine zukünftige Organisationswelt geteilt. Diese kleine Reise war für mich ein interessanter Beitrag für sozio-technisch getriebene Evolutionsstufen von Organisations-mit-Gestaltung, weil hier ein wohltuender Versuch der Moderation unterschiedlicher Perspektiven gelang. Wie Sie mit diesem Buch feststellen können, ist das modern und tragfähiger als die zahlenmäßig überlegenen aber geschlossenen Expertenrunden zwischen den Verfechtern einerseits und Gegnern andererseits. Das ist im Kern auch schon die wesentliche Veränderung, die in Unternehmen mit dem Anspruch nach Weiterentwicklung ankommen wird.

8.5   Ein Fazit

Social Media leistet einen guten Beitrag zur Systemqualifizierung!

> Jeder Tag, der in einem Unternehmen vergeht und an dem kein Versuch unternommen wurde, die Innovationskultur im Unternehmen auf ein höheres Niveau zu bringen, ist ein verlorener Tag [2].

Unternehmen bilden einen sozialen Raum, in dem es um den wirtschaftlichen Erfolg geht. Die Entfaltung von Potenzial mit dem Ziel, durch innovative Momente seinen Platz im Markt zu verteidigen oder auszubauen, liegt dabei oft näher, als eine rein kostengetriebene Bewahrung der Komfortzone „beharrlicher Nicht-Anpassung". Die Innovationsfähigkeit einer agilen, anpassungsfähigen Organisation sucht dabei ihren Ursprung in der Kooperation. Wir sprechen über eine mitarbeiterorientierte Organisationskultur. Dann geht es um unterschiedliche Perspektiven, die in einem wertschätzenden Rahmen ausgetauscht den Unterschied zwischen „entweder-oder"-Blockadetaktik und „sowohl-als-auch"-Orientierungsrahmen markieren.

Die Leistung des Unternehmens besteht immer mehr darin, das nicht auflösbare Spannungsverhältnis zwischen „Ergebnisdruck" und „Motivation des Einzelnen" auszubalancieren. Vielleicht hilft es oft schon, mit künstlich aufgeblähten Wertevorstellungen erzieherisch einzuwirken. In einer Welt, in der von hierarchisch vorgegebenen Kommunikationen auf dezentral, „von unten" wirkender Kommunikationen umgeschaltet wird, gefällt mir der Gedanke eines universalen Wertemodells als Rahmen zur Kulturentwicklung (vgl. Abb. 8.1). Individualität, sozusagen der USP der Organisationskultur, liegt mehr im Umgang mit den Unterschieden und den unternehmensspezifischen, also kontextabhängigen Fokus im Wertekreuz. Oder anders gesagt: in der Umschaltperformance zwischen direktivanweisend und kooperativ-einbindend. Es geht um die „sowohl-als-auch"-Genetik. Letztlich muss das Personal ebenso befähigt werden wie die Organisation als Ganzes. Personenqualifizierung findet nicht getrennt von Systemqualifizierung statt – und umgekehrt. Digitales Management von oben wird durch Prozesskompetenz insbesondere auf der obersten Führungsebene ersetzt. Wir werden die Handlungsfähigkeit und Entscheidungskompetenz auf der unteren Führungsebene erhöhen müssen. Dazu braucht es eine neue Haltung des Topmanagements, die mehr Verantwortung an der Basis erlaubt. Die angestrebte Balance ist dabei mehr ein Akt des Tuns als ein akademischer Diskurs – Reflektionskompetenz muss schlicht geübt werden.

Eine auf Ressourcenausnutzung ausgerichtete Hintertürdiplomatie mag da mehr eine intransparente, nicht-lesbare Arbeitsweise, um das eigene Wertesystem kultivieren zu können. Das ist keine Rede gegen die Hierarchie – damit hier kein falscher Eindruck entsteht. Genauso wichtig wie eine funktionierende Umsetzungsstruktur beispielsweise in der Produktion aber ist und wird immer mehr die innere Haltung im Sinne einer „sowohl-als-auch"-Logik in der Breite sein. Abweichende Standpunkte und Ideen suchen ihren Weg zur Durchsetzung. Wenn das Teilen von Informationen nicht ermöglicht wird (der Resonanzraum eingeschränkt ist), verlieren in der Regel zuerst die engagiertesten MitarbeiterINNEn das Interesse an Beteiligung. Hier wird schon viel gelernt und umgesetzt, was die Reise einer Organisation in die Potenzialentfaltungskultur unterstützt – Social Media hilft dabei.

8.6   Noch eine Metapher zum Mitnehmen

Eine Organisation ohne Social Media ist wie Pommes ohne Salz! Denken Sie daran, wenn Sie über den Einsatz von Social Media in Ihrem Unternehmen diskutieren. Wikipedia sagt zu „Speisesalz":

> Speisesalz spielt in der Ernährung eine bedeutende Rolle. Salzlose Speisen schmecken meist fad. Man spricht nicht von ungefähr vom „Salz in der Suppe". Kochsalz „würzt" fast alle Speisen und Lebensmittel. Die Aktivität des Salzes verringert die „Löslichkeit" der organischen Würzstoffe und erhöht somit deren Wahrnehmung. Eine Prise Salz in Mehlprodukten stabilisiert die Stärke [3].

Wenn Sie nicht geschmacksneutral auf der Ebene vorhandener Ressourcenausnutzungsstrategien bleiben wollen, starten Sie den Entwicklungsprozess in kleinen Schritten. Gehen

Sie Ihren Weg in die Netzwerkkultur als immanenter Beitrag in die Systemqualifizierung. Denken Sie an die damit verbundene Personenqualifizierung und binden Sie die unterschiedlichen Gestalter der Unternehmenswirklichkeit ein (z. B. Führungskräfte, Personaler, Unternehmenskommunikation). Sorgen Sie weiterhin für eine physische Begegnung und setzen Sie auf Weiterbildungsangebote, die ihre Führungskräfte und Mitarbeiter in ihrer Selbst- und Netzwerkkompetenz stärken [5].

Literatur

[1] Fittkau, B.: Dilemmata-Mangement als Management von Werten, S. 6 (2009). Quelle: http://www.forum-humanum.eu/fh_archiv/component/option,com_docman/

[2] Jaworski, J., Zurlino, F.: Innovationskultur: Vom Leidensdruck zur Leidenschaft. Campus Verlag, S. 166 (2009). Limitierte Sonderauflage

[3] Quelle: http://de.wikipedia.org/wiki/Speisesalz

[4] Schmidt, F.F.: Arbeitsplatz der Zukunft. Was auf die Führungskräfte zukommt. http://blog.qsc.de/2011/04/arbeitsplatz-der-zukunft-was-auf-die-fuhrungskrafte-zukommt/

[5] Schmidt, F.F.: Kollegiale Beratung in der Praxis: Führung 2.0. http://blog.qsc.de/2011/06/kollegiale-beratung-in-der-praxis-fuhrung-2-0-live/

[6] Vgl. http://de.wikipedia.org/wiki/Aufschlag_(Tischtennis)

Kopfüber strategielos in Social Media

9

Elke Frank

Wer fordert eigentlich den Social Media-Dialog? Ist es der Kunde, die Unternehmensführung oder ist und bleibt alles doch nur ein Hype?

9.1 Status Quo: Was hat sich verändert?

Vom Konsumenten zum „Sozialen Kunden"

Im Web 1.0 waren die Informationsmöglichkeiten für Kunden begrenzt. Anlaufpunkte waren bspw. Unternehmenskataloge, Prospekte, Newsletter oder die Webseite der Unternehmen. Vor der Entscheidung für oder gegen ein Produkt ging man in den Fachhandel, man tauschte sich in seinem Freundes- und Familienkreis aus oder man kaufte gegebenenfalls Testberichte – der Umfang an Informationsquellen und insbesondere deren Aktualität waren jedoch eingeschränkt.

Wie die Abb. 9.1 zeigt hat sich mit dem Einzug von Web 2.0 und Social Media vieles verändert: Der Konsument hat sich zum Prosumenten oder auch zum sogenannten „Sozialen Kunden" entwickelt.

Social Media-Tools – Blogs, Wikis, Foren, etc. – öffneten hierfür den Weg: Jeder kann heute Autor oder Produzent sein, jeder kann öffentlich Kritik üben und seine Meinung kundtun.

Nach Li und Bernoff [12] kann man das Nutzungsverhalten der Internetnutzer in sechs „Social Technographics Profiles" einteilen:

- **Schöpfer (Creators)** sind die kleinste, aber sehr aktive Gruppe. Sie erstellen initiativ Inhalte wie beispielsweise Blogbeiträge, sie produzieren Videos, Podcasts, etc.
- **Kritiker (Critics)** erstellen und veröffentlichen reaktiv und partizipativ Inhalte.

Elke Frank ✉
Insearch Consulting, Berlin, Deutschland
e-mail: elke.frank@insearch.de

C. Rogge und R. Karabasz (Hrsg.), *Social Media im Unternehmen – Ruhm oder Ruin*,
DOI 10.1007/978-3-658-03087-2_9, © Springer Fachmedien Wiesbaden 2014

Abb. 9.1 Der „Soziale Kunde", in Anlehnung an Fabio Cipriani, Deloitte Brazil

- **Sammler (Collectors)** abonnieren, bewerten, und strukturieren Inhalte.
- **Mitglieder (Joiners)** sind Mitglied in einem Social Network wie z. B. Facebook. Sie tauschen sich mit ihren Freunden aus und posten Neuigkeiten, sie „liken" – sagen also „das gefällt mir" und sie „sharen", d. h. sie teilen Interessantes innerhalb ihres Netzwerkes.
- **Zuschauer (Spectators)** stellen eine große Anzahl von Nutzern dar, die die Inhalte anderer lesen, sie schauen sich Videos oder Kundenbewertungen an, sie informieren sich bspw. welches Hotel an ihrem geplanten Urlaubsort die besten Bewertungen hat, sie lesen in Foren und holen sich Hilfe, wenn ein Gerät streikt oder sie amüsieren sich über lustige YouTube-Clips. Diese Gruppe lässt sich also durchaus durch die Meinungen anderer positiv wie negativ beeinflussen.
- **Passive (Inactives)** sind nicht im Social Web aktiv.

Lt. der ARD/ZDF-Online-Studie 2012 [1] hat sich die Anzahl der Internetnutzer in Deutschland in den letzten zwölf Jahren verdreifacht. Das Internet wird heute von fast 76 Prozent aller Deutschen ab 14 Jahren zumindest gelegentlich genutzt. Und für viele Konsumenten ist die Nutzung von Social Media mittlerweile integraler Bestandteil des täglichen Lebens geworden. Die aktuelle Studie „German Social Media Consumer Report

2012/2013" von Roland Berger [15] unterstreicht diese Tatsache: So hatten 92,6 % der Deutschen mit Internet-Zugriff im Jahr 2012 mindestens einen Social Network Account.

9.2   Eine Expedition ins echte Leben

Pünktlich zum Beginn der Gartensaison streikte unser Rasenmäher. Wie so häufig war die 2-Jahres-Garantie gerade abgelaufen – es stand also kurzfristig ein Neukauf an. Dennoch schreitet man heutzutage nicht einfach völlig unvorbereitet zum Kauf. Das Internet bietet schließlich unendliche Möglichkeiten der Informationsbeschaffung, um dem Verkäufer dann auf Augenhöhe zu begegnen. Preisvergleichsportale wie www.ciao.de oder www.idealo.de, Bewertungen anderer Käufer bspw. auf www.amazon.de oder auch online-Testberichte wie www.test.de wurden also vorab studiert. Mit Hilfe der „kaufDA-App Navigator", einer Zusammenstellung aktueller Prospekte, konnten wir herausfinden, ob ein passender Mäher womöglich gerade irgendwo in der Nähe zu Sonderkonditionen angeboten wurde. Kurz überlegten wir, den Mäher direkt online zu bestellen, denn das war mühelos und ohne Zusatzkosten möglich. Doch dann zog es uns in das Gartencenter: Gut vorbereitet konnten wir die vorhandenen Objekte in Augenschein nehmen. Den Austausch mit dem Verkäufer empfanden wir tatsächlich anders. Haptik und Emotion spielten plötzlich eine wichtige Rolle. Und den maßgeschneiderten Rasenmäher gab es dann auch ganz real.

9.3   Wie reagieren Unternehmen auf diese Veränderungen?

Auf vielen Tagungen und Workshops steht Social Media exponiert auf der Agenda. Auch die meisten Agenturen und Berater raten Unternehmen zu einem zeitnahen Social Media Einstieg. Gefestigt werden diese Aussagen durch zahlreiche anerkannte Studien, wie beispielsweise die BITKOM-Studie „Social Media in deutschen Unternehmen" [2]. Laut dieser nutzen fast die Hälfte der Unternehmen in Deutschland (47 Prozent) Social Media, weitere 15 Prozent planen die Nutzung bereits konkret. Und wider Erwarten ist der Social Media-Einsatz bei kleinen und mittleren Unternehmen (KMU) und Großunternehmen ähnlich weit verbreitet.

Jedoch können laut einer anderen Studie („Social Media Excellence Studie 12", Conrad Caine und Universität St. Gallen [5]) 92 Prozent der deutschen Marketing-Executives den Beitrag von Social Media zu klassischen Unternehmenszielen überhaupt nicht messen. Das heißt Unternehmen geben viel Geld für etwas aus, dessen Beitrag zum Unternehmenserfolg sie überhaupt nicht messen können.

Der Haken liegt meines Erachtens in der falschen Einschätzung von Social Media. Wenige Entscheider sind sich tatsächlich bewusst über die enormen Auswirkungen des veränderten Konsumentenverhaltens, der neuen Macht der Kunden und des damit einhergehenden gesellschaftlichen Wandels.

Um erfolgreich beim Einsatz von Social Media zu sein, muss sich das Unternehmen selbst einem Wandel unterziehen: Unternehmenshierarchien müssen aufgebrochen werden, Freiräume müssen geschaffen werden.

Es scheint, als hätten die Unternehmen schlicht Angst , den Social Media-Zug zu verpassen – denn viele springen einfach strategielos auf. „Trial & Error" heißt ihre Ersatzstrategie. Die Mehrzahl verbindet mit dem Einstieg den reinen Tooleinsatz. Man impliziert mit Social Media nicht das neue Kommunikationsverhalten: Das Vernetzen, das Publizieren, Kommentieren und „Liken", das Teilen und das sich Darstellen wollen. Man glaubt, altbewährte Content Strategien und die vorhandenen Ressourcen können einfach umgeklappt werden. Und so folgt die Kommunikation zum Kunden weiter den bislang erfolgreichen Mustern. Gegeißelt von intern vorgegebenen Prozessen und einzuhaltenden Hierarchien bleibt eine authentische und spontane Kommunikation mit „Fans" und „Followern" aus.

Dass das strategielose, am Kunden vorbei geplante Vorgehen nicht die ersehnten Früchte bringt, unterstreicht der „German Social Media Consumer Report 2012/2013" von Roland Berger: Zwar sind mittlerweile fast die Hälfte aller deutschen Unternehmen irgendwie in Social Media aktiv, aber 60 Prozent der Kunden sehen derzeit kaum einen Mehrwert in den Social Media Nachrichten von Unternehmen. Interessanterweise basieren aber laut der Studie heute bereits 22 Prozent der deutschen Konsumentenkäufe auf traditionellen Webseiten und Social Media.

In der Realität blendet also der Hype – das Dabei-sein-wollen – vielfach die notwendigen Veränderungen, die Herausforderungen und wichtigen strategischen Überlegungen aus.

Eine Social Media Strategie ist unabdingbar – aber wie?

Vor einer Entscheidung für oder gegen eine Investition in Social Media muss die Situationsanalyse stehen. Zeigen die Ergebnisse klar, dass die Unternehmensziele effektiv durch den Einsatz von Social Media unterstützt werden können, muss eine systematische Strategieentwicklung folgen.

Das nächste Kapitel zeigt die notwendigen Schritte.

9.4   Der Social Media Strategieentwicklungsprozess

Die Social Media Strategie sollte immer eine Untereinheit der Unternehmensstrategie sein, welche diese mit all ihren Aktivitäten gesamthaft oder in Teilbereichen unterstützt.

Die Unternehmensstrategie

- zeichnet ein Zukunftsbild des Unternehmens,
- sagt aus, wohin sich das Unternehmen entwickeln soll,
- gibt Struktur für Entscheidungen und Handeln,
- benennt die Zielgruppen,
- beschreibt die geplanten Produkte/Dienstleistungen,
- benennt die strategischen Märkte.

Die Strategieentwicklung sollte systematisch und koordiniert erfolgen. Sie beginnt mit der Beurteilung der Ausgangslage, es folgt die Erarbeitung der Strategieoptionen sowie die Entwicklung der Ziele. Die Ziele sollten spezifisch, messbar, realistisch und terminiert sein. Die Implementierung und eine kontinuierliche Prozess-Evaluation runden den Entwicklungsprozess ab.

Unabdingbar im Gesamtprozess sind das Commitment und die aktive Unterstützung des Top Managements!

9.4.1 Der Strategieentwicklungsprozess

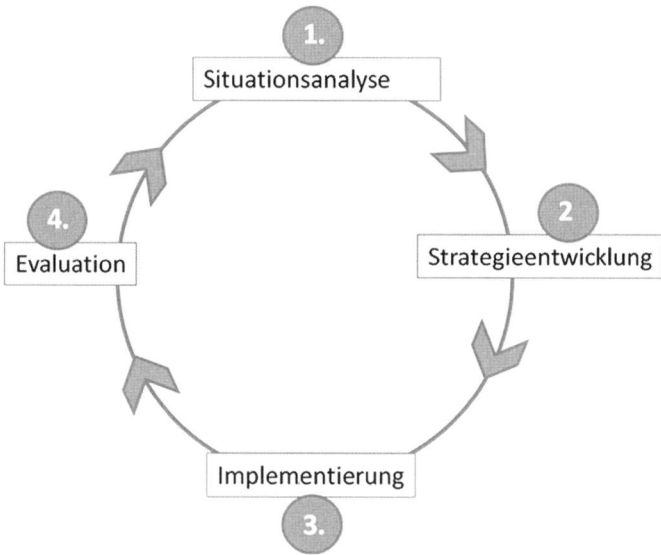

Abb. 9.2 Der Strategieentwicklungsprozess, © Elke Frank

9.4.2 Die Situationsanalyse

Die Situationsanalyse kann mit kostenlosen Social Media-Analysetools [4] oder auch mit Hilfe von professionellen Social Media Monitoring-Tools und zusätzlicher Unterstützung von Analysten durchgeführt werden. Da eigene professionelle Monitoring- und Analysetools vor einem Social Media-Einstieg im Unternehmen kaum vorhanden sind, sollte man diese Investition durchaus in Betracht ziehen.

Einen guten Überblick zum Social Media-Monitoring und zur Tool-Auswahl geben der „Praxisleitfaden Social Media Monitoring" [13], der „Social Media Monitoring Tools Comparison Guide 2012" [14], das Wiki „Social Media Monitoring Solutions" [11] oder auch die Fraunhofer-Marktstudie „Social Media Monitoring Tools" [8].

Die wesentlichen Schritte der Situationsanalyse sind:

- die Web-Analyse,
- die Wettbewerbsanalyse,
- die SWOT-Analyse.

Die Web-Analyse: Wird bereits über das Unternehmen gesprochen?

Über mittlere und größere Unternehmen und deren Produkte und Dienstleistungen wird meist schon ohne die eigene Beteiligung im Social Web gesprochen. Wie ist die Markenwahrnehmung? Ist sie positiv oder überwiegen negative Meinungen zum Unternehmen? Die Web-Analyse gibt auch Aufschluss darüber, wie intensiv, wo und was über das eigene Unternehmen bereits geschrieben und diskutiert wird. Sind die Kunden verstärkt in Foren aktiv, stehen Microblogs (z. B. Twitter) im Fokus, wird hauptsächlich in Social Networks (z. B. Facebook, Google+, etc.) diskutiert oder gibt es vielleicht herausragende Blogs?

Interessant, insbesondere für global aufgestellte Unternehmen, ist in diesem Zusammenhang auch eine geografische Analyse, denn nicht immer sind die uns bekannten Social Networks wie Facebook auch in anderen Ländern populär.

Eine wichtige Rolle spielen auch die sogenannten „Social Media-Influencer". Sie haben eine große Reichweite und Sichtbarkeit im Netz und sind Meinungsführer zu bestimmten Themengebieten: beispielsweise Blogger mit einer großen Leserschaft, Facebook-User mit hoher Fanzahl oder auch Twitter-Experten mit einer sehr großen Schar an Followern. Immer mehr Konsumenten informieren sich vor einem Kauf im Web und lassen sich dabei auch von Meinungsführern beeinflussen. Daher gilt es, die Social Media-Influencer seiner Branche zu identifizieren, mit ihnen in den Dialog zu treten und frühzeitig eine Beziehung zu ihnen aufzubauen.

Themencluster: Welche Themen stehen im Fokus?

Einen besonderen Blick sollte man den diskutierten Themen widmen. Vielfach lassen sich Themencluster bilden, welche erste Hinweise über die später zu erarbeitende Content-Strategie geben. Welche Themen interessieren die Zielgruppe am meisten, welches sind „heiß" diskutierte, welches eher negativ besetzte Themenfelder?

Zielgruppen und Kundentypologie: Wo diskutieren die einzelnen Kundentypen?

Die Webanalyse gibt auch Aufschluss über die Zielgruppe/n. Sie zeigt auf, welche Kunden wo im Social Web unterwegs sind. So wird man die Kunden eines Fahrradhändlers vermutlich eher in speziellen Biker-Foren finden, als auf Twitter. Ein Clustern zu verschiedenen Kundengruppen gelingt meist schnell.

Wettbewerbsanalyse: Sind die Mitbewerber schon aktiv in Social Media?

Weitere strategische Anhaltspunkte liefert die Wettbewerberanalyse. Im Web wird nicht nur über Ihr Unternehmen, sondern auch über ihre Mitbewerber gesprochen. Durch das

Monitoring der Konversationen kann man die Stärken und Schwächen der Konkurrenz einschätzen und zudem man gewinnt wertvolle Einblicke die relevanten Themen und Branchentrends. Eine tabellarische Vergleichsübersicht zeigt auf, welche Mitbewerber in welchen Social Networks (Facebook, Google+, LinkedIn usw.) unterwegs sind, welche einen oder mehrere Twitter- oder auch YouTube-Kanäle betreiben und welche Unternehmen vielleicht einen Corporate Blog betreiben. Neben den Hinweisen zur Kanalnutzung erhält man auch Informationen zur Reichweite, zur Themenauswahl und zu Häufigkeiten von Aktionen.

SWOT-Analyse

Mit Hilfe der SWOT-Analyse (S-Strengths – Stärken, W-Weaknesses – Schwächen, O-Opportunities – Chancen, T-Threats – Risiken) kann man aus den Stärken und Schwächen eines Unternehmens (interne Sicht) und den Chancen und Risiken der Umwelt (externe Sicht) geeignete strategische Lösungsmöglichkeiten für die Zielerreichung ableiten [3].

Die interne Sicht: Mögliche Stärken und Schwächen des Social Media Einstieges können sein

- Sicherheitsrisiken,
- fehlende oder mangelnde organisatorisch-rechtliche Voraussetzungen,
- Kontrollverlust – Social Media-Attacken/„Shitstorms",
- fehlende Medienkompetenz im Unternehmen,
- zu geringe personelle Ressourcen oder/und Budget.

Die Externe Sicht: Chancen und Risiken von Social Media sind z. B.

- fehlende oder neu geschaffene rechtliche Voraussetzungen,
- Abhängigkeit von Plattformbetreibern wie z. B. Facebook,
- Verdrängung der derzeitigen Social Media-Ansätze durch neue Technologien (z. B. Bedeutungsverlust „Second Life").

9.4.3 Die Strategieentwicklung

Vision

Analog zum Unternehmensmission-Statement empfiehlt sich auch für die Social Media-Aktivitäten die Formulierung eines Leitbildes: Wo wollen wir mit unseren Social Media-Aktivitäten in 5 Jahren stehen und wie wollen wir das erreichen?

Die Strategieoptionen

Je nach Größe oder auch Ausrichtung des Unternehmens kann die Social Media-Strategie eine oder auch mehrere Strategieoptionen verfolgen.

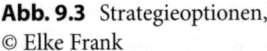

Abb. 9.3 Strategieoptionen,
© Elke Frank

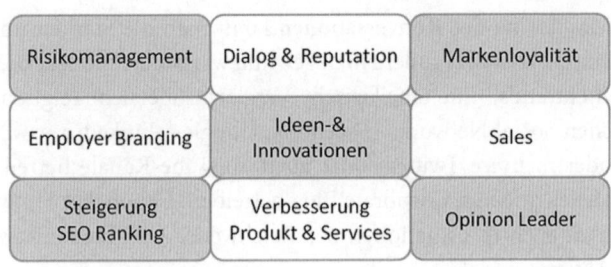

Nicht immer bedingt ein Engagement im Social Web das Eröffnen einer Social Media-Präsenz in einem Social Network wie Facebook oder Twitter. Auch das reine Monitoring der Social Web-Dialoge im Hinblick auf das eigene Unternehmen, verbunden mit einem Frühwarnsystem (Alerts), kann insbesondere für Unternehmen mit erhöhtem Krisenpotential eine zielführende oder auch Einstiegs-Strategie sein.

Aber auch das Herausfiltern von Hinweisen zu Produkt und Services kann ein strategisches Ziel sein, denn es kann ein wertvoller Lieferant für das Produktmanagement und Innovationen sein.

Aktive Strategieoptionen wie Sales, Employer Branding oder Marketing bedingen eine Dialogkomponente – eine reine Einwegkommunikation wird von der Web Community heute nicht mehr akzeptiert.

Eine besonders für B2B interessante, aber bislang noch nicht so häufig genutzte Strategieoption ist die des „Opinion Leaders". Unternehmensblogs oder auch Plattformen wie www.slideshare.com eignen sich hervorragend, um sich mit Hilfe von branchenspezifischem Know-How oder auch passgenauen Studien als Themen-Spezialist hervorzuheben.

Zieldefinition

Nach der Entscheidung für eine oder mehrere Zieloptionen folgt die Definition der Ziele.

Eine bestimmte Anzahl von Facebook-Fans oder Twitter-Followern ist kein Ziel!

Beispiele für die Zieldefinition:

- die Unternehmensreputation schützen,
- die Markenloyalität steigern,
- den Verkaufserlös erhöhen,
- das Unternehmen als „Opinion Leader" positionieren,
- Marktforschung: Erkenntnisse für Produkt und Services gewinnen,
- die Kundenbindung erhöhen,
- Neukunden gewinnen,
- die Marken- und Produktbekanntheit steigern,
- das Marken- und Produktimage verbessern.

Budget und Personalressourcen

Die Budget- und Personalressourcen-Frage sollte frühzeitig gestellt werden. Schnell und kostenlos sind zwar Unternehmensprofile auf Facebook oder Google+ angelegt, jedoch darf man die Folgekosten für einen professionellen Auftritt nicht unterschätzen! Der Einstieg in Social Media ist kein Ein-Jahres-Projekt! Das Engagement erfordert Ausdauer – nur wenn das Budget und die notwendigen Ressourcen für mehrere Jahre gesichert sind, wird man die Früchte des Erfolges auch ernten können.

Diese Positionen müssen kalkuliert werden:

- Budget für die Konzeption und Weiterentwicklung (ggf. mit externen Beratern),
- Technik für professionelles Social Media-Monitoring und Bearbeitungs-Tool,
- Social Media-Training/Weiterbildung,
- Mittel für die Gestaltung/Branding der Social Media-Kanäle (ggf. mit externer Agentur),
- Community Management (inhouse oder mit externer Unterstützung),
- Erstellung und Verwaltung von Inhalten (ggf. mit Agenturunterstützung).

9.4.4 Die Implementierung

Social Media braucht Organisation, Orientierung, Führung und Enthusiasmus.

Für den Aufbau sollte man daher genügend Zeit einplanen. Die meisten Unternehmen wählen beim Einstieg in Social Media einen zentralistischen Ansatz, d. h. ein Bereich/Abteilung, beispielsweise die Unternehmenskommunikation, übernimmt die führende Rolle. Im Alleingang ist die Umsetzung allerdings nicht zu bewältigen: Neben dem zentralen Team bedarf es ein Board von Stakeholdern aus verschiedenen Bereichen.

Hauptaufgabe der zentralen Social Media-Einheit ist die Konzeption und stetige Weiterentwicklung der Social Media-Governance.

Diese umfasst sieben wesentliche Aufgaben:

- die kontinuierliche strategische Weiterentwicklung,
- eine aktive Begleitung des Change Prozesses,
- die Entwicklung und das Nachhalten der Social Media-Policy (Rahmenbedingungen: Kommunikationshandbuch, Netiquette-Regeln, Richtlinien zur Kanalwahl, …),
- die Entwicklung und Implementierung von Social Media-Guidelines,
- der Aufbau eines Social Media-Monitoring,
- Etablierung eines Social Media-Krisenmanagements,
- die Konzeption und Durchführung von Social Media Trainings.

Wie die „Social Media Delphi 2012" [6] Studie aufzeigt, erkennen die meisten Unternehmen mittlerweile die Notwendigkeit einer Social Media-Organisation und -Governance. Der Aufbau von Strukturen und Richtlinien ist unabdingbar, aber auch zeitaufwendig und nicht trivial.

Abb. 9.4 Social Media Organisation im Unternehmen, © Elke Frank

Die Aufgabe der dezentralen Einheiten ist die Konzeption von lokalen Social Media-Aktivitäten im Einklang mit den zentral gesetzten strategischen Prämissen. Im Fokus steht die Entwicklung einer Content-Strategie.

Die Social Media-Content-Strategie kann nicht den altbewährten Marketingmustern folgen, vielmehr müssen eine authentische Kommunikation und Interaktion in den Vordergrund rücken. Nur so kann das Vertrauen der Kunden gewonnen werden. Gelingt dies, so teilt ein (potentieller) Kunde seine Erlebnisse eventuell auch mit anderen. Diese positive online Mund-zu-Mund-Propaganda bezeichnet man als „Earned Media" (nutzergenerierte Werbung). Dieser Vertrauensgewinn ist nur erreichbar über „Earned Media", aber nicht über „Paid Media" (z. B. bezahlte Anzeigen, Plakate, TV Werbung) oder „Owned Media" (z. B. eigene Webseite oder Newsletter). Die Auswirkungen dieses neuen Marketingmodells betrachtete Forrester Research [7] bereits im Jahr 2009.

9.4.5 Evaluation

Nach der Implementierung von Social Media Aktivitäten müssen diese kontinuierlich kontrolliert und falls erforderlich justiert und weiterentwickelt werden.

Ein wichtiger Teil dieses Controllings ist das Social Media Measurement.

Abb. 9.5 Social Media Evaluation, © Elke Frank

Mit Hilfe von Schlüsselkennzahlen, den sogenannten Key Performance Indicators *(Kurzform: KPIs),* welche sich an den strategischen Zielen orientieren sollten, lassen sich Social Media Aktivitäten kontrollieren und bewerten.

Sehr ausführlich berichten Jeremiah Owyang und John Lovett, beide Alimeter Group, in ihrem eBook „Social Marketing Analytics" [10] über die unterschiedlichen KPI-Definitionen und deren Messbarkeit.

Sie benennen die folgenden 11 Schlüsselkennzahlen:

- **Share of Voice** = Brand Mentions/(Total Mentions (Brand + Competitor A, B, C ... *n*)),
- **Audience Engagement** = (Comments + Shares + Trackbacks)/Total Views,
- **Conversation Reach** = Total People Participating/Total Audience Exposure,
- **Active Advocates** = *n* of Active Advocates (past 30 days)/Total Advocates,
- **Advocate Influence** = Unique Advocate's Influence/Total Advocate Influence,
- **Advocacy Impact** = Number of Advocacy Driven Conversions/Total Volume of Advocacy Traffic,
- **Issue Resolution Rate** = Total # Issues Resolved Satisfactorily/Total # Service Issues,
- **Resolution Time** = Total Inquiry Response Time/Total # Service Inquiries,
- **Satisfaction Score** = Costumer Feedback (input A,B,C ... *n*)/All Costumer Feedback,
- **Topic Trends** = # of Specific Topic Mentions/All Topic Mentions,
- **Sentiment Ratio** = (Positive : Neutral : Negativ Brand Mentions)/All Brand Mentions,
- **Idea Impact** = # of Postitive Conversions, Shares, Mentions/Total Idea Conversions, Shares, Mentions.

Einige der aufgelisteten KPIs sind ablesbar oder auch automatisiert mit Hilfe eines Social Media-Monitoring-Tools ermittelbar. Einige der von Owyang und Lovett genannten KPIs können allerdings nur Zusammenspiel mit Business Intelligence-Daten ermittelt werden. **Gleichermaßen wichtig ist ein kontinuierliches Qualitätscontrolling:**

- Erreiche ich mit den Social Media Aktivitäten tatsächlich meine Zielgruppe?
- Ist mein Community Management in der Lage, einen professionellen Dialog zu führen oder wird mehr Verwirrung als Aufklärung gestiftet?
- Werden die gesetzten Servicezeiten eingehalten?
- Trifft die gewählte Sprache die Erwartungen der Kunden?

Neben den eigenen Qualitätsprüfungen sollten in regelmäßigen Abständen auch Kundenzufriedenheitsumfragen durchgeführt werden, denn die Kundenerwartungen entsprechen auch im Bereich Social Media häufig nicht denen der Unternehmen.

Das belegte auch die im Jahr 2010 von IBM durchgeführten Studie „From social media to Social CRM" [9]: die Ranglisten der Kundenerwartungen wichen von denen der Unternehmen exorbitant ab.

Aus Sicht der Unternehmen …

1. wollen Kunden mehr über neue Produkte erfahren,
2. möchten Kunden allgemeine Informationen,
3. wollen Kunden ihre Meinung zu Produkt und Services kundtun.

Dagegen sieht die Rangliste der Kunden wie folgt aus …

1. Rabatte,
2. Kauf,
3. Produkt Bewertungen & Ranglisten.

9.5 Fazit

Social Media haben die Kommunikation und die Beziehung zu Unternehmen bereits verändert. Trotzdem bleibt Social Media eine Option und ist keine Pflicht!

Grundsätzlich sollte jedes Unternehmen prüfen, ob der Einstieg in Social Media einen Beitrag zu den eigenen Zielen leisten kann. Aber ein Ja auf diese Frage alleine genügt noch nicht für den Sprung auf den Social Media Zug.

Entscheidende Erfolgsfaktoren sind eine ausreichende über mindestens drei Jahre gesicherte Budgetausstattung und ausreichende Personalressourcen, ein eindeutiges Management-Commitment, Enthusiasmus und Durchhaltevermögen, eine klare Zieldefinition und die disziplinierte Einhaltung und Weiterentwicklung der Prozesse.

Für Unternehmen gibt es mehrere Mitmach-Stufen:

- Die Basis bildet das reine Zuhören im Web.
- Darauf folgt die aktive Beteiligung: Der authentische Dialog, das Liefern von spannenden Inhalten und das Netzwerken.
- Schließlich folgt als Kür das Lernen und Umsetzen der Erkenntnissen: Das gewonnene Wissen fließt ein in die Produkt- und Serviceverbesserungen und Innovationen.

Social Media ist und bleibt also eine vielfältige, herausfordernde und vor allem spannende Option!

Literatur

[1] ARD, ZDF: Onlinestudie (2012). http://ard-zdf-onlinestudie.de/index.php?id=372

[2] BITKOM: Social Media in deutschen Unternehmen (2012). http://www.bitkom.org/de/publikationen/38338_72124.aspx

[3] Bruhn: Swot Analyse, S. 42 (2012)

[4] Heller, C., Krischak, T.: Präsentation Monitoring Camp in Hamburg (2012). http://de.slideshare.net/tkrischak/kostenlose-social-media-monitoring-tools?from=ss_embed

[5] Caine, C., Universität St Gallen: Social Media Excellence Studie (2012). http://www.social-media-study.com/

[6] Fink, Fuchs, Universität Leipzig: Social Media Delphi (2012). http://www.ffpr.de/newsroom/2012/11/15/studie-social-media-delphi-2012-endergebnisse

[7] Forrester Research: Defining Earned, Owned, Paid Media (2009). http://blogs.forrester.com/interactive_marketing/2009/12/defining-earned-owned-and-paid-media.html

[8] Fraunhofer Marktstudie: Social Media Monitoring Tools (2010). http://wiki.iao.fraunhofer.de/index.php/Marktstudie:_Social_Media_Monitoring_Tools

[9] Institute for Business Value: From social media to Social SCRM (2011). http://public.dhe.ibm.com/common/ssi/ecm/en/gbe03391usen/GBE03391USEN.PDF

[10] Jeremiah, O., Lovett, J.: Social Marketing Analytics (2010). http://de.slideshare.net/jeremiah_owyang/altimeter-report-social-marketing-analytics

[11] Burbary, K., Campbell-Ewald: Wiki. http://wiki.kenburbary.com/

[12] Li, Bernoff: Groundswell: Winning in a World Transformed by Social Technologies, S. 41 (2008)

[13] MIND Business Consultantsabsatzwirtschaft Zeitschrift für Marketing: Praxisleitfaden – Social Media MonitoringThema (2010). http://www.mind-consult.net/studien/aktuelle-studien.html

[14] PR 20/20: Social Monitoring tools 2012 – Comparison Guide (2012). http://files.www.pr2020.com/blog/social-media-monitoring-tools-2012-comparison-guide/PR_SM-Monitoring-Comparison-1_Sheet1.pdf

[15] Roland Berger Strategy Consultant und Marketing Center der Westfälischen Wilhelms-Universität Münster: German Social Media Consumer Report (2012/2013). http://www.socialmediathinklab.com/consumerreport2012-2013/

Kommunikation o.k. – Mitarbeiter k.o.?

10

Friedhelm Rudorf

Social Media sind – mit Strategie und Plan betrieben – eine Bereicherung für kleine und mittlere Unternehmen. Sie können die Kommunikationskultur und die Fähigkeiten eines Unternehmens, Beziehungen nach innen wie nach außen aufzubauen und zu unterhalten, ergänzen, aber nicht ersetzen. Der Beitrag liefert ein Plädoyer für betriebliche Weiterbildung, Qualifizierung und Training, damit Social Media einerseits wirksam zur Geltung kommen. Andererseits sollen Kommunikation, Beziehungsmanagement und Sozialkompetenzen in einer Organisation durch eine zu einseitige Ausrichtung auf Social Media nicht verkümmern, sondern lebendig bleiben.

Die Geschichte der sozialen Medien reicht weit zurück. Weil die Menschen von Natur aus soziale Wesen sind, haben sie immer Gelegenheiten gesucht, sich zu begegnen und auszutauschen. Vom Plausch am Lagerfeuer und vom Gespräch beim Wasserholen am Brunnen über den Buchdruck bis hin zum Telefon und den weltweit funktionierenden Datenautobahnen, auf denen Facebook, Twitter und Co. heute dahinrasen – immer haben Menschen Wege und Möglichkeiten gesucht und gefunden, mit ihren Mitmenschen in Kontakt zu treten, sich ihnen mitzuteilen, mit ihnen zu kommunizieren und von ihnen Informationen zu erhalten.

Neu sind soziale Medien also per se nicht. Was aber ist dennoch neu an Social Media?

Zunächst vor allem das Tempo, mit dem die digitale Welt das Sich-Begegnen bzw. das In-Soziale-Beziehung-Treten ermöglicht. Neu ist außerdem die fast grenzenlose Verfügbarkeit sowohl in technischer als auch in räumlicher Hinsicht. Neu sind auch die Elemente, wie die von vielen so geschätzte Anonymität, die unkomplizierten Stilcodes, die Asynchronität und die einfache Tatsache, dass Face-to-Face in der digitalen Welt eben nicht Von-Angesicht-zu-Angesicht heißt. Wenn Rick zu Ilsa in der Schlussszene des Film-Klassikers Casablanca „Here's looking at you, kid" sagt, also „Schau mir in die Augen, Kleines!" bzw. „Ich seh Dir

Dr. Friedhelm Rudorf ⊠
DIHK-Bildungs-GmbH, Bonn, Deutschland
e-mail: rudorf.friedhelm@wb.dihk.de

C. Rogge und R. Karabasz (Hrsg.), *Social Media im Unternehmen – Ruhm oder Ruin*,
DOI 10.1007/978-3-658-03087-2_10, © Springer Fachmedien Wiesbaden 2014

in die Augen, Kleines!", dann funktioniert dies zwischen den beiden eben nur im direkten Augenkontakt, aber nicht auf Twitter oder Facebook.

Auf die „Macht des ersten Eindrucks" ist von Seiten der Wissenschaft erst in jüngster Zeit wieder hingewiesen worden. Dabei geht es um den sogenannten „Primäreffekt", der mit Blickkontakt oder akustisch in wenigen Sekunden festlegt, ob ein Gegenüber als sympathisch oder unsympathisch eingeordnet wird. Von großer Bedeutung, so die Forscher, sind dabei Stimme und Gesicht [8]. Beide spielen bei Social Media keine primäre Rolle, und wenn ja, dann als technisches Signal und eben nicht lebendig.

Der unglaubliche Erfolg von Social Media beruht also auf dem im Menschen archetypisch angelegten Bedürfnis nach Begegnung und Beziehung (auch wenn der „Primäreffekt" von ihnen nicht in der gewohnten Weise bedient wird). Man kann sogar sagen: Selbst der Eremit bleibt paradoxerweise nicht alleine, sucht er doch in der Einsamkeit nach einer möglichst intensiven Begegnung z. B. mit Gott oder mit sich selbst oder mit beiden. Auch hier wird Begegnung und Kommunikation gesucht, nur auf eine besondere Art.

10.1 Betriebe organisieren Beziehungen

Auf die Wirtschaft übertragen bedeutet diese Analyse, dass die Frage, inwieweit sich Unternehmen um Social Media kümmern sollten, entschieden ist. Kein Unternehmen kann die Social Media ignorieren. Der Grund dafür liegt auf der Hand: Auch Unternehmen funktionieren, weil sie mit ihren Produkten und Dienstleistungen Beziehungen organisieren und herstellen: zu Kunden, Lieferanten, zwischen Mitarbeitern, Abteilungen, Vorgesetzten, aber auch zum Umfeld des Unternehmens, zur Öffentlichkeit oder zur Politik. Und je besser Unternehmen diese Beziehungen herstellen und unterhalten können, umso erfolgreicher sind sie in aller Regel auch im Wettbewerb.

Dass Social Media nur in großen Unternehmen ein Thema sind, ist durch Umfragen längst widerlegt. So hat der Bundesverband Informationswirtschaft, Telekommunikation und neue Medien e. V. (BITKOM) im Jahr 2012 ermittelt, dass fast die Hälfte der kleinen und mittleren Unternehmen mit bis zu 500 Mitarbeitern in Deutschland soziale Medien im Internet einsetzten (47 Prozent). Für große Unternehmen liegt die Quote fast gleichauf (46 Prozent) [2]. Allerdings verfügen 86 Prozent der Großunternehmen für die Steuerung der Social Media-Aktivitäten über eigene Mitarbeiter, während dies bislang nur bei 41 Prozent der kleinen und mittleren Betriebe der Fall ist. Fazit des Verbandes: „Der Mittelstand muss die Organisation seiner Social Media-Aktivitäten dringend professionalisieren, wenn er das Feld nicht den Großen überlassen will" [2].

Dies ist kein Ruf nach Aktionismus, denn nur „weil gerade vermeintlich alle irgendetwas im Netz machen, sollten Sie (der Leser des Leitfadens, Anm. d. Verfassers) die neue Medien nicht einsetzen" [11, S. 7]. Insofern ist – wie in diesem IHK-Leitfaden dargelegt – die richtige Herangehensweise zunächst eine Ist-Analyse, mit der die Social Media-Fähigkeit des eigenen Unternehmens geklärt werden soll, um dann ein Soll-Szenario zu erstellen, aus dem sich die nächsten Schritte ergeben:

- Wie ist die Ausgangssituation?
- Warum wollen Sie Social Media nutzen?
- Welche Zielgruppen und Ziele wollen Sie konkret erreichen?
- Wer ist involviert?
- Wie gehen Sie vor?
- Bis wann wollen Sie Teilziele erreichen?
- Welche Ressourcen stehen Ihnen zur Verfügung? [11, S. 8]

Auch wird in diesem IHK-Leitfaden größten Wert auf die Themen Kommunikation und Begegnung gelegt. Zitat: „Wichtig und neu hierbei ist, dass Sie (der Leser, Anm. des Verfassers) das veränderte Nutzungsverhalten und die Interaktionswünsche Ihrer Kunden berücksichtigen." Hier liege auch der Schlüssel für die Frage, ob die Social Media zum betrieblichen Kommunikationskonzept passen, denn es gelte, „genau die Themen zu definieren, für die in Ihrem individuellen Kommunikationskonzept die interaktiven Möglichkeiten von Social Media zielführend eingesetzt werden können" [11, S. 7].

Social Media organisieren und unterhalten Beziehungen. Sie leisten dies über Kommunikation und Begegnung. Wenn dies gut gemacht ist und gelingt, wird die Kommunikation zum Kunden, Lieferanten, zwischen Mitarbeitern, Vorgesetzten, aber auch zum sonstigen Umfeld des Unternehmens optimiert. Reicht dies aber aus, damit das Unternehmen weiter auf Erfolgskurs bleibt?

Wenn von den Chancen betrieblicher Social Media-Strategien die Rede ist, müssen auch die Risiken in den Blick genommen werden, die damit einhergehen können. In diesem Zusammenhang muss man sich mit der Frage beschäftigen, wer eigentlich der Träger und Gestalter der Kommunikation und von Beziehungen in einem Unternehmen ist.

10.2 Plastizitäts-Prinzip in Unternehmen

Wenn wir uns an die eingangs gemachten Gedanken erinnern, sind es immer und auf jeden Fall die Menschen, die Begegnungen suchen und zu diesem Zweck kommunizieren, also in Verbindung miteinander treten. Weiter ist klar, dass es eine wichtige Aufgabe von Unternehmen und ihrer Führung ist, Beziehungen herzustellen und Kommunikation zu organisieren. Wenn dies jedoch immer mehr, d. h. überwiegend oder am Ende sogar ausschließlich technischen Lösungen überlassen wird, die nicht Von-Angesicht-zu-Angesicht funktionieren, läuft das Unternehmen oder die Organisation Gefahr, eine überlebenswichtige Kompetenz zu verlieren, nämlich die Fähigkeit seiner Mitarbeiter, nach innen wie nach außen angemessen und im richtigen Ton zu kommunizieren. Dann verkümmern auch die Sozialkompetenzen, die den Umgang der Mitarbeiter im Betrieb und mit Kunden, Lieferanten, Geschäftspartnern etc. erst ermöglichen.

Aus der Hirnforschung ist uns der Begriff der „Plastizität" vertraut. Darunter wird die Eigenschaft des menschlichen Hirns verstanden, sich in Abhängigkeit von seiner Verwendung in seinen Eigenschaften zu verändern. Synapsen, Nervenzellen und Hirnareale entwickeln sich so, wie ich sie nutze. Im Umkehrschluss bedeutet dies, dass bestimmte Eigenschaften im menschlichen Hirn verkümmern, wenn sie nicht regelmäßig gebraucht werden. Lernen und Denken funktionieren also genau so wie Vergessen. Sapere aude – habe Mut, Dich Deines eigenen Verstandes zu bedienen, brachte Immanuel Kant dieses Prinzip als Leitmotiv der Aufklärung für ein lernendes, zweifelndes, begreifendes und verstehendes Zeitalter auf eine einprägsame Formel, die für eine ganze Epoche zum prägenden Leitbild wurde.

Unternehmen tun gut daran, sich um eine gute Kommunikation im Unternehmen zu kümmern. Je mehr davon auf soziale Medien übertragen wird, umso größer wird die Gefahr, dass das Unternehmen und seine Mitarbeiter wichtige kommunikative und soziale Kompetenzen außerhalb der Welt der Social Media verlernen und vergessen. Beispiele aus der betrieblichen Alltagswelt zu nennen, fällt in diesem Zusammenhang leicht:

- Mitarbeiter, die Informationen untereinander überwiegend elektronisch austauschen, obwohl sie in unmittelbarer Nähe zueinander und nicht selten Tür an Tür arbeiten.
- Mitarbeiter, die Kritiken oder Konflikte elektronisch austragen, weil damit die Konstellation vermieden wird, diese von Angesicht zu Angesicht anzusprechen bzw. auszutragen.
- Mitarbeiter oder Abteilungen, die mit den Kunden überwiegend auf elektronischem Wege kommunizieren und nicht mehr Von-Angesicht-zu-Angesicht.
- Unternehmen, die ihre Kundenkontakte mehr oder weniger komplett digitalisiert organisieren und elektronischen Spracherkennungssystemen oder ähnlichen Systemen überlassen.

Wer kennt diese Beispiele nicht? Und obwohl niemand solche Fehlentwicklungen wirklich gut heißt, nehmen diese betrieblichen Kommunikations-Killer offenbar eher zu als ab.

Auf der anderen Seite sind Informationen noch kein Wissen, und jeder weiß, dass das gefährlichste Wissen das Halbwissen ist. Ist also alles, was in den Social Media an Informationen kommuniziert wird, wichtig, bedenkenswert, tauglich? Auch hier ist es die Neurowissenschaft, die Zweifel anmeldet, wie die amerikanische Neurowissenschaftlerin Maryanne Wolf:

> Ich will die außerordentlichen Möglichkeiten, die die digitale Welt bietet (…) gar nicht infrage stellen. Ich frage mich jedoch, ob typische junge Leser die Analyse eines Textes und die Suche nach tieferen Ebenen der Bedeutung nicht als zunehmend anachronistisch empfinden, weil sie schon so sehr an die Unmittelbarkeit und scheinbare Vollständigkeit von Online-Informationen gewöhnt sind – denn diese sind allesamt ohne kritisches Hinterfragen zugänglich und fordern nicht explizit, selbstständig weiterzudenken [4, S. 263 f.].

Und etwas weiter heißt es:

> Ich fürchte, dass viele Kinder Gefahr laufen genau das zu werden (…), eine Gesellschaft von Informationscodierern, die sich vom trügerischen Gefühl, alles verstanden zu haben, davon abhalten lassen, ihr geistiges Potenzial voll auszuschöpfen [4, S. 265].

Das mag nur eine wissenschaftliche Meinung von vielen sein. Aber man sollte sie ernst nehmen, wenn man über die Funktion und das Wirken von Social Media im Kontext von Unternehmen nachdenkt. Unternehmen haben neben der bereits oben beschriebenen Rolle, Kommunikation herzustellen und Begegnungen zu organisieren, auch die Aufgabe, ständig Lösungen für Probleme zu finden und Herausforderungen zu meistern. Unternehmen, die dies besonders gut können und dadurch innovativ sind, haben einen klaren Wettbewerbsvorteil. Wenn nun der Einsatz von Social Media im Unternehmen dazu führt, die Mitarbeiter im Sinne von Maryanne Wolf davon abzuhalten, ihr „geistiges Potenzial voll auszuschöpfen" und die Lösung von Problemen der Suche im Netz zu überlassen, dann führt dies nach dem Prinzip der Plastizität konsequent dazu, dass das Unternehmen die Kraft, die es wachsen und groß hat werden lassen, nämlich die Fähigkeit, ständig innovative Lösungen für Probleme und Herausforderungen zu finden, auf Dauer verliert.

Ähnlich beschreibt der Schweizer Philippe Wampfler aus pädagogischer Perspektive die Chancen und Gefahren von Social Media:

> Sie lenken die Aufmerksamkeit stets auf das Neue, das Blinkende, das Markierte, und verleiten so zum Surfen, dem Überfliegen von Inhalten – aber nicht unbedingt zur Konzentration und Vertiefung [10].

In die gleiche Richtung gehen an anderer Stelle vorgebrachte Aussagen des Schweizer Autors zu den „Auswirkungen von Social Media auf das Gehirn", die im Netz zu finden sind [4]. Danach könne man davon ausgehen,

- „dass durch den Gebrauch von Social Media die Aufmerksamkeitsspanne sinken wird und es für Menschen schwierig wird, komplexe Probleme mit dauerhafter Konzentration zu bearbeiten",
- dass die „Ablenkung durch Social Media für das soziale Zusammenleben eine Herausforderung darstellt. Das Hirn wird stark geprägt durch soziale Interaktionen; würden alle Beziehungen durch oberflächliche, virtuelle ersetzt, dann wäre die Ausbildung von Sozialkompetenzen gefährdet",
- „gewisse Konzentrationsleistungen sind nicht mehr nötig, weil Computer als Hilfsmittel viele Aufgaben erledigen (…). Allerdings scheint die fehlende Übung zu verhindern, dass bestimmte Gehirnareale ausgebildet werden, die für das Lösen komplexer Probleme verwendet werden, obwohl es natürlich problemlos möglich ist, auch am Computer komplexe Fragestellungen zu bearbeiten".

Social Media besitzen als neue technikbasierte Kommunikationswege also eine Art digitaler Schwerkraft, die in der Lage ist, traditionelle Kommunikationsformen zu verdrängen und den Mitarbeitertypus des reinen „Informationscodierers" hervorzubringen: Das Unternehmen büßt seine innovativen Fähigkeiten ein. Die Kommunikation des Unternehmens, was den Einsatz der Social Media angeht, mag o.k. sein. Für die Zukunftsfähigkeit des Unternehmens wird das, was das Unternehmen dabei verlernt hat, zum Knockout, mit dem es vom Markt gefegt wird.

10.3   Was ist zu tun?

„Kommunikation o.k. – Mitarbeiter k.o." bezieht sich in diesem Zusammenhang also nicht vordergründig auf die inzwischen viel diskutierten und kritisierten Phänomene der Informationsflut und der ständigen Erreichbarkeit, der die Mitarbeiter im Unternehmen beruflich und privat ausgesetzt sind, nicht selten in Verbindung mit Prozessen des Erschöpft- bzw. Ausgebranntseins. „Kommunikation o.k. – Mitarbeiter k.o." weist vielmehr auf das Risiko hin, dass mit dem Einsatz von Social Media in Unternehmen verbunden sein kann, nämlich der Verlust von Kommunikations- und Innovationsfähigkeit. Deshalb ist es notwendig, dass die Einführung und die Nutzung von Social Media begleitet und flankiert wird von Maßnahmen, die sowohl die Kommunikationskompetenz als auch die Innovationsfähigkeit des Betriebes sicherstellen.

Zum Strategiekatalog, den ein Unternehmen für die Einführung und den Betrieb von Social Media im Sinne des oben genannten IHK-Leitfadens aufstellen sollte, gehört deshalb grundsätzlich auch das Thema Qualifizierung und Weiterbildung.

Für die betriebliche Weiterbildung geben die Unternehmen in Deutschland jährlich ca. 28,6 Milliarden Euro aus. Das entspricht pro Mitarbeiter durchschnittlich 1035 Euro [7]. Wie viel von diesen Investitionen für die Qualifizierung der Mitarbeiter bei der Einführung bzw. Nutzung von Social Media aufgewendet wird, ist allerdings nicht bekannt. Nach der BITKOM-Studie „Weiterbildung in der ITK-Branche" zählt sich die ITK-Branche mit durchschnittlich 4,5 Weiterbildungstagen pro Beschäftigtem im Jahr zwar zur Spitze aller Branchen, was die Weiterbildungsbeteiligung angeht [3, S. 5]. Wie viel davon aber in die Weiterbildung im Kontext mit sozialen Medien fließt, wurde in der Studie nicht ermittelt.

10.4   Schlüsselfaktor betriebliche Weiterbildung

Beide Erhebungen unterstreichen allerdings den Stellenwert der betrieblichen Weiterbildung für die Innovations- und Wettbewerbsfähigkeit der Unternehmen. So gaben auf die Frage, was sie zur Weiterbildung motiviere, bei der IW-Studie 86,8 Prozent der Unternehmen an, dass sie zur „Wertschöpfung und zum Geschäftserfolg" beitrage und 79,3 Prozent, dass sie „zur Sicherung der Innovationsfähigkeit" wichtig sei [7, S. 9]. Ähnliche Ergebnisse finden sich in der BITKOM-Studie, wonach für 68 Prozent der Unternehmen als Bedingung für die betriebliche Weiterbildung an erster Stelle das Vorantreiben von Innovationen steht [7, S. 4].

Diese Untersuchungsergebnisse legen die Vermutung nahe, dass sich die Unternehmen der Notwendigkeit zur betrieblichen Qualifizierung und Weiterbildung auch im Kontext der Einführung und Nutzung sozialer Medien grundsätzlich bewusst sind. Insbesondere für die kleinen und mittleren Unternehmen, die ebenfalls sehr weiterbildungsaktiv sind – laut IW-Studie liegt deren Anteil bei 82,7 Prozent in Unternehmen bis 49 Mitarbeitern und bei 95,2 Prozent in Unternehmen mit 50 bis 249 Mitarbeitern [3, S. 8] – hat die IHK-

Organisation ein bundeseinheitlich gültiges Trainingskonzept entwickelt, mit dem insbesondere kleine und mittlere Betriebe einen Mitarbeiter zum „Social Media Manager" qualifizieren können.

Dieser IHK-Zertifikatslehrgang richtet sich vor allem an Mitarbeiter der Bereiche Kundenmanagement, Marketing, Presse- und Öffentlichkeitsarbeit sowie Vertrieb, aber auch an einzelne Fachabteilungen, die Geschäftsführung und an selbstständige Agenturen. Die Weiterbildung hat zum Ziel, die Absolventen dahingehend zu qualifizieren und zu sensibilisieren, dass sie die Chancen und Möglichkeiten von Social Media kennen und verstehen sowie Social Media als neuen Kanal der Unternehmenskommunikation in das Unternehmensmanagement integrieren können.

10.5   Warum Social Media in einem KMU?

An einem Praxis-Beispiel wird deutlich, wie mit zielgenauer Weiterbildung ein kleines Unternehmen für die Nutzung von Social Media strategisch aufgeschlossen werden kann.

i-sotec aus Unna, ein Unternehmen der Automotive-Branche mit 10 Mitarbeitern, ist spezialisiert auf die Entwicklung und Distribution von effizienten Verstärkern und Soundsystemen für PKW. Seit längerem betreut i-sotec im B2B-Bereich Kunden wie z. B. Volkswagen, Daimler, Blaupunkt und Clarion sowie rund 70 Fachhändler in Europa. Im B2C-Bereich bietet i-sotec ein Online-Shop-Portal mit zahlreichen Einkaufswelten. Um zukünftig Reichweite und Bekanntheitsgrad zu erhöhen und gezielter mit Zielgruppen interagieren zu können, wurde die Relevanz von Social Media für die eigene Unternehmung geprüft und die Entscheidung zur Umsetzung getroffen.

Für die Social Media-Strategie der i-sotec GmbH erläutert Dirk Jakobs als Leiter Marketing & Vertrieb die Ausgangslage wie folgt: „Das WEB 2.0 bietet viele und neue Möglichkeiten zur Interaktion für jedermann. Es ist aus dem Leben der Menschen heutzutage kaum weg zu denken. Erzählte früher ein zufriedener Kunden noch vier bis fünf Anderen von seiner positiven Erfahrung, so hat die Bedeutung der Kundenzufriedenheit aufgrund Social Media stark zugenommen. Nicht zufriedene Kunden können ein Risiko für die Marke werden. Um erfolgreich am Markt zu agieren, müssen Unternehmen ihr Kommunikationsverhalten verändern. Weg von der Einbahn-, hin zur Mehrweg-Kommunikation: Der Dialog auf Augenhöhe mit Kunden und Interessenten wird zukünftig ein bedeutendes Schlüsselelement sein."

Persönliche Kontakte zum Deutschen Institut für Marketing und zur Business Academy Ruhr ermöglichten dem Vertriebs- und Marketingleiter der i-sotec GmbH den direkten Einstieg in das komplexe Thema Social Media. Die Weiterbildung zum Social Media-Manager fand bei der IHK zu Dortmund statt. In 80 Stunden wurden den Teilnehmern neben den Grundlagen und dem praktischen Umgang mit Social Media-Tools die folgenden Inhalte vermittelt:

Grundlagen des WEB 2.0

- Einsatz in Unternehmen,
- Die rechtliche Seite von Social Media,
- Planung einer Social Media-Strategie,
- Monitoring und Controlling.

Zahlreiche Best-Practice-Beispiele und Übungen am PC wurden von den Dozentinnen und Dozenten beigesteuert und praxisnah innerhalb des Lehrgangs diskutiert. Im Verlauf entwickelte sich eine Community, die inzwischen in einer Alumni-Gruppe aktiv ist.

Im Fokus des Lehrgangs und auch Grundlage der Bewertung war die Entwicklung einer aus definierten Zielen abgeleiteten individuellen Social Media-Strategie für das eigene Unternehmen. Ein Mehrwert für die Lehrgangsteilnehmer bzw. das Unternehmen.

Dazu noch einmal Dirk Jakobs: „Als ich mit der Weiterbildung begann, war ich noch weit weg von Social Media. Ich hatte nicht einmal einen Facebook-Account! Doch mir war klar, dass wir als kleine Firma unbedingt Social Media nutzen müssen, um mit unseren Produkten wettbewerbsfähig zu bleiben. Ich hätte nie gedacht, dass ich mich in den zweieinhalb Monaten so weit in die Materie einarbeiten könnte. Heute sind wir so weit, dass wir mit einer kompletten Social Media-Strategie an den Start gehen können."

10.6 Integrations-Probleme in KMU

Neben den Chancen der Implementierung einer Social Media-Strategie in einem kleinen oder mittleren Unternehmen gibt es auch Herausforderungen, die gemeistert werden müssen: „Eines der Hauptprobleme", so die i-sotec GmbH, „ist der Unternehmensalltag." Dieser nehme so viel Zeit in Anspruch, dass zusätzliche Kommunikations-Maßnahmen nur mit großem Aufwand durchgeführt werden könnten. i-sotec habe trotzdem das ehrgeizige Ziel, über Facebook und Twitter besten Kunden-Support anzubieten, viral zu verbreiten und auf Augenhöhe mit Interessenten, Influencern, Kunden und Partnern zu kommunizieren. All das koste viel Zeit, und es werde schwer werden, dafür zusätzliche Kapazitäten zu schaffen. Dies bedeutet:

Social Media ist zeitaufwändig Zeit- bzw. Ressourcen-Engpässe in KMU sind Hauptprobleme, um professionell mit der interaktiven Kommunikation im Web zu beginnen. Social Media kostet Zeit – dies belegt auch eine Bitkom-Studie aus dem Jahr 2010 [12].

Social Media geht nicht nebenbei KMU sollten mindestens zwei bis drei Stunden täglich für Social Media einplanen. Die Vorstellung, dass Social Media irgendwie neben allen anderen Aufgaben erledigt werden können, ist illusorisch, wie die Praxis der i-sotec GmbH aus Unna belegt.

Mit Qualifizierungskonzepten wie dem Social Media Manager (IHK) sowie mit Informationsveranstaltungen und Artikeln in IHK-Zeitschriften fördern die Industrie- und

Abb. 10.1 Das Trainingskonzept „Social Media Manager" der DIHK-Bildungs-GmbH

Handelskammern (IHKs) die regionale Wirtschaft bei der Implementierung und Nutzung von Social Media in den Betrieben. So findet sich im IHK-Magazin der IHK Rhein-Neckar eine Social Media-Checkliste mit Fragen, die ein Unternehmen vor dem Einstieg in die Social Media-Welt beantworten sollte:

- Was sind Ihre Unternehmensziele? Wie lassen sie sich auf Social Media übertragen und welche Plattform eignet sich dafür?
- Wer kümmert sich dauerhaft um die Social Media-Kanäle? Wie wird mit Rückmeldungen, Anfragen und Kritik aus der Community umgegangen? Welches Bild soll Ihr Unternehmen in den Social Media wiedergeben?
- Welche Regeln gelten für die Mitarbeiter, wenn sie Social Media beruflich nutzen?
- Soll alles selbst gemacht werden oder lohnt es sich vielleicht, einen professionellen externen Dienstleister zu beauftragen?
- Haben Sie einen Krisenfahrplan? Wenn ja, funktioniert er auch für Social Media-Krisenfälle, wenn es auf wenige Stunden ankommt?
- Wie gut kennen Sie selbst sich aus? Kennen Sie die rechtlichen Risiken? Reicht Ihnen Fachliteratur – die es inzwischen reichlich gibt – oder holen Sie sich lieber einen Experten ins Haus? [5]

Diese Tipps sind eine gute Richtschnur für den Einstieg in die Thematik besonders für kleine und mittlere Unternehmen. Flankierend müssen die Betriebe die Kommunikationsfähigkeit der Mitarbeiter jenseits von Social Media trainieren und weiterentwickeln. Dies betrifft alle wichtigen Kommunikationskompetenzen wie schriftliche und mündliche Kommunikationstrainings, Gesprächsführung, Verhandlungen, Small Talks, Krisen- und Konfliktgespräche usw. Die betriebliche Weiterbildung zur Förderung der kommunikativen Kompetenzen im Unternehmen ist wichtig, um der oben beschriebenen „digitalen Schwerkraft" von Social Media ein wirksames Gegengewicht gegenüberzustellen.

In Frage kommen auch zielgerichtete Coaching-Prozesse, die der Entwicklung der Kommunikationskultur im Unternehmen dienen. Dabei sind Tipps für einen entspannten Umgang mit Social Media hilfreich, die auch in Buchform zu finden sind [1]. Die Autorin plädiert für ein „Bullshit-Radar", mit dem der eigene Umgang mit den sozialen Medien hinterfragt wird:

> Nicht mehr schön ist es, wenn ich die Dinge nicht mehr richtig erlebe. Ich fotografiere einen Sonnenuntergang, poste das Bild, starre auf mein Handy, weil ich ja Bestätigung brauche, und habe das Schauspiel im echten Leben gar nicht genossen. Wenn dann auch noch keine Rückmeldung kommt, fühle ich mich ungeliebt. Das ist der Punkt, an dem ich sage: Ich habe die Sache nicht mehr im Griff. Selbstwertgefühl bekommt man nicht auf Facebook.

Dagegen sei hilfreich:

> Indem man sich kritisch hinterfragt: Habe ich überhaupt etwas zu sagen, auf Facebook oder irgendeinem anderen Kanal? Wie bereichern meine Auslassungen andere Menschen oder mich [6]?

10.7 Mitarbeiter und Kommunikation o.k.

Die Kommunikation „nicht mehr im Griff haben" kann sich kein erfolgreiches Unternehmen leisten. Deshalb sind bei der Implementierung und Nutzung von Social Media im Unternehmen zwei Dinge unabdingbar zu leisten:

- eine passgenaue Weiterbildung der Mitarbeiter, um sie für Social Media fit zu machen,
- eine konsequent und kontinuierlich betriebene betriebliche Weiterbildung, um die Kommunikationskultur des Unternehmens, sein Beziehungsmanagement und die Sozialkompetenzen der Mitarbeiter lebendig zu halten und zu entwickeln.

Wer beide Grundsätze befolgt, kann als Unternehmen mit gutem Gewissen in die Welt von Social Media starten und deren Chancen nutzen, ohne bei den Risiken Schiffbruch zu erleiden.

Literatur

[1] Eggler, A.: Facebook macht blöd, blind und erfolglos. Digital-Therapie für Ihr Internet-Ich. Zürich (2013)

[2] BITKOM-Studie „Social Media in deutschen Unternehmen": www.bitkom.org/de/markt_statistik/64018_72413.aspx

[3] Bitkom Servicegesellschaft (Hrsg.): Weiterbildung in der ITK-Branche 2011 BITKOM-Studie. Berlin (2011)

[4] http://schulesocialmedia.com/2013/01/09auswirkungen-von-social-media-auf-das-gehirn

[5] IHK-Magazin Rhein-Neckar 5/2013, S. 6

[6] Aust, M.: Interview mit Anitra Eggler. Kölner Stadt-Anzeiger Magazin (1./2. Mai), 2 (2013)

[7] IW-Trends – Vierteljahresschrift zur empirischen Wirtschaftsforschung aus dem Institut der deutschen Wirtschaft Köln, 39. Jahrgang, Heft 1/2012

[8] Wendler, J.: Die Macht des ersten Eindrucks. Weser Kurier (24. Mai), 20 (2013)

[9] Maryanne, W.: Das lesende Gehirn. Wie der Mensch zum Lesen kam – und was es in unseren Köpfen bewirkt. Heidelberg (2009)

[10] Wampfler, P.: Facebook, Blogs und Wikis in der Schule. Ein Social-Media-Leitfaden. Göttingen, S. 13 (2013)

[11] Industrie- und Handelskammer zu Düsseldorf (Hrsg.): Social-Media-Leitfaden Informieren. Ausprobieren. Profitieren, 2. Aufl. Düsseldorf (2012)

[12] vgl. Leitfaden für Social Media, in BITKOM-Studie 2010

Legal Dos and Don'ts im Social Media-Marketing 11

Jan Christian Seevogel

Die folgende Übersicht spiegelt den juristischen Wissensstand im August 2013 wider.

11.1 Grundlagen

11.1.1 Die typischen Szenarien

Täglich werden allein auf Facebook ca. 4 Milliarden (!) Inhalte von Nutzern geteilt.

Unternehmen stellen häufig Fotos, Videos, Texte, etc. in soziale Netzwerke ein, ohne die Rechte an den eingestellten und geteilten Inhalten vor deren Verbreitung zu klären. Werbe- und Marketingaktionen werden oft ohne jedes Gespür für rechtlich kritische Situationen ausgeführt. Dies führt zu einer Vielzahl von Rechtsverletzungen.

Typische „gefährliche" Szenarien können zum Beispiel sein:

- die Veranstaltung eines Facebook-Gewinnspiels,
- das Durchführen einer Guerilla-Marketing-Aktion im Zusammenhang mit sozialen Netzwerken,
- das Einstellen und/oder „Weiterteilen" beeindruckender Bilder oder Texte, um die Facebook-Seite zu promoten und mehr Fans zu generieren,
- das Ausprobieren neuer innovativer Plattformen wie Storify oder Pinterest im Marketing-Mix.

Aufgrund der großen Masse der täglichen Aktionen in sozialen Netzwerken bleiben viele Rechtsverletzungen unentdeckt. Die Zahl der Gerichtsverfahren (zum Beispiel mit

Dr. Jan Christian Seevogel ⊠
Lausen Rechtsanwälte, München, Deutschland
e-mail: seevogel@lausen.com

C. Rogge und R. Karabasz (Hrsg.), *Social Media im Unternehmen – Ruhm oder Ruin*,
DOI 10.1007/978-3-658-03087-2_11, © Springer Fachmedien Wiesbaden 2014

Rechteinhabern wegen Urheberrechtsverletzungen oder mit Konkurrenzunternehmen wegen Wettbewerbsverstößen) steigt jedoch stetig an. Daneben kommt es immer wieder zur Abschaltung ganzer Facebook-Seiten, die durch jahrelange Arbeit aufgebaut wurden und hunderttausende, manchmal Millionen Fans hatten.

Nicht nur Fans oder ganze Facebook-Seiten, Geld, Zeit und Aufwand stehen auf dem Spiel, sondern auch – und das ist noch wesentlich schlimmer – der Ruf des Unternehmens am Markt.

Daher gilt

Dos:

- Erarbeiten Sie sich ein rechtliches Gespür für kritische Situationen.
- Kennen Sie sich so gut aus, dass Sie wissen, wann Sie lieber einen Experten fragen, bevor Sie loslegen.
- Bauen Sie in Ihrem Unternehmen eine klare Struktur von Verantwortlichkeiten auf (z. B. Mitarbeiter der Marketingabteilung – Manager Corporate Social Media – Mitarbeiter der Rechtsabteilung – externer Social Media Anwalt) und machen Sie deutlich, dass in Zweifelsfällen stets der Experte auf der nächsten Stufe kontaktiert werden sollte!
- Schulen Sie Ihre Mitarbeiter (z. B. durch Workshops und anhand Ihrer Social Media Guidelines).

Don'ts:

- Wenn Sie unsicher sind, lassen Sie es nicht drauf ankommen und riskieren Sie nichts!
- Führen Sie Marketing-Aktionen trotz bestehender rechtlicher Risiken nie durch, wenn nicht der wahrscheinliche unternehmerische Erfolg deutlich größer ist als das rechtliche Risiko. Entscheiden Sie dies nie allein.

11.1.2 Kritisches Material

Bilder (egal ob Fotos, Zeichnungen, Grafiken etc.), **Texte**, **Videos**, **Audio-Material** und **fremde Marken** dürfen in aller Regel nur mit Zustimmung der Rechteinhaber in sozialen Netzwerken verwendet werden. Oft gibt es gleich mehrere Rechteinhaber. Bei einem Foto können das zum Beispiel Fotografen, Bildagenturen, Verwertungsgesellschaften, abgebildete Personen, bei abgebildeten Marken Inhaber von Markenrechten, bei abgebildeten Gebäuden unter Umständen Inhaber eines Hausrechts etc. sein. Bei Videos treten die Produzenten (Filmhersteller) als weitere mögliche Rechteinhaber hinzu und bei Texten können es Autoren, Übersetzer, Verlage oder Verwertungsgesellschaften sein. Auch sehr kurze Texte (in Ausnahmefällen sogar „Twitter-Tweets") können urheberrechtlich geschützt sein, wenn sie individuell bzw. originell genug sind. Kritisch sind auch Texte, die Sie selbst verfasst haben, wenn diese unwahre Tatsachenbehauptungen oder Schmähkritik enthalten.

Besonders brisant ist in sozialen Netzwerken, dass Sie auch für Rechtsverletzungen an Bildern haften können, die Sie lediglich als sog. „Vorschaubilder" veröffentlichen, etwa indem Sie den Link zu einer bestimmten Internetseite teilen und dabei ein Vorschaubild automatisch durch das soziale Netzwerk generiert wird.

Dos:

- Fragen Sie sich vor jedem Einstellen oder Teilen eines Inhalts, wer die Rechteinhaber sind und ob sie ihre Zustimmung (gerade zur Verwendung ihrer Inhalte in Social Media-Kanälen) erteilt haben.
- Achten Sie bei der Nutzung von Bildern besonders auf die Begleitdaten und verwenden Sie lizenzierte Inhalte ausschließlich wie in der Lizenz vorgesehen.
- Greifen Sie für Ihre Marketingaktivitäten ganz überwiegend auf Inhalte zurück, die durch das eigene Unternehmen freigegeben sind (z. B. Inhalte aus einem eigenen „Content-Pool").
- Wenn Sie unsicher sind, teilen Sie vorzugswürdig Inhalte aus ausländischen Quellen (in den USA z. B. legitimiert die sog. „Fair-Use-Regel" in vielen Fällen das Teilen in sozialen Netzwerken).
- Teilen Sie Links lieber ohne Vorschaubilder, wenn Sie unsicher sind, ob Sie die Rechte an dem Bild haben.
- Achten Sie bei geteilten Inhalten darauf, dass die Linkquelle „Teilen-Buttons" enthält.
- Nutzen Sie für Social Media-Auftritte Ihres Unternehmens ausschließlich eigene Marken.

Don'ts:

- Teilen Sie fremde Inhalte nicht einfach weiter, weil sie beeindruckend oder spannend sind, ohne sich kurz die Frage zu stellen, ob Sie das wirklich dürfen.
- Verbreiten Sie nie eine Nachricht, wenn Sie nicht sicher sind, ob sie wirklich wahr ist.
- Beleidigen Sie nicht andere Personen oder Unternehmen in Ihren Beiträgen in sozialen Netzwerken.

11.1.3 Astro-Turfing, getarnte Werbung, Guerilla-Marketing, Nutzerkommentare etc.

Es kann sehr verlockend sein, in sozialen Netzwerken das eigene Unternehmen positiv darzustellen und dabei zu verheimlichen, dass man in Wirklichkeit Mitarbeiter des hochgelobten Unternehmens ist. Mitarbeiter, die auf diese Weise vorgehen, wollen oft dem eigenen Unternehmen einfach etwas Gutes tun – und tappen dabei in rechtliche Fallen, ohne es zu wissen. Gern werden auch positive Beiträge über Produkte veröffentlicht, ohne dass der Verfasser zu erkennen gibt, dass er von dem Unternehmen, welches das Produkt vertreibt,

Geld für den Beitrag oder – noch schlimmer – den Text des Beitrags vorgegeben bekommen hat.

Typische Beispiele – alle aus wettbewerbsrechtlichen Gründen unzulässig und daher **Don'ts** – sind:

- Verfassen Sie keine positiven Beiträge über ein Produkt im Namen eines fiktiv erstellten Nutzers oder eines Mitarbeiters des Unternehmens, der sich nicht als solcher zu erkennen gibt.
- Erstellen Sie keine fiktiven Nutzerprofile in einem sozialen Netzwerk, um mit der fiktiven Person Guerilla-Marketing-Aktionen durchzuführen.
- Verschleiern Sie nie Werbemaßnahmen oder Kooperationen.
- Unterlassen Sie den Verkauf/Ankauf von Facebook-Statusmeldungen.
- Nutzen Sie private Profile nicht zu geschäftlichen Zwecken.
- Setzen Sie keine bezahlten Links oder bezahlen andere für das Setzen von Links.

Dos:

- Geben Sie stets zu erkennen, wer Sie sind, stehen Sie zu dem, was Sie tun und legen Sie werbliche Hintergründe und Kooperationen offen.

11.1.4 Haftung für Inhalte Dritter

In sozialen Netzwerken sind Sie (natürlich) für alle Inhalte verantwortlich, die Sie selbst veröffentlichen. Darüber hinaus sind Sie auch für all diejenigen Inhalte von Dritten (also anderen Internet-Nutzern) verantwortlich, die Sie gesehen und für gut befunden haben (rechtlich nennt man das „Zu-Eigen-Machen"). Sie machen sich Inhalte „zu Eigen", indem Sie diese zum Beispiel kommentieren, „liken", teilen oder weiterteilen etc. Daher gilt
Dos:

- Denken Sie kurz nach, bevor Sie klicken, auch und gerade wenn es nicht um Ihre eigenen, sondern um fremde Inhalte geht – Habe ich die Rechte für diesen Klick?
- Sollten Sie auf Rechtsverletzungen durch Dritte hingewiesen werden, löschen Sie im Zweifel den Inhalt sofort. Wenn Sie den Inhalt unbedingt auf Ihrer Seite lassen möchten, weil Sie davon ausgehen, dass er keine Rechte verletzt, konfrontieren Sie den Verfasser des Inhalts mit der (angeblichen) Rechtsverletzung. Wenn der Verfasser nachweisen kann, dass sein Inhalt keine Rechte verletzt (z. B. weil die darin enthaltene Aussage der Wahrheit entspricht oder weil der Teilende das Recht nachweist, ein in dem Beitrag enthaltenes Foto in Social Media Kanälen verwenden zu dürfen), können Sie den Inhalt auf Ihrer Seite lassen.

Don'ts:

- Geben Sie in Erklärungstexten/AGB's/Gewinnspielbedingungen für Ihre Internetauftritte nie zu erkennen, dass Sie von Dritten eingereichte/veröffentlichte Inhalte auf deren Rechtmäßigkeit prüfen (auch dann nicht, wenn sie das tatsächlich tun). So verhindern Sie, allein aufgrund dieser Aussage für sämtliche Inhalte verantwortlich zu sein.

11.1.5 Internationale Konstellationen

Internationale (z. B. us-amerikanische) Auftritte in Social Media-Kanälen erfordern die Beachtung des jeweiligen ausländischen Rechts. Sobald Sie ausländische Nutzer in deren Sprache ansprechen, muss auch die Rechtsordnung des Landes, in dem diese Nutzer leben, beachtet werden. Ziehen Sie daher vor einem Ausbau Ihrer Social Media Auftritte zunächst die jeweiligen Experten Ihres Unternehmens beratend hinzu!

11.2 Facebook-Marketing

11.2.1 Nutzungsbedingungen und Sonderbestimmungen

Neben den deutschen Gesetzen (zum Beispiel UrhG, UWG, MarkenG, BGB, StGB), die jeder beachten muss (egal ob Facebook-Nutzer oder nicht) spielen die Facebook-Nutzungsbedingungen und -Sonderbestimmungen beim Facebook-Marketing eine wichtige Rolle. Da bei Verstößen gegen diese Regelungen die Sperrung Ihrer Unternehmensseiten droht (!), sollten Sie ihnen unbedingt Beachtung schenken.

Einige wichtige Regelungen finden Sie hier:

Nutzungsbedingungen:
http://www.facebook.com/legal/terms

Sonderbestimmungen für Seiten:
http://www.facebook.com/page_guidelines.php

Sonderbestimmungen für die Nutzung der Facebook-Marke:
https://www.facebookbrand.com

Werberichtlinien:
https://www.facebook.com/ad_guidelines.php

Dos:

- Lesen Sie sich die für Ihren Tätigkeitsbereich wichtigen Nutzungsbedingungen (zum Beispiel für Gewinnspiele, Nutzung der Facebook-Buttons etc.) mindestens einmal gründlich durch. Greifen Sie vor Durchführung größerer Aktionen immer wieder darauf zurück.

11.2.2 Facebook-Impressum
(und Exkurs: Twitter- und GooglePlus-Impressum)

Unternehmensseiten in sozialen Netzwerken benötigen nach deutschem Recht ein Impressum, das leicht erkennbar, unmittelbar erreichbar und ständig verfügbar ist. Diese Voraussetzung ist dann erfüllt, wenn der durchschnittlich informierte Nutzer des Internets mit zwei Klicks zum Impressum gelangt. Da innerhalb der sozialen Netzwerke sämtliche Seiten nur nach bestimmten Vorgaben eingerichtet werden können, ist es nicht immer leicht, das Impressum so unterzubringen, dass die rechtlichen Voraussetzungen tatsächlich erfüllt sind. Derzeit erfüllen Sie die gesetzlichen Anforderungen am besten wie folgt:

- Facebook-Impressum
- Das rechtlich sichere Impressum für die Darstellung Ihrer Unternehmensseite auf Desktop-Computern
  Bringen Sie das Impressum in der Info-Box auf der Startseite Ihrer Unternehmensseite unter. Dort sollten Sie auf das Impressum Ihrer Webseite verlinken und dem Link die Bezeichnung „Impressum:" voranstellen. Das funktioniert, indem Sie den Text (z. B. „Impressum: www.IHR-UNTERNEHMEN.com/impressum") im Administrationsbereich Ihrer Facebook-Seite unter „Seite bearbeiten" > „Öffentliche Informationen aktualisieren" in das Feld „kurze Beschreibung:" eintragen. Achtung: Ist der sonstige Text, den Sie in diesem Feld eintragen, zu lang, kann Ihr Impressums-Link aus der Darstellung auf der Startseite „herausrutschen". Daher sollten Sie die Sichtbarkeit nach der Eintragung überprüfen und den Link erforderlichenfalls weiter oben eintragen, bis er vollständig sichtbar ist.
- Das rechtlich sichere Impressum für die Darstellung Ihrer Unternehmensseite in der **mobilen Darstellung**
  Tragen Sie im Administrationsbereich Ihrer Facebook-Seite unter „Seite bearbeiten" > „Öffentliche Informationen aktualisieren" in das Feld „Beschreibung:" ganz oben und als erste Worte den Text „Impressum: www.IHR-UNTERNEHMEN.com/impressum" ein. Achtung, damit die mobile Darstellung funktioniert, müssen Sie zusätzlich die Darstellung der Kartenanzeige Ihrer Adresse deaktiviert haben. Wenn Sie alles richtig gemacht haben, müsste nun dieser Link auf mobilen Darstellungen Ihrer Unternehmensseite ganz oben unter der „Gefällt mir" und „Teilen"-Funktion sicht- und klickbar sein.
  Für das insgesamt rechtssichere Facebook-Impressum müssen sowohl die Desktop- als auch die mobile Darstellung den oben beschriebenen Vorgaben entsprechen!
- Twitter-Impressum
  Bei Twitter verlinken Sie am besten in dem Feld „Bio" auf das Impressum Ihrer Webseite.

- Google+-Impressum
  Bei Google+-Unternehmensseiten sollten Sie im Bereich „Info" unter „Links" einen Impressumslink zu Ihrem Webseiten-Impressum angeben und den Link mit der Bezeichnung *„Impressum dieser Google+ Seite"* versehen. Alternativ könnten Sie auch im Feld „Webseite" anstatt der Homepage der eigenen Webseite direkt deren Impressums-Seite verlinken und dabei die Bezeichnung „Impressum" in den Link aufnehmen, also z. B. „Webseite: www.IHR-UNTERNEHMEN.com/impressum".

Dos:

- Überprüfen Sie stets, bevor Sie mit einer neuen Unternehmensseite in sozialen Netzwerken live gehen, ob das Impressum deutlich sichtbar, als „Impressum" bezeichnet und mit höchstens zwei Klicks erreichbar ist.
- Stimmen Sie sich mit Ihren Kollegen ab und legen Sie das rechtlich geprüfte und inhaltlich vollständige Impressum des Unternehmens an einem Ort ab, auf den alle Mitarbeiter gleichermaßen bei der Einrichtung des Impressums auf externen Social Media-Seiten zugreifen, um Versionskonflikte zu vermeiden.

11.2.3 Brand Permissions

Facebook gibt für die Nutzung der Facebook-Marke, Buttons, der Schreibweise des Namens „Facebook" etc. ganz bestimmte Bedingungen vor, die Sie beachten sollten (vgl. https://www.facebookbrand.com). Hier die wichtigsten
Dos:

- Nutzen Sie ausschließlich die von Facebook selbst bereit gestellten „f"-Logos, Buttons, Ressourcen etc.
- Wenn Sie dabei verlinken, dann immer direkt auf Ihre Facebook-Präsenz.

Don'ts:

- Nutzen Sie nicht das ausgeschriebene „Facebook" – Logo.
- Vermitteln Sie nie den Eindruck einer Partnerschaft oder Kooperation mit Facebook.
- Verändern Sie nie die von Facebook bereitgestellten Ressourcen (Logos, Buttons etc.), indem Sie etwa Farbe oder Design anpassen.

11.2.4 Datenschutz und Social-Plugins

Die Nutzung von Facebook-Social-Plugins (z. B. „Like-Buttons") auf Internetseiten ist nach deutschem Datenschutzrecht und nach der derzeitigen technischen Ausgestaltung der Plugins wohl unzulässig. Das Risiko, aus diesem Grund rechtlich belangt zu werden, steigt in letzter Zeit vor allem deshalb, weil ein Verstoß gegen die datenschutzrechtliche Vorschrift des § 13 TMG (Telemediengesetz) von den Gerichten nun nicht mehr nur als datenschutzrechtlich, sondern auch als wettbewerbsrechtlich relevante Vorschrift angesehen wird (was bisher nicht der Fall war). Das bedeutet, es ist theoretisch denkbar, dass ein Wettbewerber ein konkurrierendes Unternehmen unter Berufung auf diese Rechtsprechung abmahnt, weil es einen Like-Button nutzt. Das Risiko kann minimiert werden, wenn man hinreichend in der Datenschutzerklärung auf die Nutzung der Social-Plugins hinweist. Aufgrund der Wichtigkeit der Plugins für das Social Media Marketing nehmen viele Unternehmen das Restrisiko bewusst in Kauf. Dennoch sollten Sie ein Gespür dafür haben, dass Facebook Social-Plugins rechtlich äußerst problematisch sind, weil sie zum Beispiel dazu führen, dass IP-Adressen von Besuchern Ihrer Webseite bei Facebook gespeichert werden (selbst wenn der Besucher der Webseite nicht einmal Facebook-Mitglied ist!).

Dos:

- Wenn Sie Facebook-Social-Plugins auf Ihrer Webseite nutzen, stellen Sie sicher, dass Ihre Datenschutzerklärung einen entsprechenden und vollständigen Hinweis dazu enthält.
- Beobachten Sie die Rechtslage und reagieren Sie gegebenenfalls, wenn die für Ihr Unternehmen ungünstige Rechtsprechung dazu führt, dass Sie z. B. jederzeit mit hohen Kosten abgemahnt werden können.
- Gehen Sie mit der Einbindung von Social-Plugins im Zweifel sparsam um.

11.2.5   Gewinnspiele

Für jedes durchgeführte Gewinnspiel auf Facebook sind sowohl spezielle Vorgaben des deutschen Rechts, als auch besondere Vorgaben von Facebook zu beachten. In den Einzelheiten können die Anforderungen je nach Art des Gewinnspiels variieren.

Dos:

- Lassen Sie sich für jedes Gewinnspiel rechtlich sichere und verständliche Teilnahmebedingungen mit klarer Angabe der Gewinne verfassen. Gewinnspielbedingungen sind Rechtstexte, die ein Jurist verfassen oder zumindest überprüfen sollte!
- Stellen Sie durch entsprechende datenschutzrechtliche Einwilligungen der Teilnehmer sicher, dass Nutzerdaten rechtmäßig erhoben sind und verwendet werden.

Don'ts:

- Gewinnspiele gegen Entgelt dürfen nie ohne staatliche Genehmigung angeboten werden!
- Koppeln Sie die Teilnahme an Gewinnspielen nie an den Kauf von Produkten!
- Bieten Sie nie Gewinne an, die Sie nicht tatsächlich vergeben wollen.

11.3   Storify

Auf der Plattform Storify wird User Generated Content kuratiert. Dabei entsteht durch die Kuratierung selbst weiterer User Generated Content. Jede Auswahl eines Inhalts bedeutet ein „Zu-Eigen-Machen" dieses Inhalts (vgl. Abschn. 11.4), so dass Sie für alle ausgewählten Inhalte haftbar gemacht werden können. Es ist bisher nicht bekannt geworden, dass Rechteinhaber wegen Verwendung Ihrer Inhalte auf Storify gegen die Nutzer rechtlich vorgegangen sind, Sie sollten die Entwicklung aber unbedingt im Auge behalten und gegebenenfalls Ihre Storify-Aktivitäten kurzfristig umgestalten/anpassen können.

11.4   Pinterest

Für die Plattform Pinterest gilt das oben zu Storify Gesagte entsprechend, jedes „Pin(n)en" eines Fotos bedeutet, dass Sie für Rechtsverletzungen im Zusammenhang mit dem „gepin(n)ten" Foto haften.

Dos:

- Beobachten Sie rechtliche Entwicklungen im Zusammenhang mit neuen Social Media Plattformen wie Pinterest und Storify. Nutzen Sie diese zunächst eher zurückhaltend und bauen Sie nicht Ihre gesamte Marketingstrategie schwerpunktmäßig auf solche neuen Plattformen auf.

Social Media-Richtlinien – rechtliche Leitplanken im Unternehmen

12

Horst Speichert

Eine Milliarde Facebook-Nutzer weltweit – davon rund 20 Millionen in Deutschland – sprechen eine deutliche Sprache. Geschickte Social Media-Strategien können das Image der Unternehmen verbessern und neue Marketing- und Vertriebswege erschließen. Doch die Schattenseiten der Entwicklung in Form von Sicherheitsrisiken bleiben nicht aus. Die Verantwortlichen sollten deshalb frühzeitig die rechtlichen Leitplanken für den sicheren Umgang mit Social Media in den Unternehmen gestalten.

12.1 Sicherheitsrisiken für Unternehmen

Neben den großen Werbepotentialen, die Social Media-Plattformen versprechen, drohen in den Unternehmen auch Sicherheitslücken, Imageschäden und Informationsabfluss.

Eine große Gefahr für die Unternehmen sind Angriffe durch Schadsoftware aus sozialen Netzen. Diese Attacken treten meist bei scheinbar harmlosem Nutzungsverhalten auf. Hier können Sicherheitsdienste die Unternehmen vor Schadsoftware schützen. Fordert beispielsweise ein Nutzer über seinen Browser eine unbekannte URL an, kann diese in den meisten Fällen in Echtzeit kategorisiert und entsprechend blockiert oder zugelassen werden. Verbirgt sich hinter der URL z. B. ein Download mit Exe-Datei, kann festgestellt werden, ob die Seite riskant ist und gesperrt werden muss.

Horst Speichert ✉
Dettenhausen, Deutschland
e-mail: horst@speichert.de

C. Rogge und R. Karabasz (Hrsg.), *Social Media im Unternehmen – Ruhm oder Ruin*,
DOI 10.1007/978-3-658-03087-2_12, © Springer Fachmedien Wiesbaden 2014

12.1.1 Produktivitätsverluste durch verschwendete Arbeitszeit

Social Media-Plattformen zeichnen sich durch zeitintensive bis hin zu suchtähnlichen Nutzungsformen aus. Die Verantwortlichen sollten sich daher zunächst überlegen, ob das Unternehmen die Sozialen Netze auch für die Privatnutzung durch die Mitarbeiter freigibt. Hierfür können als Entscheidungshilfe statistische Auswertungen des Nutzerverhaltens herangezogen werden. Dort zeigt sich zumeist relativ schnell, ob eine Privatnutzung im Unternehmen vertretbar ist oder zu hohen Produktivitätsverlusten führen würde.

Einfach die komplette URL eines sozialen Netzwerks zu blockieren, ist aber nicht unbedingt die Lösung. Um den Mitarbeitern nur den Zugriff auf die produktiven Teile von Social Media zu gewähren, sollten stattdessen intelligente Sicherheitsfilter eingesetzt werden. Die entsprechenden Dienste können z. B. innerhalb von Facebook zwischen der Veröffentlichung einer Nachricht, dem Hochladen eines Bildes oder Videos, einem Chat, dem Versand einer E-Mail oder Online-Spielen unterscheiden. Das ermöglicht es dem Online-Marketing, die unternehmenseigene Fanseite auf Facebook zu pflegen, während die restlichen Mitarbeiter trotzdem keine Unternehmensdaten auf Facebook hochladen können. Eine solche „Parallelstrategie" verbindet die werbliche Nutzung von Social Media mit den notwendigen Sicherheitsmaßnahmen. Eine entsprechende Sicherheitspolicy für Social Media zur Durchsetzung dieser Regeln wird entweder durch ein zentrales Web-Gateway im Unternehmen oder einen Sicherheitsdienst in der Cloud umgesetzt.

12.1.2 Haftung für „User Generated Content"

Soziale Netze sind Medien mit nutzergeneriertem Inhalt (User Generated Content). Die Nutzer (z. B. Kunden, Mitarbeiter) erzeugen und publizieren im Web 2.0 Inhalte wie z. B. Texte, Kommentare, Fotos und Videos selbst. Das bietet den Unternehmen die Chance, mit ihren eigenen Zielgruppen direkt zu kommunizieren. Auf der anderen Seite sind Fremdinhalte schwerer zu kontrollieren, woraus die Gefahr von Rechtsverletzungen entsteht.

Betreibt ein Unternehmen z. B. einen Kunden- oder Coporate-Blog, werden dort u. U. Texte und Bilder veröffentlicht, die Urheberrechte Dritter verletzen. Es stellt sich für die Unternehmen daher die Frage, wie die Haftung für Fremdinhalte vermieden werden kann. In der Grundsatzentscheidung „chefkoch.de" hat der BGH hierzu rechtliche Leitlinien erlassen. Demnach können die Unternehmen das Zueigenmachen von nutzergenerierten Inhalten und damit die Haftung für diese Inhalte vermeiden.

Maßnahmen zur Haftungsvermeidung:

- nach außen nicht als Moderator oder Kontrollinstanz der Fremdinhalte auftreten,
- keine umfassenden Nutzungsrechte an den Fremdinhalten erwerben (keine wirtschaftliche Zuordnung),
- Fremdinhalte nicht durch firmeneigene Logos oder Embleme kennzeichnen,
- keine nach außen sichtbare Übernahme der inhaltlichen Verantwortung, z. B. in AGB,

- keine redaktionelle Einbettung der Fremdinhalte in unternehmenseigenen Inhalte,
- Passus in den AGB: „Verpflichtung der Nutzer, Rechte Dritter nicht zu verletzen",
- alle Fremdinhalte im Hintergrund zeitnah und sorgfältig überprüfen,
- eine Erklärung des Nutzers zur Rechtsinhaberschaft oder bei Porträtaufnahmen eine Einwilligung des Abgebildeten verlangen,
- einen Disclaimer zur Distanzierung von den Fremdinhalten verwenden.

Die Maxime im Umgang mit User Generated Content sollte daher sein, die Inhalte nur im Hintergrund zu prüfen und nicht öffentlich daran teilzunehmen. In der Folge greift die Haftungsprivilegierung für Fremdinhalte nach § 10 TMG zugunsten des Unternehmens, weil die Fremdinhalte nicht zu eigenen Inhalten gemacht wurden.

12.1.3   Vorsorge gegen Imageschäden

Soziale Netze sind ein effizienter Multiplikator zur Erweiterung des Unternehmensnetzwerks, Steigerung der Bekanntheit und Verbesserung der Außendarstellung. Genauso schnell wie Werbung verbreiten sich allerdings auch Hiobsbotschaften (sog. „Shitstorm"). Man denke nur an das berühmte DHL-Video auf YouTube, bei dem DHL-Mitarbeiter mit den Paketen Basketball spielen. Es kommt nicht selten vor, dass Mitarbeiter ohne Kenntnis der IT-Verantwortlichen eine gewerbliche Fanseite für das Unternehmen auf Facebook eröffnen. Unternehmen sollten versuchen, drohende Imageschäden schon präventiv zu vermeiden, indem sie die Mitarbeiter durch klare Verhaltensrichtlinien über den richtigen Umgang mit Sozialen Netzen aufklären. Hierzu ist den Unternehmen die Gestaltung von Social Media-Richtlinien anzuraten.

12.1.4   Informationsabfluss verhindern

Im Zentrum von Social Media steht der unmittelbare Dialog und Austausch über Blogs (Spreeblick, YouTube), Mikroblogs (Twitter), Wikis (Wikipedia) oder Soziale Netzwerke (Facebook, Xing). Dies gilt vor allem auch für die eigenen Mitarbeiter, die sich z. B. bei einer engagierten Diskussion in einer Xing-Gruppe zu weit aus dem Fenster lehnen könnten. Machen die Unternehmen die „Probe aufs Exempel" und prüfen die Beiträge z. B. ihrer eigenen IT-Verantwortlichen bei Xing, so stellen sie häufig fest, dass dort im Eifer des Gefechts durchaus auch zur Konfiguration der Firewall gepostet wird. Unternehmen sollten die Veröffentlichung solch sensibler Informationen verhindern, indem sie rechtzeitig steuernd auf ihre Mitarbeiter einwirken. Richtlinien für Social Media schaffen Bewusstsein und Transparenz, um den Abfluss vertraulicher Informationen und damit Sicherheitsrisiken zu vermeiden.

12.1.5 Öffentlich Kritik am Arbeitgeber im Netz

Surft man über die üblichen Plattformen und Bloggerseiten z. B. von Xing oder LinkedIn, findet man immer mehr Beschäftigte, die sich dort in den einschlägigen Fachgruppen
engagieren. Dabei werden zunehmend häufig auch Missstände im eigenen Unternehmen
angeprangert. Wie weit dürfen Mitarbeiter bei öffentlicher Kritik am Arbeitgeber gehen
ohne ihre Loyalitäts- und Verschwiegenheitspflichten zu verletzen?

Zum Problem der arbeitsrechtlichen Zulässigkeit öffentlicher Kritik am eigenen Arbeitgeber sind schon eine Vielzahl von Urteilen ergangen, die sich vor allem mit der Abgrenzung zur Meinungsfreiheit befassen. Dabei ist die Grenzziehung zu kritischen, aber
noch von der Meinungsfreiheit gedeckten und damit zulässigen Aussagen der Mitarbeiter
schwierig und oftmals fließend.

Vor einiger Zeit hat auch der EuGH in einer Entscheidung vom 21.07.11 (Az. 28274/08)
zu dieser Problematik Stellung genommen. Danach ist die fristlose Kündigung einer Ar-
beitnehmerin wegen der Veröffentlichung von Missständen in einem Pflegeheim des Arbeitgebers bei der Betreuung alter Menschen rechtswidrig. Der EuGH bewertet den Stellenwert der Meinungsfreiheit sehr hoch und nimmt damit auch Einfluss auf die maßgebliche
deutsche Rechtsprechung. Kritische Äußerungen können die Unternehmen, solange sie der
Wahrheit entsprechen, weder verhindern noch sanktionieren (Abmahnung, Kündigung).

rechtlich unzulässig sind aber:

- vorsätzlich geschäfts- oder rufschädigende Äußerungen, z. B. Schmähkritik ohne inhaltliches Anliegen, die nur schädigen will,
- Drohungen und Beleidigungen,
- falsche Tatsachenbehauptungen,
- Äußerungen, die den Betriebsfrieden ernstlich gefährden oder die Zusammenarbeit mit
  Arbeitgeber und Kollegen beeinträchtigen,
- der Verrat von Geschäfts- und Betriebsgeheimnissen, z. B. Details aus dem IT-Sicher-
  heitsumfeld.

Allerdings kann der Arbeitgeber die Teilnahme an Diskussionsgruppen (z. B. bei Xing)
während der Arbeitszeit unterbinden, da hier eine Arbeitspflicht für den Beschäftigten besteht. Auch darf der Arbeitgeber Aufklärungsarbeit leisten und auf die negativen Folgen
von externer Kritik für das eigene Unternehmen oder das Betriebsklima hinweisen; z. B.
im Hinblick auf die sehr beliebt gewordenen Personenbewertungen von Vorgesetzten oder
Kollegen durch Beschäftigte auf den einschlägigen Portalen im Netz.

12.2 Mitarbeiterrecherchen in Sozialen Netzen – zulässige Kontrollmaßnahmen

Im Zeitalter von Facebook & Co. sind umfangreiche persönliche Informationen über die
Beschäftigten im Netz verfügbar. Immer häufiger tragen die Unternehmen an die IT-

oder Personalverantwortlichen den Wunsch nach gezielten Recherchen im Social Media-Umfeld heran. Hier stellt sich die Frage, welche Datenschutzbestimmungen bei solchen Kontrollmaßnahmen einzuhalten sind.

12.2.1 „Zum Arzt, Koffer packen und weg"

Mit diesem verheißungsvollen Facebook-Eintrag machte eine 18-Jährige Auszubildende trotz Krankschreibung ihre Urlaubspläne der Facebook-Gemeinde im Internet bekannt. Pech nur, dass ihr Arbeitgeber misstrauisch war und den Eintrag mitlas. Der Chef der Auszubildenden kündigte daraufhin das Ausbildungsverhältnis.

Rein arbeitsrechtlich liegt hier an sich ein fristloser Kündigungsgrund vor, weil die fälschliche Krankschreibung das Vertrauensverhältnis zum Arbeitgeber dauerhaft beschädigt. Trotzdem einigte man sich im beschriebenen Fall vergleichsweise vor Gericht. Ein Grund hierfür mag die unklare Verwertbarkeit der Rechercheergebnisse im Internet gewesen sein.

12.2.2 Folgen rechtswidriger Recherchen

Sofern Unternehmen bei Kontrollmaßnahmen im Social Media-Umfeld gravierend gegen Datenschutzbestimmungen verstoßen, können die Rechercheergebnisse einem Beweisverwertungsverbot vor Gericht unterliegen. In der Folge kann der Arbeitgeber eine ausgesprochene Kündigung vor Gericht nicht durchsetzen, sondern unterliegt in einem möglichen Kündigungsschutzprozess.

Darüber hinaus drohen bei unzulässiger Kontrolle und Verstoß gegen Datenschutzgesetze auch Bußgelder und Schadensersatzforderungen der betroffenen Mitarbeiter.

12.2.3 Beachtung der Datenschutzbestimmungen

Umso wichtiger ist es für die Unternehmen, die rechtlichen Leitplanken, insbesondere die geltenden Datenschutzvorgaben, bei den Recherchen in Sozialen Netzen zu beachten. Die Informationen im Social Web sind nur verwendbar, wenn die Daten gemäß § 28 Abs. 1 Nr. 3 BDSG allgemein zugänglich sind und das schutzwürdige Interesse des Betroffenen am Ausschluss der Verwendung nicht offensichtlich überwiegt.

12.2.4 Kein Eindringen in interne Verteiler

Für den Arbeitgeber stellt sich demnach zunächst die Frage, ob die Daten im Social Web allgemein zugänglich im Sinne des BDSG sind. Dies scheidet jedenfalls für spezielle, geschlossene Nutzerbereiche aus. Postet der Mitarbeiter z. B. bei Facebook Nachrichten ausschließlich für eine noch überschaubare Zahl von Freunden in einer geschlossenen Gruppe, sind die Informationen für seinen Arbeitgeber in der Regel nicht verwendbar.

Der Arbeitgeber kann die Verantwortlichen im Unternehmen also regelmäßig nicht auffordern, sich als Freund auszugeben und in den internen Verteiler (z. B. der Freundesgruppe bei Facebook) einzudringen, um einen Mitarbeiter dort auszuspionieren. Dies ist allenfalls in besonders gravierenden Ausnahmefällen – etwa bei Verdacht auf schwerwiegende Straftaten – denkbar.

12.2.5   Allgemein zugängliche Daten

Anders sieht es aus, wenn die Mitarbeiter die Informationen z. B. auf einer frei zugänglichen Pinnwand bei Facebook ins Netz stellen. Obwohl nur Mitglieder des sozialen Netzwerkes Zugriff haben, können solche Daten als öffentlich zugänglich eingestuft werden. Dies gilt jedenfalls dann, wenn eine Mitgliedschaft für breite Bevölkerungsteile ohne weiteres möglich ist. Im Social Media-Umfeld bestehen üblicherweise nur geringe Zugangsbarrieren für einen Mitgliedsstatus, so dass von einer allgemeinen Zugänglichkeit ausgegangen werden kann.

12.2.6   Verhältnismäßigkeit bei der Auswertung

Trotz allgemeiner Zugänglichkeit scheidet eine Verwendung für den Arbeitgeber aber aus, wenn schutzwürdige Interessen des Beschäftigten überwiegen. Die Unternehmen müssen eine Abwägung aller beteiligten Interessen vornehmen und entscheiden, ob der Persönlichkeitsschutz des Mitarbeiters vorrangig ist.

Stehen etwa Details aus der Privat- oder Intimsphäre einem Bagatellverstoß gegenüber, wird eine Verwertung unzulässig sein. Besonders schwer wiegt auch, wenn die Informationen von einem zufälligen Zeugen aus einem internen Verteiler (z. B. Freundesgruppe bei Facebook) stammen, obwohl sie dort nicht zielgerichtet erhoben wurden. Unzulässig ist jedenfalls auch das Anlegen von Persönlichkeitsprofilen durch fortlaufende Datensammlung im Social Web.

12.2.7   Das Beschäftigtendatenschutzgesetz

Der Entwurf zu einem Beschäftigtendatenschutzgesetz versucht in § 32 Abs. 6 BDSG-E die Interessensabwägung durch eine generelle Kategorisierung vorzunehmen.

Regelung im Beschäftigtendatenschutzgesetz:

„Bei Daten aus sozialen Netzwerken, die der elektronischen Kommunikation dienen, überwiegt das schutzwürdige Interesse des Beschäftigten; dies gilt nicht für soziale Netzwerke, die zur Darstellung der beruflichen Qualifikation ihrer Mitglieder bestimmt sind."

Demnach wären für die Arbeitgeber alle Daten aus den großen Netzwerken wie Facebook (private Profilseite), Twitter, YouTube etc. tabu, solange sie der rein privaten Kommunikation dienen. Allgemein zugänglich und damit verwertbar sind dagegen Daten aus den beruflichen, gewerblichen Bereichen wie z. B. Xing, LinkedIn oder auch die Fanseiten bei Facebook.

Der Entwurf zum Beschäftigtendatenschutzgesetz steckt allerdings seit längerer Zeit im Gesetzgebungsverfahren fest und ist bislang nicht in Kraft getreten. Sobald sich hier Neuerungen ergeben, sollten sich die Unternehmen darüber informieren.

12.3　Gestaltung der Social Media-Richtlinien

Social Media ist ein neues Phänomen, das auch neue Sicherheitsanforderungen an die Unternehmen stellt. Nach der Rechtsprechung ist im gewerblichen Bereich eine umfassende Sicherung der IT-Systeme erforderlich. Umgesetzt werden die Sorgfaltspflichten durch ein Bündel bestehend aus technischen Maßnahmen, Nutzungsrichtlinien und rechtlicher Gestaltung. Ansonsten können IT-spezifische Risiken auch zur eigenen Mitverantwortlichkeit der IT-Mitarbeiter führen.

Im Zentrum steht die Gestaltung von Social Media-Richtlinien, insbesondere als Verhaltensrichtlinien für die Mitarbeiter. Welche Inhalte die Social Media-Richtlinien haben sollten, hängt von der Strategie und den Zielen ab, welche das Unternehmen mit der Nutzung Sozialer Netze verfolgt. In der folgenden Checkliste ist eine Zusammenfassung der wichtigsten in Frage kommenden Gestaltungspunkte enthalten.

Checkliste

- **Einführung**:
    - **Charakteristika** für Social Media: „**user generated content**", soziale Interaktion
    - Bedeutung, Funktionen von Social Media-Richtlinien
    - **Trennung verschwimmt** zwischen beruflich – privat; Anbieter-Nutzer
- **Social Media Monitoring**
    - systematische Beobachtung und Analyse: Imageanalyse, Wettbewerbsbeoachtung, Zielgruppen: wer und wo
    - notwendig, auch wenn man nicht selbst vertreten ist ·
    - **aktive Teilnahme**: Überwachung, zeitnahe Beantwortung, Wirkungsanalyse
    - Einsatz von **EDV-Tools** → Datenschutzvorgaben
    - welche Maßnahmen und Tools werden konkret eingesetzt

- **Social Media-Richtlinie** als Teil einer umfassenden Web-Strategie
  - übergeordnete Policy mit grundlegenden Verhaltensrichtlinien (z. B. Codes of Conduct, Ethik- oder Verhaltensrichtlinien)
  - Social-Media-R **schützen** sowohl das Unternehmen als auch die Mitarbeiter
- nicht lediglich neuer Marketingkanal, sondern muss **intern gelebt** werden, um glaubwürdig zu sein
- Social-Media-Strategie muss von der **Unternehmensleitung** getragen werden
- Mitarbeiter als **Botschafter des Unternehmens** und seiner Produkte
  - kein Auftreten **im Namen** des Unternehmens (auch kein Anschein)
  - keine Veröffentlichung **dienstlicher Informationen,** Insiderinformationen (z. B. Wertpapierempfehlungen, Firmengeheimnisse, **urheberrechtlich** geschütztes Material)
  - Hinweis auf **Eigenverantwortung** der Mitarbeiter für Äußerungen
  - lange Verweildauer der Inhalte im Internet, das Internet **vergisst nichts,** sorgfältiges Abwägung vor Veröffentlichung
  - an das eigene Profil adressierte **Kundenanfragen** → Weiterleitung
  - kein Diskreditieren von **Mitbewerbern**
  - keine Vorgesetzten- und Arbeitgeberbewertungen, keine **Bewertungen** von Mitarbeitern
  - respektvoller Umgang, **Netiquette**
- **private Äußerungen**
  - Vorsicht bei **„heiklen" persönlichen** Informationen
  - in der **Außenkommunikation** häufig in der Rolle als Mitarbeiter seines Unternehmens wahrgenommen, auch bei privaten Äußerungen, wird als offizielle Unternehmensposition missverstanden
  - private Äußerungen: „ich" statt „wir"
  - **Sicherheitseinstellungen** (Privatsphäre) wählen
  - Angabe des **Arbeitgebers** nur in berufsbezogenen Netzwerken (Xing, LinkedIn)
- **arbeits-** und **strafrechtliche Konsequenzen** bei Geschäftsschädigung, Beleidigung, falsche Tatsachenbehauptungen etc.
- Freisetzung der **Kreativität** der Mitarbeiter versus Verbotsdschungel
- Problem: auch **Negativmeldungen** verbreiten sich wie ein Lauffeuer („Shitstorm", Empörungssturm), Beispiel: DHL-Videoclip Paketdienst, Kundenaktion Pril
- Mitarbeiter, die „verschlimmbessern"
- Einhaltung **gesetzlicher Vorgaben**, z. B. Datenschutz, Wettbewerbs-, Urheber- und Markenrecht
- Benennung einer **Anlaufstelle**

Aktive Teilnahme an Social Media

- welche **Ziele** sollen mit Social Media erreicht werden?
  - z. B. Teil des Tagesgeschäfts oder **Pilotprojekt**, Versuchsphase
  - Definition von **Erfolgskriterien**
- über welche **Plattformen** und Netze?
  - Flut an Sozialen Netzwerken, Fragmentierung der Kommunikation mit den Zielgruppen
  - genaue Analyse, in welchen Kanälen lohnt sich das kommunikative Investment
  - **Kostenfaktor**: hoher zeitlicher und personeller Aufwand
- welche **Inhalte** sollen kommuniziert werden? stets **Mehrwert** für den Kunden schaffen
- welche **Zielgruppen** sollen adressiert werden?
- **zentrale** Organisation der Aktivitäten, **bereichsspezifische** Aktivitäten einzelner Abteilungen sind **untersagt**
- Einordnung in die entsprechende **Unternehmensstrategie**
- nur **autorisierte** Mitarbeiter, die speziell benannt (am besten konkrete Benennung der Abteilungen und Mitarbeiter)
- Festlegung von Aufgaben und Verantwortlichkeiten vorab
- **erstellte Profile** sind Eigentum des Unternehmens
- **unbeabsichtigte Veröffentlichung** von Interna, im „Eifer des Gefechts", impulsive Diskussionen vermeiden, nur bedachte Äußerungen
- **Beiträge**
  - kein **kopiertes Fremdmaterial,** keine **Gesetzesverstöße**
  - **Nachvollziehbarkeit** wer für Beitrag verantwortlich, Verwendung **Klarname**
  - **aussagekräftige** Inhalte, stets **Mehrwert** für den Kunden schaffen
  - nur fachlich fundiert, **Wahrheitspflicht,** nicht irreführend
  - keine **rechtlichen** Themen, Rechtsstreitigkeiten ohne Genehmigung
  - abweichende Meinungen respektieren, Löschen von Fremdbeiträgen nur als letztes Mittel
  - **Fehler** offen einräumen und korrigieren
- **Moderation**
  - alle Fremdinhalte im Hintergrund überprüfen
  - auch **kritische oder negative** Kommentare werden akzeptiert
  - rechtswidrige, beleidigende oder respektlose Inhalte werden **gesperrt**
- **Medienkompetenz** schaffen
  - Workshops und Schulungen
  - **Sensibilisierung** der Mitarbeiter
  - **Coaching** bzgl. des Umgangs mit kritischen Posts
- **Rechtsfragen**
  - **Social Media Plugins** (Like Button) → rechtswidrig
  - **Impressumspflicht**

- Kommunikation im Auftrag des Unternehmens
  - kontinuierlich und zeitintensiv
  - Aufbau von Beziehungen bedarf der regelmäßigen Pflege
- genaue Ausgestaltung hängt vom spezifischen Unternehmen ab, sollte abgestimmt werden auf **Unternehmenswerte**, -kultur, -image, Marken, Produktportfolio

Analyse der Social Media-Aktivitäten

Eva Krause und Cordula Golkowsky

Unverzichtbar für den Erfolg im Social Web
Social Media als Mittel zum Zweck

13.1 Ausgangssituation und Herausforderungen

National und international haben Unternehmen erkannt, dass sie den Einfluss und die Wirkung der sozialen Medien für sich werbewirksam und repräsentativ instrumentalisieren können. Häufig jedoch nutzen sie soziale Medien noch in einer Art *Trial-and-Error-Verfahren* (vgl. [4, S. 8 ff.]). Social Media-Aktivitäten werden nebenbei „mitgemacht" und oftmals mangelt es an einem Budget und Personalressourcen. Gleichzeitig setzen viele Firmen Social Media ein wie traditionelle Medien: um Informationen über das eigene Unternehmen oder Produkte und Dienstleistungen zu verbreiten. Die kollaborativen Potenziale werden dabei längst nicht ausgenutzt, beispielsweise in Hinblick auf eine verbesserte interne Zusammenarbeit oder zur Entwicklung von Innovationen. Zudem sind die Social Media-Maßnahmen häufig nicht mit den Unternehmenszielen verknüpft und es mangelt an einer klaren Strategie. Ohne Strategie und Zieldefinition ist eine Messung der Zielerreichung allerdings unmöglich. Darüber hinaus stehen einer aussagekräftigen Erfolgsmessung in der Praxis noch weitere Hindernisse im Weg. Welche Hürden sind das ganz konkret? Und welche Ansätze ermöglichen eine effiziente und kontinuierliche Erfolgskontrolle? Dieser Artikel zeigt mögliche Vorgehensweisen und praktische Beispiele auf.

Eva Krause ✉
PriceWaterhouseCoopers AG, Hamburg, Deutschland
e-mail: eva.krause@de.pwc.com

Cordula Golkowsky
PriceWaterhouseCoopers AG, Frankfurt, Deutschland
e-mail: cordula.golkowsky@de.pwc.com

C. Rogge und R. Karabasz (Hrsg.), *Social Media im Unternehmen – Ruhm oder Ruin*,
DOI 10.1007/978-3-658-03087-2_13, © Springer Fachmedien Wiesbaden 2014

13.1.1 Hürden und Stolpersteine bei der Erfolgsmessung

Eine Erfolgsmessung basiert auf Schlüsselindikatoren, die in der Regel zuvor definierte Leistungen erfassen. Diese Schlüsselindikatoren heißen auch Key Performance Indicators (KPI). Die Definition von *Social KPIs* stellt eine besondere Herausforderung dar (vgl. [7, S. 7]):

- Oftmals fehlt die Grundlage für die Erfolgsmessung, insbesondere die Definition von Zielen, anhand derer der Erfolg gemessen werden kann (vgl. [1, S. 12]).
- Die Informationen in den sozialen Medien unterliegen einer hohen Komplexität. Die Anzahl an sozialen Netzwerken nimmt zu, ebenso die Quantität und unterschiedliche Qualität der darin enthaltenen Informationen. Die Qual der Wahl – also das Filtern der relevanten Informationen für das eigene Unternehmen – gestaltet sich schwierig.
- Es fehlen valide Kennzahlen, die beispielsweise den Vernetzungsgrad oder die Meinungsführerschaft von einzelnen Multiplikatoren berücksichtigen.
- Bis dato existieren kaum Marktstandards und Best Practices zur Erfolgsmessung.

All diese Hürden scheinen in der Praxis schwer zu wiegen. Die meisten Unternehmen haben kein funktionierendes Erfolgsmessungssystem für ihre Social Media-Aktivitäten. Im Rahmen eines 2012 von PwC durchgeführten Social Media Benchmarks, wurde festgestellt, dass sich über 40 Prozent der Social Media nutzenden Unternehmen noch gar nicht oder nur kaum mit Kennzahlen zur Erfolgsmessung auseinandergesetzt haben. Lediglich knapp ein Viertel der Befragten nutzt Kennzahlen zur Erfolgsmessung. Bei diesen Kennzahlen ist darüber hinaus offen, ob es sich ausschließlich um quantitative, plattformspezifische Kennzahlen handelt oder zusätzlich auch um qualitative Kennzahlen, welche die Wirksamkeit von Social Media-Maßnahmen im Hinblick auf die Unternehmensziele messen. Die PwC-Ergebnisse werden durch weitere Marktstudien gestützt – u. a. vom Social Media Delphi 2012 (vgl. [2]). Die Kernaussage hier lautet: „Nur jede fünfte Organisation nutzt bei der Erfolgsmessung der Social Media-Kommunikation umfassende Kennzahlensysteme."

13.1.2 Praxisbeispiel

Abbildung 13.1 zeigt die Schwierigkeiten bei der Messung der Wirksamkeit von Social Media-Maßnahmen:

Abb. 13.1 Schwierigkeiten bei der KPI-Definition

  *1.500.000 Views*

ZERO Donations

Wie viele Klicks, Views, Likes oder Follower sprechen für einen Erfolg oder Misserfolg von Social Media-Maßnahmen? Die US-Wohltätigkeitsorganisation dosomething.org startete in Form eines YouTube-Videos einen Spendenaufruf im Jahr 2011. Das Video erhielt 1.500.000 Views. Eine beeindruckende Zahl. Erhaltene Spenden? Keine einzige! (vgl. [3])

Was Unternehmen daraus lernen können: Die Kennzahlen zur Erfolgsmessung von Social Media müssen auf die jeweiligen Maßnahmen und Ziele abgestimmt sein. Die Schwierigkeit besteht nicht in der Analyse der vorhandenen Kennzahlen, sondern im Schritt davor: Dem Identifizieren der relevanten Kennzahlen. Es muss also gemessen werden, inwiefern die Social Media-Maßnahmen das angestrebte Ziel erfüllt haben. Klicks, Views, Likes und weitere plattformspezifische Kennzahlen sind zwar wichtig zu erheben, zu kennen und zu beobachten, allerdings geben sie keine präzise Auskunft über Erfolg oder Misserfolg von zielgerichteten Social Media-Maßnahmen.

Um die tatsächliche Wirksamkeit von Social Media-Maßnahmen zu messen, ist die direkte Verknüpfung mit Ziel und Zweck der jeweiligen Maßnahmen notwendig.

13.2 Vorgehensmodell

Social Media sind kein Selbstzweck, sondern vielmehr Mittel zum Zweck, um die Unternehmensziele zu unterstützen. Abbildung 13.2 zeigt exemplarisch, in welchen Bereichen Social Media unterstützen kann:

Abb. 13.2 Social Media zur Unterstützung der Unternehmensziele, © Krause/Golkowsky

Kritischer Erfolgsfaktor ist dabei die Verknüpfung von Social Media mit der individuellen Unternehmensstrategie und den Unternehmenszielen. Je professioneller diese Integration erfolgt, desto stärker profitieren Unternehmen von Social Media. Entsprechend ist auch die Erfolgsmessung der Social Media-Aktivitäten auf die jeweiligen Unternehmensziele und den Zweck zum Einsatz von Social Media abzustimmen.

13.2.1 Mit Siebenmeilenstiefeln zur effizienten Erfolgsmessung

Das folgende Vorgehensmodell (s. Abb. 13.3) und entsprechende Beispiele zur Umsetzung zeigen, wie der Beitrag von Social Media für die Unternehmensstrategie identifiziert und gemessen werden kann und wer unbedingt daran beteiligt sein sollte:

1. **Transparenz erlangen über Unternehmensziele:** Derjenige bzw. diejenigen, die für Social Media im Unternehmen verantwortlich sind, sollten sich – mindestens einmal pro Jahr – mit einem Vertreter der Unternehmensstrategie und idealerweise auch weiteren Unternehmensvertretern kurzschließen, um lang-, mittel- und kurzfristige Ziele des Unternehmens abzufragen.

Abb. 13.3 Sieben Schritte zur Erfolgsmessung von Social Media-Maßnahmen, © Krause/Golkowsky

2. **Identifizieren möglicher Social Media-Maßnahmen zur Unterstützung der Unternehmensziele:** Anschließend sollten die Social Media-Verantwortlichen überlegen, welche Social Media-Maßnahmen die Unternehmensziele und -initiativen unterstützen können und dies mit den relevanten Bereichen diskutieren und abstimmen (z. B. Personal, Vertrieb, Marketing, Unternehmenskommunikation, Forschung & Entwicklung).

3. **Festlegen von Qualitätsmerkmalen für identifizierte Social Media-Maßnahmen:** Die identifizierten Social Media-Maßnahmen müssen bestimmten Qualitätskriterien unterliegen, damit sie die Zielerreichung adäquat unterstützen können – beispielsweise in technischer, zeitlicher oder organisatorischer Hinsicht.

4. **Festlegen von geeigneten Kennzahlen:** Um den Beitrag von Social Media mit den Unternehmenszielen zu verknüpfen, muss der Social Media-Verantwortliche mit den jeweiligen Fachbereichen festlegen, anhand welcher Kennzahlen die Zielerreichung gemessen werden soll.

5. **Festlegen von Zielwerten, um Beitrag der Social Media-Maßnahmen zu Unternehmenszielen zu messen:** Darüber hinaus müssen die beteiligten Personen definieren, welchen Wert die in Schritt vier festgelegte Kennzahl mindestens erreichen muss, damit die Ziele erreicht werden können.

6. **Kontrolle der Zielerreichung:** Selbstverständlich muss die Zielerreichung in periodischer Frequenz überprüft werden. Diese Frequenz hängt wiederum von der Maßnahme ab.

7. **Kontinuierlicher Verbesserungsprozess:** Der Social Media-Verantwortliche sollte sich mit den Beteiligten regelmäßig über die tatsächliche Zielerreichung abstimmen. Bei Nicht-Erreichung der Ziele ist auch zu überlegen, ob die Maßnahme weiterhin eingesetzt werden soll (Bsp.: dosomething.org – hier wäre die Maßnahme *Spendenaufruf* per YouTube als nicht erfolgreich zu betrachten, da sie das gewünschte Ziel nicht erreicht hat).

Neben den sieben genannten Schritten gibt es weitere Rahmenbedingungen, die bei der Definition von KPIs zu berücksichtigen sind:

- KPI-Set mit Unternehmensstrategie abgleichen und freigeben. Der Social Media-Verantwortliche sollte mit einem Vertreter der Unternehmensstrategie/-entwicklung prüfen, ob das mit den beteiligten Bereichen abgestimmte KPI-Set formal, organisatorisch und fachlich korrekt ist.
- Bestehendes KPI-Set regelmäßig überprüfen und bei Bedarf strukturell anpassen. Der Social Media-Verantwortliche sollte mit einem Vertreter der Unternehmensstrategie einmal pro Jahr überprüfen, ob das derzeitige KPI-Set den aktuellen Anforderungen des Unternehmens und der Unternehmensstrategie entspricht (siehe Schritt 1 oben). Bei Bedarf ist das KPI-Set entsprechend anzupassen – idealerweise wie ab Schritt 2 in diesem Kapitel beschrieben.

13.2.2 Umsetzungsbeispiele

Anhand der fiktiven alpha AG soll die dargestellte Vorgehensweise illustriert werden.
Kernfakten

- Softwarehersteller/Mobile Kommunikation
- Business to Business (B2B) & Business to Consumer (B2C)
- Jährlicher Umsatz: 1 Mrd. €
- 8000 Mitarbeiter

Unternehmensbereiche

- Strategie (CEO)
- Finance (CFO)
- Human Resources
- Forschung & Entwicklung
- Markets (Vertrieb, Marketing, Kommunikation, Service & Support)

Social Media-Aktivitäten

- Kollaborationssystem zur internen Zusammenarbeit
- Facebook, YouTube, LinkedIn, XING
- Ein gutes und regelmäßiges Monitoring ist vorhanden

Die alpha AG hat ein sogenanntes *Social Media Council* eingerichtet. Ziele dieses Councils sind u. a. die Sicherstellung der Ausrichtung von Social Media-Maßnahmen an der Unternehmensstrategie und vorhandenen Richtlinien und Gesetzen, sowie die Verfolgung einer einheitlichen, konsequenten Zielsetzung und Kommunikationslinie. Die Vernetzung aller beteiligten Bereiche für mögliche Social Media-Maßnahmen sowie die Nutzung von Synergieeffekten und Vermeidung von Redundanzen (effizienter Einsatz von Personal-Ressourcen) sind weitere Ziele.

Folgende Rollen/Experten der alpha AG sind in diesem Council vertreten:

- Social Media-Manager,
- Management-Sponsor,
- Personalabteilung,
- Unternehmensstrategie/Corporate Development,
- Marketing/Unternehmenskommunikation,
- Forschung & Entwicklung,
- IT/Technologie,
- Help Desk/Kundenservice,
- Fachabteilungen,

Tab. 13.1 Beispielhafte Unternehmensziele des fiktiven Unternehmens alpha AG

	Unternehmensbereich	Ziel
1	Vertrieb	€ 2 Mrd. Umsatz in 2020 (u. a. durch Steigerung der Vertragsabschlüsse)
2	Personal	Onboarding-Kosten reduzieren
3	Forschung & Entwicklung	Anzahl innovativer Produktideen um 5 % erhöhen

- Rechtsabteilung,
- Risk & Compliance,
- Datenschutzbeauftragter.

Im Rahmen ihrer Abstimmung haben die Beteiligten des Social Media Councils folgende Unternehmensziele identifiziert, die durch Social Media-Maßnahmen unterstützt werden können. Anhand dieser Beispiele wird eine pragmatische Erfolgsmessung beschrieben.

Messung des Beitrags von Social Media-Maßnahmen für den Vertrieb

- **Vertriebsziel:** *€ 2 Mrd. Umsatz in 2020* durch Erhöhung der Anzahl Vertragsabschlüsse
- **Identifizieren möglicher Social Media-Maßnahmen, um das Vertriebsziel zu unterstützen:** *Social Briefing* – dabei handelt es sich um ein Informationspaket, das den Vertriebsmitarbeitern der alpha AG bei der Akquisition zur Verfügung gestellt wird und sie dabei unterstützt, die Bedürfnisse der einzelnen potentiellen Kunden besser zu identifizieren. Ziel ist es, damit die Abschlussquote von Verträgen und somit schlussendlich auch den Umsatz zu erhöhen. Die Inhalte des Social Briefings sind Informationen aus sozialen Medien über den jeweiligen Kunden und seine möglichen Bedürfnisse.
- **Festlegen von Qualitätsanforderungen für das Social Briefing:** Wie im Vorgehensmodell oben erläutert, müssen die identifizierten Social Media-Maßnahmen bestimmten Qualitätskriterien unterliegen, um die Zielerreichung adäquat zu unterstützen. In den Qualitätsanforderungen für das „Social Briefing" muss folgendes genau festgelegt werden aus welchen Quellen und sozialen Netzwerken die Informationen für das Social Briefing gespeist werden: z. B. YouTube, tumblr, pinterest, Twitter, XING, Facebook, LinkedIn, evtl. Blogs, zu welchen Themen des avisierten Kunden das Briefing Informationen enthalten soll – z. B.: Share of Voice (gibt an, wie oft der eigene Markenname im Vergleich zu den Wettbewerbern in den Social Media Kanälen erwähnt wird), Share of Buzz (Anzahl von Beiträgen zu einem bestimmten Thema), Aktivität in sozialen Medien, Dialogfähigkeit, Kommunikation mit Zielgruppen, wie das Format für ein Social Briefing über einen Kunden aussehen muss (z. B. Template vorgeben) und wann der Vertriebsmitarbeiter das Social Briefing spätestens erhalten muss (z. B. zwei Tage vor dem Kundentermin).

- **Festlegen von geeigneten Kennzahlen:** Erhöhung der Abschlussquote von Verträgen mittels Social Briefing um x Prozent.
- **Festlegen von Zielwerten:** Anteil der Vertragsabschlussquote mit Social Briefing innerhalb von 12 Monaten um 20 % steigern.
- **Kontrolle der Zielwerte/Benchmark:** In diesem Fall bietet sich eine monatliche Frequenz zur Erfolgsmessung an, um eine aussagekräftige Information über die angestrebte Erhöhung der Abschlussquote zu erreichen. Darüber hinaus sollte monatlich ein Vergleich zum Vorjahr erfolgen und – wenn verfügbar – ein Vergleich mit den Wettbewerbern.

Messung des Beitrags von Social- Media-Maßnahmen für den Personalkernprozess „Einstellung neuer Mitarbeiter"

1. **Ziel des Personalbereichs:** Onboarding-Kosten für neue Mitarbeiter zu reduzieren
2. **Identifizieren möglicher Social Media-Maßnahmen, um dieses Ziel zu unterstützen:** Social Media-Plattform (Onboarding Plattform) einsetzen, um neue Mitarbeiter vor ihrem ersten Arbeitstag über das Unternehmen, Kollegen und ihre zukünftigen Aufgaben zu informieren.
3. **Festlegen von Qualitätsanforderungen für die Onboarding Plattform:** Folgende Informationen sollten in der Plattform enthalten sein, um eine einheitliche Qualität für das Onboarding der neuen Mitarbeiter zu gewährleisten:
   Zunächst sollen die zukünftigen und tätigkeitsnahen Sicherheitsanforderungen (z. B. Informationen zu Datenschutz, Verschwiegenheitspflicht, IT-Sicherheit) beschrieben werden. Fachliche Themen (je nach Tätigkeitsbereich des Neueinsteigers – z. B. Briefing zum Tätigkeitsbereich, Artikel, Projekt-/Tätigkeitsbeispiele) sollen ebenfalls adressiert werden. Die Erläuterung der organisatorischen Prozesse (z. B. Vorgehen bei Zeiterfassung, Reisekostenrichtlinie, Informationen zum Ablauf des ersten Arbeitstages) helfen, den Berufseinstieg zu erleichtern. Auch eine Information oder Vorstellung der zukünftigen Kolleginnen und Kollegen sowie die Möglichkeit sich selbst vorzustellen, gestalten das Onboarding leichter.
4. **Festlegen von geeigneten Kennzahlen:** Um den Erfolg des Onboardings messen zu können, sind im Vorfeld Kennzahlen zu definieren, anhand derer eine Vergleichbarkeit hergestellt werden kann. Dabei unterstützen Daten und Informationen wie z. B. Anzahl Kündigungen im ersten Berufsjahr, Nutzung der Onboarding Plattform durch neue Mitarbeiter (Anzahl Log-In, Anzahl Klicks) oder die Auswertung eines Probezeitgesprächs sowie Feedback-Fragebögen bei Kündigungen. Diese werden aufbereitet und durch Abgleich mit Vorjahreswerten oder Benchmarkdaten vergleichbar gemacht.
5. **Festlegen von Zielwerten:** Das Ziel *Reduktion der Onboarding-Kosten* wird selbstverständlich nicht ausschließlich über Social Media-Maßnahmen erreicht. Erst die qualitative Kombination der oben festgelegten Kennzahlen ermöglicht die Definition eines Zielwertes. Dazu kommt, dass die Zusammensetzung der Onboarding-Kosten im Vor-

feld klar festgeschrieben wurde. Darauf aufbauend lässt sich ein Zielwert wie die Reduktion der Onboarding-Kosten im ersten Jahr um 2 % Prozent transparent festlegen

6. **Kontrolle der Zielwerte:** Die Kontrolle der Zielwerte sollte jährlich erfolgen, wobei eine zeitnahe kritische Überprüfung in jedem Kündigungsfall die Möglichkeit bietet, gezielt einzugreifen und ggf. auch mit Unterstützung der Onboarding Plattform, z. B. durch Themenerweiterung, fehlende Arbeitszufriedenheit aufzufangen.

Messung des Beitrags von Social Media-Maßnahmen für Forschung und Entwicklung

1. **Ziel des Bereichs Forschung und Entwicklung:** Anzahl innovativer Produktideen um 5 % erhöhen
2. **Identifizieren möglicher Social Media-Maßnahmen, um dieses Ziel zu unterstützen:** Implementieren einer Innovationsplattform (Kollaborationstool), in die alle Mitarbeiter eigene Ideen eintragen und durch Kollegen und Vorgesetzte bewerten lassen können. Darüber hinaus bietet die Plattform die Möglichkeit, durch Bewertungen und Ideen der übrigen Mitarbeiter, die eigene Idee weiterzuentwickeln. Die am besten bewertete Idee wird schließlich von den ideengebenden Mitarbeitern innerhalb der vereinbarten Arbeitszeit entwickelt.
3. **Festlegen von Qualitätsanforderungen für die Innovationsplattform:**
   - Technische Erreichbarkeit für alle Mitarbeiter sicherstellen (7/24),
   - Ansprechpartner zur Unterstützung für die Mitarbeiter benennen, die Ideen einstellen möchten (z. B. Innovationsmanager),
   - Eingabe von mindestens 10 Ideen pro Woche,
   - Wöchentliches Kommunizieren über die Existenz der Innovationsplattform und deren Möglichkeiten im internen Newsletter, Intranet o. ä.
3. **Festlegen von geeigneten Kennzahlen:** Anzahl *x* neuer marktreifer Produkte innerhalb eines bestimmten Zeitraums mit Unterstützung der Innovationsplattform.
4. **Festlegen von Zielwerten:** Drei innovative Produktideen, die aus der Innovationsplattform entstehen und im Laufe von 18 Monaten zur Marktreife gebracht werden.
5. **Kontrolle der Zielwerte:** Den Ideenzufluss sollte die alpha AG sowohl wöchentlich, als auch monatlich erheben. Der Ideenzufluss mit den entsprechenden Kommentaren und Feedbacks bildet die Basis für die angestrebten neuen Produkte. Darüber hinaus lässt sich in einem monatlichen Review gut messen, wie weit die Entwicklung der am besten bewerteten Ideen fortgeschritten ist. Es können zeitnah Maßnahmen ergriffen werden, wenn das Ziel, drei neue Produkte innerhalb von 18 Monaten auf den Markt zu bringen, zu scheitern droht. Ergänzend könnte ein Vergleich mit dem Vorjahr erfolgen, ebenso könnte ein Benchmark mit Wettbewerbszahlen den Fortschritt spiegeln.

13.3 Fazit

Das hier beschriebene Vorgehensmodell zeigt deutlich auf, wie Social Media zur Unterstützung der Unternehmensziele eingesetzt werden kann. Derzeit nutzen allerdings nur wenige Unternehmen Social Media in dieser Weise. In diversen Gesprächen und Projekten bei Unternehmen unterschiedlicher Branchen und Größe hat sich gezeigt, dass oftmals noch nicht die Rahmenbedingungen für einen unternehmensweiten, integrierten Einsatz von Social Media gegeben sind. Allerdings sind diese unbedingt notwendig, um die Potenziale von Social Media nutzen zu können und diesen Erfolg auch entsprechend messen zu können.

Eine Rahmenbedingung für den unternehmensweiten Einsatz von Social Media bildet beispielsweise eine Unternehmenskultur, die vernetztes, abteilungs- und/oder bereichsübergreifendes Arbeiten fördert. Häufig fehlt solch eine Unternehmenskultur. Darüber hinaus fehlt in vielen Unternehmen die Unterstützung des Top-Managements. Oftmals wird Social Media noch als Freizeitspaß verstanden und weniger als Mittel, um Kosten zu sparen, Doppelarbeiten zu vermeiden und Synergien zu erzeugen. Diejenigen Unternehmen, die Social Media bereits einsetzen und bspw. eine Kollaborationsplattform eingeführt haben, missverstehen diese Möglichkeit oftmals als ein IT-Projekt. Weit gefehlt. Lebt doch eine solche Kollaborationsplattform von den Mitarbeitern, die sie nutzen.

Ein Beispiel, wie ausschlaggebend die Unternehmenskultur für den Erfolg ist: Louis Gerstner, ehemaliger CEO von IBM, führte das Unternehmen Mitte der 90er-Jahre aus einer schweren Krise und trug maßgeblich dazu bei, IBM von einem Rechnerproduzenten zu einem Serviceunternehmen zu transformieren. Eine der größten Herausforderungen war laut Gerstner der Wechsel der Unternehmenskultur von einem „bürokratischen, technikzentrierten Moloch zum kundenorientierten Anbieter von IT-Lösungen" (vgl. [5, S. 1–4]) Diese Kultur-Komponente hatte er vorher vollkommen unterschätzt. (vgl. [6, S. 11 ff.])

Social Media lohnt sich und die Erfolge lassen sich messen – allerdings nur, wenn diese spannende Aufgabe professionell und unternehmensübergreifend gemeistert wird und von der Führungsebene unterstützt wird.

Literatur

[1] BITKOM – Bundesverband Informationswirtschaft, Telekommunikation und neue Medien e.V. (Hrsg.): Social Media in deutschen Unternehmen. Berlin, Deutschland (2012)

[2] BITKOM – Bundesverband Informationswirtschaft, Telekommunikation und neue Medien e.V. (Hrsg.): Leitfaden Social Media, 2. erw. Aufl. Berlin, Deutschland (2012)

[3] Bladt, J., Filbin, B.: Know the Difference Between Your Data and Your Metrics. Harvard Business Review (2013). http://blogs.hbr.org/cs/2013/03/know_the_difference_between_yo.html

[4] Fischer, D., Rumpff, S., Golkowsky, C.: Kurzstudie „Bereit für Social Media?" PwC Social Media Benchmark. (2012)

[5] Herrmann, W.: „I fell in love with IBM". Computerwoche (2002). http://www.computerwoche.de/a/i-fell-in-love-with-ibm,527740

[6] Morris, L.: The innovation master plan: the CEO's guide to innovation (2011). InnovationManagement.com

[7] Zerfaß, A., Fink, S., Linke, A.: Social Media Delphi 2012 – Wissenschaftliche Studie zu den Zukunftstrends der Social-Media-Kommunikation. Gemeinschaftsprojekt der Universität Leipzig & Magazin für Kommunikation pressesprecher & Fink & Fuchs Public Relations AG, Leipzig, Wiesbaden (2012)

Social Media: eine technologische und ökonomische Perspektive

Nikos Askitas

Social Media sind einerseits eine *„digitale Metapher"* für soziale Interaktion und soziales Netzwerken – andererseits das Ergebnis einer technologischen Entwicklung, die die Informationskosten soweit reduzierte, dass die Grenzen zwischen Informationsproduzenten und -konsumenten eliminiert wurden. Jeder einzelne von uns produziert Information – wir leben in einer sogenannten „Ökonomie der Aufmerksamkeit", in der Information im Überfluss existiert, während „Aufmerksamkeit" zu einem knappen Gut geworden ist. Wir müssen nun lernen, unsere eigene begrenzte Aufmerksamkeit sinnvoll zu verwalten, als auch beständig um die Aufmerksamkeit anderer zu konkurrieren. Im unternehmerischen Kontext nehmen Social Media die Funktion von Kooperationsplattformen an. Diese können dazu dienen, auch einem unsicheren und instabilen Ist-Zustand wieder ein gewisses Ausmaß an Kohäsion zu verleihen.

14.1 Einführung

Social Media sind immer und überall präsent. Sie beeinflussen sowohl die Geschäftswelt als auch den privaten Bereich und sind aufgrund der permanent fortschreitenden Entwicklung mobiler Technologien in Zeit und Raum allgegenwärtig. Darüber hinaus sind sie auch in einem nicht unerheblichen Maße verantwortlich für die zunehmende Aufhebung der bisher festgeschriebenen Grenzen zwischen privater und beruflicher Sphäre. Insofern ist es zwingend notwendig sowohl das eine als auch das andere in diese Studie miteinzubeziehen. Tatsächlich ist es gerade die tiefe Verwurzelung der Social Media im privaten Raum, welche Unternehmen neue wertvolle Geschäftsfelder erschließt.

Jede Diskussion, die sich mit Social Media befasst, muss drei hauptsächliche Komponenten beinhalten: die technologische, die ökomische und die gesellschaftliche. Social Media

Dr. Nikos Askitas ✉
Forschungsinstitut zur Zukunft der Arbeit, Bonn, Deutschland
e-mail: askitas@iza.org

C. Rogge und R. Karabasz (Hrsg.), *Social Media im Unternehmen – Ruhm oder Ruin*,
DOI 10.1007/978-3-658-03087-2_14, © Springer Fachmedien Wiesbaden 2014

brauchen einerseits eine informationstechnologische Infrastruktur, treiben anderseits aber durch ihre rasante Ausbreitung wiederum die technologische Entwicklung weiter voran – dies ist der technologische Aspekt. Der ökonomische Aspekt ist relevant, da technologische Innovationen primär mit den Ziel der wirtschaftlichen Verwertbarkeit geschaffen werden, sie erschließen Unternehmen neue Märkte und üben somit vielfältigen Einfluss auf die Wirtschaft im Allgemeinen aus. Und schließlich führen neue Technologien zu gesellschaftlichen Veränderungen – durch innovative Produkte werden neue Bedürfnisse erweckt, die einen neuen Typus von Menschen erschaffen, für den ein Leben ohne diese Innovationen nicht mehr vorstellbar ist.

Sinn und Zweck dieses Aufsatzes ist es, die soziologischen, ökonomischen und technologischen Hintergründe aufzuzeigen, um das Phänomen „*Social Media*" auszuleuchten und perspektivisch darzustellen. Naturgemäß wird es nicht möglich sein, diese drei Komponenten vollständig voneinander isoliert zu betrachten. Wir werden aber unsere Aufmerksamkeit sukzessive auf jeden dieser drei einzelnen Aspekte richten. Dieser Aufsatz, der keineswegs eine vollständige Darstellung sein kann, richtet sich an Praktiker im Bereich Social Media, für die es wichtig ist, die technologischen, ökonomischen und gesellschaftlichen Bedingungen zu verstehen, die letztendlich den Social Media den enormen heutigen Stellenwert verschafft haben. Wir möchten quasi einen Blick aus der Vogelperspektive ermöglichen, der es dem Praktiker erlaubt, sein eigenes Arbeitsfeld in einen größeren Zusammenhang zu betrachten bzw. ihn zumindest von der Notwendigkeit überzeugt, dies zu tun.

Der Ausdruck „*Social Media*" bezieht sich per definitionem auf jede Art Medium, welches entweder eine soziale Komponente beinhaltet oder als soziales Ausdrucksmittel dienen kann. Im alltäglichen Sprachgebrauch verstehen wir unter Social Media Plattformen wie Facebook, Twitter, XING, LinkedIn und ähnliches – diese Aufzählung ist allerdings weder endgültig noch vollständig. Was wir aber im Hinterkopf behalten sollten, ist, dass der Begriff „*social*" alles umfasst, was Individuen auf irgendeine Art und Weise miteinander verbindet. Auch wenn dies trivial klingen mag, sollte noch einmal erwähnt werden, dass zwar „*Social Media*", wie wir sie heute verstehen, ein verhältnismäßig neues Phänomen sind, Soziales Netzwerken, ein großer Teilbereich der Social Media, aber so alt ist wie die Menschheit selber und uns als soziale Spezies definiert: Klatsch, Gerüchte und Legenden sind analoge Mechanismen, mit denen Inhalte geteilt, geliked, kommentiert oder getweetet worden sind. Social Media sind schlicht und einfach nur die Digitalisierung analoger Kommunikationsinstrumente.

14.2 Der technologische Aspekt

Niemand würde ernsthaft die Behauptung bestreiten, dass sich die Informationstechnologie, in den letzten Jahrzehnten, rasant entwickelt hat. Auch die Behauptung, dass die Informationstechnologie im Vergleich zu anderen Technologien innerhalb eines gegebenen Zeitraums das stärkste Wachstum zu verzeichnen, hat leuchtet unmittelbar ein. Es wäre aber absolut unrealistisch zu behaupten, dass bezüglich des Einflusses der Informationstechnologie auf die Gesellschaft und die Wirtschaft bereits ein Sättigungspunkt erreicht ist.

Der Komplexitätstheoretiker und Ökonom W. Brian Arthur beobachtet in seinem Werk „The Nature of Technology" eine signifikante Verzögerung zwischen dem Aufkommen einer neuen Technologie und dem Zeitpunkt an dem diese spürbaren Einfluss auf Gesellschaft und Wirtschaft auszuüben beginnt. Dies kann sehr anschaulich an historischen Beispielen illustriert werden: James Watt erfand die Dampfmaschine bereits um das Jahr 1760 herum, einen herausragende Einfluss erlangte die Dampfkraft aber erst um 1820. Gleichermaßen wurden der Elektromotor und der elektrische Generator um 1870 entwickelt, es dauerte aber noch weitere fünfzig Jahre bis diese neue Technologien entscheidenden Einfluss auf die Industrieproduktion nahmen. Den gleichen Prozess durchliefen auch die Technologien, die letztendlich den Grundstein zur Digitalisierung der Ökonomie legen sollten (Mikroprozessoren, Arpanet): obwohl diese bereits seit den Siebziger Jahren zur Verfügung standen, ist ihr endgültiger Einfluss auf die Wirtschaft bis heute immer noch nicht abzusehen. Man könnte es auch folgendermaßen ausdrücken: Wir befinden uns zurzeit im Fahrwasser einer technologischen Entwicklung, die noch lange nicht abgeschlossen sein wird.

Es lohnt sich, sich Brian Arthurs Thesen über die Evolution revolutionärer Technologien zu Gemüte zu führen, um ein tieferes Verständnis für das Konstrukt „Social Media" zu entwickeln. Brian Arthur sieht als Grund für die Zeitverzögerung zwischen Entwicklung und Auswirkung neuartiger Technologien in nur relativ geringem Ausmaß die Tatsache an, dass es eine Weile dauert, bis die Gesellschaft den Nutzen der Technologie und den damit verbundenen Mehrwert erkennt. Natürlich ist dies ein Faktor, der in die Überlegungen mit einbezogen werden sollte, erklärt aber nicht, warum dieser Zeitraum ein halbes Jahrhundert oder sogar mehr betragen kann. Diese sehr lange Verzögerung kann am einleuchtensten erläutert werden, wenn wir uns von dem simplen Modell der Technologieadaption abwenden und stattdessen einen interaktiven und dynamischen Prozess betrachten. Wird eine neue Technologie zur Verfügung gestellt, so geschieht das nicht, indem den Menschen zu einen bestimmten Zeitpunkt ein „fertiges", ausgereiftes, neues Werkzeug in die Hand gegeben wird, vielmehr wird ein „Schockeffekt" erzeugt, der sich wellenartig durch die Gesellschaft und die einzelnen Wirtschaftssektoren ausbreitet. Die ursprüngliche Technologie wird während dieses Prozesses verändert, reflektiert, verzerrt, angepasst, angezweifelt, angenommen, zurückgewiesen, antizipiert und modifiziert. Sie bewirkt Veränderungen, die sich umgekehrt wieder auf die Technologie selber auswirken, so dass ein Zustand hervorgerufen wird, indem sich die Auswirkungen der Technologie und die Technologie selber gegenseitig beeinflussen. Die neue Technologie wirkt sich auf alle Aspekte von Wirtschaft und Gesellschaft aus: bis dato etablierte Vorgehens- und Verhaltensweisen werden in Frage gestellt, Unternehmen geraten unter Investitions- und Innovationsdruck. Qualifizierte Fachkräfte, die die neuen Technologien bedienen können, werden zum knappen Produktionsfaktor. Der Ausdruck „Einführung neuer Technologie" würde die Realität somit nur sehr ungenügend beschreiben, vielmehr handelt es sich um einen wesentlich komplexeren und verhältnismäßig unstrukturierten Prozess, der letztendlich zu dem langen Zeitraum zwischen Innovation und sichtbaren Wirkungen neuer Technologien beitragen kann.

Die Informationstechnologie hat uns sozusagen ein „Digitalisierungsdrama" beschert – in dem Sinne, dass ein ausschließlich „analoges Leben" nicht mehr vorstellbar zu sein scheint. Dennoch sind wir von dem Höhepunkt der digitalen Revolution in jeder Hinsicht noch weit entfernt. In diesem Zusammenhang können Social Media auf zwei Arten gedeutet werden: einerseits sind sie eine Begleiterscheinung der Digitalisierung der Wirtschaft, in dieser Funktion verleihen sie dem Einfluss und den Auswirkungen der Digitalisierung selber wiederum Ausdruck. Zum zweiten stellen sie aber auch eine der vielen Facetten der Digitalisierung dar, die vertraute wirtschaftliche und gesellschaftliche Strukturen beeinflussen und aufbrechen. Sie werden damit zu einer Herausforderung für die etablierten Informationsmärkte, da sie den Wert des Gutes „Information" unwiderruflich verändert haben. Unternehmen nutzen Social Media zum einen zur Außendarstellung und zur externen Kommunikation, zum anderen aber auch unternehmensintern, beispielsweise durch die Bereitstellung von Plattformen im unternehmenseigenen Intranet, die dem Wissensmanagement und der Kommunikation innerhalb der Organisation selber dienen. Beide Formen der Social Media-Nutzung setzen durch Verschiebungen der Informationswertigkeiten die entsprechenden Informationsmärkte unter Anpassungsdruck – ein Prozess der Spannungen verursacht und Umstrukturierungen erforderlich macht, so dass ein neues stabiles Gleichgewicht gefunden werden kann.

Wie lässt sich nun der Umfang der technologischen Entwicklungen quantifizieren, die den Social Media als Grundlage dienen? Eine verbreitete Messmethode zur Darstellung der Geschwindigkeit von Technologieentwicklung ist das sogenannte „Mooresche Gesetz", ursprünglich das Ergebnis einer empirische Untersuchung aus den Anfangszeiten der Computerära (ca. 1965), laut der sich die Anzahl von Transistoren, die auf einem Mikrochip Platz finden, in regelmäßigen Zeitabständen verdoppelt. Prinzipiell ist diese Gesetzmäßigkeit auch heute noch gültig. Dies lässt sich an folgendem praktischen Beispiel verdeutlichen: Ein Vergleich des leistungsfähigsten Apple Laptop von 1992 (Power Book 150 Serie) mit dem i-Phone 5. Ein i-Phone 5 besitzt ein Dual Core A5 CPU, der mit 1.3 GHz arbeitet, der Apple Laptop von 1992 verfügte dagegen nur über eine Motorola 68030,33 CPU mit 50 MHz – ein iPhone 5 stellt damit einen Zuwachs an Rechnerkapazität um das 52-fache dar! Beziehen wir Umfang und Gewicht in unseren Vergleich mit ein, so tragen wir heute ein Gerät mit uns herum, dass das 52-fache an Leistung erbringen kann, als der Top Range Rechner im Jahr 1992, welcher aber gleichzeitig um das 25-fache leichter und das 70-fache kleiner ist.

Diese Zahlen sind nur eine kleine Auswahl der Daten, die den enormen informationstechnologischen Fortschritt beschreiben, der so einen profunden Einfluss auf Lebensstil, Arbeitsmethoden und -organisation und Kommunikationswege, aber auch auf menschliches Verhalten im Allgemeinen ausübt. Einerseits müssen Märkte für die technologischen Innovationen erschlossen werden, auf denen diese eine Kapitalrendite erzielen können: Social Media sind ein ausgezeichnetes Beispiel hierfür. Andererseits schaffen Social Media wiederum neue Bedürfnisse nach noch intelligenterer Technologie. In den nächsten Abschnitten werden wir steigende Kapitalrendite, das Entstehen der „zweiten Ökonomie" und den Übergang von einer Informationsökonomie zur sogenannten „Ökonomie der Aufmerksamkeit" diskutieren. Wir werden diese Themen in Bezug zu Technologie und Social Media setzen, das „Leben Online" als eine Metapher für das „Leben Offline" betrachten und die Frage beantworten, welche Bedingungen notwendig sind, um „Offline-Handeln" in „Online-Handeln" zu transferieren.

Ein letzter Hinweis zu unseren Überlegungen bezüglich neuer Technologien: Während Informationstechnologie ursprünglich primär zu einer Digitalisierung von bereits existierender Information beitrug, führt sie inzwischen zu einer Digitalisierung von gesamten Lebensbereichen: Es ist heute möglich, auf elektronischem Wege ein Foto oder Video zur produzieren mit eingebaute geo-Koordinaten und diese zu übertragen, so dass es sich hier letztendlich um ein gebündeltes digitales Objekt handelt, das digital produziert und gespeichert wurde. Im Allgemeinen kann festgehalten werden, dass Technologie uns heute eine immer größer werdende Anzahl von Netzwerk-fähigen Sensoren zur Verfügung stellt, die Messwerte in Realzeit übertragen können. Derartige gebündelte digitale Objekte werden eine zunehmende Rolle in Datenströmen spielen und die Art und Weise verändern, in der wir unsere Welt wahrnehmen und unser Inhalte produzieren.

14.3 Der ökonomische Aspekt

Ein großer Teil des wirtschaftlichen Handels spielt sich heutzutage in dem ab, was W. Brian Arthur als die *„Zweite Ökonomie"* bezeichnet. Ein elementares Verständnis dieses Konstrukts ist an dieser Stelle unabdingbar, da es die Grundlage für unsere weiteren Erläuterungen darstellt. Die *„Zweite Ökonomie"* wird definiert als die *„Digitale Welt der vernetzten Maschinen"*, die das Funktionieren der Wirtschaft sicherstellen. W. Brian Arthur, der voraussagt, dass die *„Zweite Ökonomie"* im Jahre 2025 in den USA in etwa so groß sein wird, wie die gesamte amerikanische Wirtschaft im Jahr 1995, beschreibt diese anschaulich mit dem folgenden Beispiel [4]:

Wer vor zwanzig Jahren einen Flughafen betrat, ging zu einem Schalter und legte einem Mitarbeiter ein Ticket vor. Dieser Mitarbeiter speiste diese Information in einen Rechner ein, benachrichtigte das Bordpersonal von der Ankunft des Passagiers und nahm das Gepäck entgegen. Wer heute dagegen einen Flughafen betritt, hält Ausschau nach einem Check-In-Automaten, der Kreditkarte oder Frequent-Flyer-Karte einliest und nach wenigen Sekunden Boarding Pass, Quittung und Gepäckanhänger liefert. Das eigentlich Interessante an diesem Prozess ist das, was während dieser „wenigen Sekunden" abläuft: In dem Augenblick, in dem der Automat die Karte liest, beginnt eine umfangreiche Konversation, die ausschließlich unter Maschinen abläuft. Sobald der Name des Karteninhabers erkannt ist, beginnen Rechner damit, dessen Flugstatus bei den Luftfahrlinien sowie das Reiseverhalten in der Vergangenheit zu checken, der Name des Passagiers wird bei der TSA (Travel Security Agency) und möglicherweise der National Security Agency überprüft. Es werden Platzreservierungen, Frequent Flyer-Status und die Zugangsberechtigungen zu Lounges kontrolliert.

Im Prinzip läuft eine unsichtbare Konversation ab, in der Server mit anderen Servern und mit Satelliten kommunizieren, wobei letztere wiederum Informationen mit Rechnern austauschen (diese befinden sich möglicherweise in London, sollte das das Reiseziel sein), es werden Daten mit Passkontrolle und Einwanderungsbehörde abgeglichen und Informationen über Anschlussflüge eingeholt. Für das entsprechende Flugzeug passen die Maschinen die Passagieranzahl und Sitzverteilung an die Treibstoffmengen im hinteren bzw. vorderen Teil des Flugzeuges an, um eine optimale Gewichtsverteilung zu erzielen. Dieser gesamte Kommunikationsprozess, der durch das Einlesen eine Kredit- oder Frequent Flyer Karte angestoßen wurde, spielt sich ausschließlich zwischen Maschinen ab: Servern, Switches, Routern und anderen Internet- und Telekommunikationsdiensten, die alle beständig Informationen aktualisieren und hin und her senden. Und all diese komplexen Vorgänge vollziehen sich während der wenigen Sekunden, die zwischen dem Einlesen der Karte und der Ausgabe des Boarding Passes vergehen. Wenn man sich die Konversation zwischen den verschiedenen Maschinen als Blinklichter vorstellt, so würden diese auch noch nach diesem Zeitpunkt an diversen Stellen immer wieder aufleuchten – beispielswiese um den Fluglotsen mitzuteilen, dass ein Flugzeug startbereit ist.

Von einem technologischen Standpunkt aus gesehen, ist dieses eine recht einfache Vorstellung. Faszinierend wird es aber dann, wenn der ungeheure Einfluss auf die Wirtschaft als Ganzes berücksichtig wird: Es existiert eine große, komplexe und vernetzte Welt der Maschinen und Informationssysteme, die dann ins Spiel kommen, wenn andere Systeme – vornehmlich die, die das Verhalten der Wirtschaft regulieren und bestimmen – aktualisiert werden müssen. Für unsere weitere Untersuchung macht jetzt die Annahme Sinn, dass die „Zweite Ökonomie" heute quasi das Fundament für die Wirtschaft in ihrer Gesamtheit bildet. Mit Hilfe dieses Konzeptes erhalten wir auch eine Möglichkeit, den Technologie-Einfluss zu quantifizieren. Wobei uns das zu der zweiten Überlegung bringt, welche an dieser Stelle thematisiert werden soll: Wie können wir die Wechselwirkungen zwischen Technologie und Wirtschaft im Zeitverlauf quantifizieren?

Zwar ist das Mooresche Gesetz die bekannteste Maßeinheit zur Bezifferung der Entwicklungsgeschwindigkeit der Informationstechnologie; es gibt aber einen zweite, ebenso aussagekräftige Maßeinheit: der Preis eines Gigabytes an Speicherkapazität. Der folgende Graph (Abb. 14.1) stellt die Preisentwicklung zwischen 1980 und 2009 dar.

Wenn Y für die jährliche Zuwachsrate steht, 1980 als erstes Jahr und P für den Dollarpreis von 1 GB Speicherkapazität, dann lässt sich der Preis eines GB durch die Formel $\log(P) = -0,25Y + 6,2$ berechnen, bzw. $P = 10^{-0,25Y + 6,2}$. Dies bedeutet, dass der Preis für 1 GB Speicherkapazität im Jahre 1980 mehrere tausend Dollar betragen hätte (für den Fall, dass es überhaupt möglich gewesen wäre, eine derartige Kapazität zur Verfügung zu stellen), während der Preis 2009 in etwa 7 Cent betrug. Diese gigantische Verbilligung der Speicherkapazität hat „Big Data" mit seiner „Erst speichern, dann überlegen"-Mentalität überhaupt erst möglich gemacht und der fortschreitenden Digitalisierung den Weg bereitet. In zwei erstaunlich anmutenden Beispielen möchte ich demonstrieren, wie sich die gesunkenen Preise für Speicherkapazitäten auf die Datenproduktion ausgewirkt haben:

Im Sommer 2010 wurde berichtet [1], dass Eric Schmidt, damals Google-CEO, verlauten ließ, dass alle zwei Tage etwa 5 Exabytes Daten produziert werden – das entspricht der

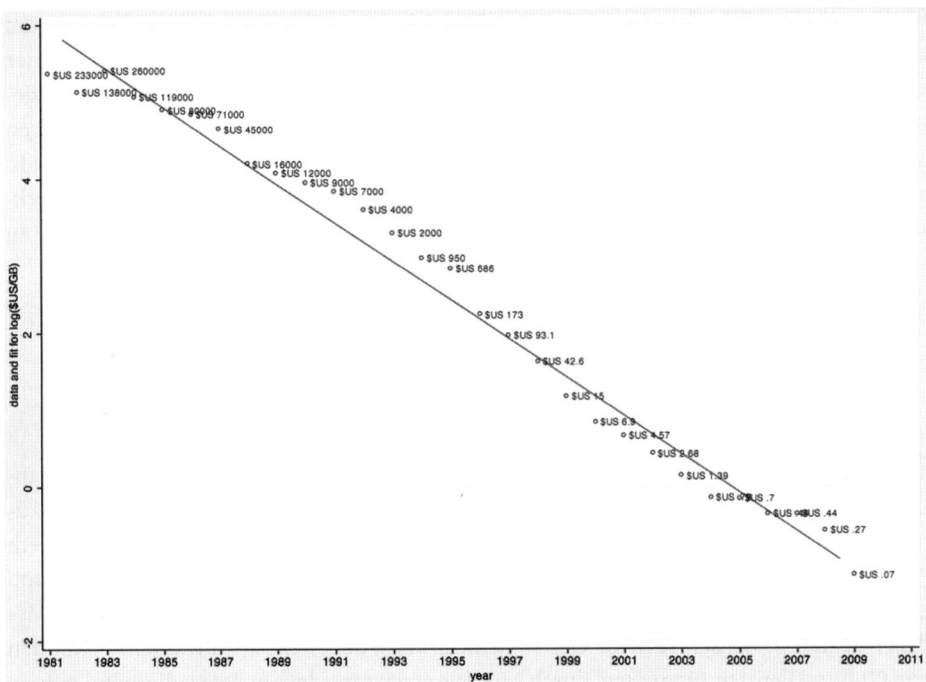

Abb. 14.1 Der Preis für 1 GB Speicherkapazität fiel exponentiell zwischen 1980 und 2009

gesamten Datenproduktion zwischen dem Beginn der Zivilisation und 2003. Die im Jahre 2011 produzierte und vervielfältigte Datenmenge wurde auf 1,8 Zetabytes (1,8 Trillionen Gigabytes) geschätzt [2]! Insofern hat die Kombination aus immer weiter fortschreitender Computertechnologie und den gesunkenen Kosten für Speicherplatz zu beeindruckenden Veränderungen geführt. Aber in welchem Zusammenhang stehen diese mit Social Media?

Die gesunkenen Speicherkosten haben es uns erlaubt, immer mehr Daten zu speichern – dies machte aber nur dank der gleichzeitigen Entwicklung immer leistungsfähigerer Rechner Sinn. Die Kombination von wahlloser Datenspeicherung und hochleistungsfähigen Rechnern wird als „Big Data" bezeichnet und hat im Zusammenspiel mit Fortschritten in der Kommunikationstechnologie entscheidenden Einfluss auf unserer Fähigkeit, Daten zu produzieren, zu speichern, zu analysieren und zu kommunizieren. Auch die entsprechende Software spielt eine wichtige Rolle in diesem Zusammenhang – sie ersetzt an vielen Stellen die menschliche Dateneingabe, wie sie zu Beginn der Digitalisierung üblich war.

Der dramatische Kostenverfall beim Produzieren und Speichern von Inhalten hat zu einer entscheidenden Transformation in der Gesellschaft geführt: von einer Welt, in der eine Minderheit die Inhalte produzierte und diese der Mehrheit zur Verfügung stellte (was ich als „Few-to-Many-Modell" bezeichne) zu einer Welt, in der die Grenzen zwischen Informationsproduzenten und -konsumenten aufgehoben worden sind („Many-to-Many-Modell"). Social Media stellen sozusagen den Höhepunkt des Many-to-Many-Modells dar.

Ein weiterer Effekt der oben skizzierten Entwicklung ist die Tatsache, dass Information kein knappes Gut mehr darstellt, sondern im Gegenteil im Überfluss vorhanden ist. In einer solchen Situation besteht die Herausforderung nicht mehr darin, Information zu produzieren, zu reproduzieren und zu verbreiten, sondern vielmehr darin, die ungeheuren Mengen an Information zu organisieren, zu analysieren und ihr Aufmerksamkeit zu widmen. In anderen Worten: Das knappe Gut „Information" wurde durch das knappe Gut „Aufmerksamkeit" ersetzt. Kurz gesagt: es hat eine Transition von einer Informationsökonomie zu eine Ökonomie der Aufmerksamkeit stattgefunden [3].

Nobelpreisträger Herbert Simon beschrieb dies 1997 folgendermaßen:

> Was Information konsumiert ist offensichtlich: sie konsumiert die Aufmerksamkeit ihrer Adressaten. Somit führt ein Überfluss an Informationen zu einem Mangel an Aufmerksamkeit.

In dieser neuen Spielart der Ökonomie, gekennzeichnet durch überreichlich vorhandene Information, aber knapp gewordene Aufmerksamkeit, werden Geschäftsmodelle zunehmend auf Datenanalyse, Internetrecherchen und Social Media angewiesen sein. In dem Ausmaß, in dem die Produktion und Weiterverbreitung von Inhalten erleichtert wird und zunehmend mehr Individuen dazu übergehen, Information über sich selber in Social Media einzustellen, werden auch die Geschäftsmodelle, in denen diese Individuen als Kunden von Online-Diensten fungierten, durch Modelle ersetzt werden, in denen diese Individuen faktisch selber das Produkt darstellen. Bisher sind die Online-Dienste, die von uns in der Cloud genutzt werden, im monetären Sinne umsonst, wir zahlen, indem wir den Anbietern dieser Plattformen private Daten zur Verfügung stellen. Da die traditionelle indexbasierte Internetsuche durch das schiere Ausmaß der Datenflut an ihre Grenzen stößt, nutzt sie zunehmend Informationen aus den Social Media-Plattformen, um ihre Effektivität zu steigern. Dies gilt im Besonderen natürlich für die Daten, die originär aus den Social Media stammen.

Sobald beispielswiese ein digitales Objekt oder auch ein Individuum bekannt genug ist, um sich aus dem „long tail" der Nischenprodukte hervorzuheben, erhält es eine nicht-lineare Ranking-Prämie, durch die es seine Beliebtheit noch weiter steigern kann.

Die ökomischen Gegebenheiten haben Social Media hervorgebracht. Social Media führen zu einer Erhöhung der Datenmenge, was wiederum zur einem weiteren Wachstum der Social Media führt, da diese ein Instrument darstellen, mit Hilfe dessen der Datenüberfluss sinnvoll organisiert werden kann, was dann zu einem weiteren Anstieg des Datenumfangs führt. Dieses setzt sich dann immer weiter fort.

Es lohnt sich an dieser Stelle einige weitere Aspekte der Neuen Ökonomie der Aufmerksamkeit zu betrachten. Wir haben im Grunde die „Demokratisierung der Produktion von Information und Inhalten" beschrieben und herausgestrichen, dass dies zu einer Verknappung des Gutes „Aufmerksamkeit" führt. In einer hyper-vernetzten Welt mit knapper Aufmerksamkeit ist die Analyse von Daten absolut unverzichtbar für wirtschaftlichen Erfolg. Auf Social Media basierende Datenanalysen scheinen in Bezug auf Relevanz und Erfolgsaussichten vielversprechend. Diejenigen Unternehmen, die Datenanalyse und Social Media beherrschen, werden diejenigen sein, die tendenziell in der Neuen Ökonomie am erfolgreichsten agieren können.

Unsere letzte Überlegung befasst sich mit Social Media in Form von gemeinschaftlichen Plattformen innerhalb des Unternehmens selber. Ich bezeichne diese Plattformen als „Partizipatorisches-Intranet", da sie die althergebrachten „Top-Down"-Intranetstrukturen durch Medien ersetzten, zu denen alle Mitarbeiter aktiven Zugriff haben. Anders ausgedrückt: Sie stellen innerhalb des Unternehmens ein Beispiel für den Übergang vom „Few-to-Many-Modell" zum „Many-to-Many-Modell" dar. Was sich hier abspielt, ist eine radikale Veränderung und widerspricht dem bisher vorherrschenden Gefüge von Informationsasymmetrien, Verwaltungsmodellen und Unternehmensführung.

Dies ist darin begründet, dass im „Partizipations-Intranet", in dem Geschäftsführung, mittleres Management und die gesamte Belegschaft bis hin zum Auszubildenden gleichermaßen Nachrichten und Kommentare hinterlassen können, die traditionelle Rollenverteilung innerhalb der Unternehmung herausgefordert wird. Der größte Effekt dieses Konstrukts besteht darin, dass der pyramidenähnliche hierarchische Aufbau tendenziell durch weniger starre soziale Graphen ersetzt wird. Das lässt sich erklären, wenn wir hierarchische Strukturen aus einem unkonventionellen Blickwinkel betrachten: Hierarchien bestehen aus verschiedenen Ebenen der Unternehmensführung, je höher die Ebenen desto weniger Personen sind auf ihr angesiedelt. Jede Ebene kontrolliert die darunterliegenden und berichtet in gefilterter Form an die darüber liegende. Nachteil dieses Modells ist, dass die oberste Ebene nicht nachvollziehen kann, was auf der untersten Ebene passiert, wenn sich dazwischen noch andere Ebenen befinden. Dies ist wiederum der Vorteil dieses Modells: Die oberste Ebene hat keine Veranlassung, sich mit der untersten Ebene auseinanderzusetzen. Was wir hier beschrieben haben, ist ganz offensichtlich ein naives und statisches Aufmerksamkeits-Management-System.

Dementsprechend ist eine Hierarchie in Prinzip nichts anderes als eine statische Methode um das knappe Gut „Aufmerksamkeit" zu verwalten. Dieses Modell hat sich bewährt und funktioniert, solange sich die Wirtschaft selber in einem mehr oder weniger statischen Zustand befindet. Sobald sich aber die die Wirtschaft bestimmenden Variablen simultan verändern, Unternehmen also in einer hochdynamischen Umwelt bestehen müssen, wie es heute der Fall ist, stößt dieses Unternehmensführungsmodell an seine Grenzen.

Die Krise dieses Managementmodells spiegelt sich teilweise auch in dem Entstehen von Intrapreneurship innerhalb des Unternehmens wieder: Das Phänomen, dass Mitarbeiter zunehmend selber als „Unternehmer im Unternehmen" agieren, stellt eine erhebliche Abweichung von bisher üblichen starren hierarchischen Berichtswegen dar. Social Media können in diesem Zusammenhang als systematischer Antwort auf diese Krise eingesetzt werden. Sie erlauben es dem Unternehmen, das statische Hierarchiemodell beizubehalten, welches dann in Wettbewerb mit dem sozialen Graphen steht – auch dies ist eine Möglichkeit ein Unternehmen zu führen. Bestünde die Gelegenheit, sämtliche Unternehmensmitarbeiter in einem Raum zu versammeln und die Ideen jedes Einzelnen zu bestimmten relevanten Themen zu erfahren, wäre dies ein mächtiges Instrument zum Wissensmanagement. Durch Social Media kann diese Vorstellung verwirklicht werden,

Mitarbeiter erfahren die Vorteile der Zusammenarbeit ohne geografische Einschränkungen und es wird ihnen gestattet, die starren hierarchischen Strukturen in einem kontrollierten Umfeld zu unterlaufen, so dass letztendlich mit sich rasant ändernden ökonomischen Bedingungen besser umgegangen werden kann.

14.4   Gesellschaftliche Aspekte

Social Media sind nicht nur Medien, mit denen Inhalte übertragen oder geteilt werden; sondern sie werden selber ein Teil der Nachricht, die sie vermitteln. Es ist kaum ein anderer Kontext vorstellbar, in dem das Medium in diesem Ausmaß selbst die Nachricht darstellt. Ob Sie Posts von Kollegen oder Chefs „liken", ob und wie Sie diese kommentieren, ob Sie ihnen auf Twitter folgen, ob Sie Facebook-Freunde sind, ob Sie mit ihnen bei LinkedIn verbunden sind, ob Sie die Posts Ihres Unternehmens „retweeten" oder der Konkurrenz „followen", wie aktiv oder produktiv Sie im Intranet Ihres Unternehmens sind: all diese Dinge sind relativ unreguliert und unterliegen in der Tat bisher keinem normativen oder sonstigem Verhaltenskodex. Ein solcher ist noch im Begriff sich auszubilden.

Zwar erfahren Social Media durch ihre gesellschaftliche Bedeutung einen beträchtlichen Aufschwung, doch können Entwicklungen dadurch nur in begrenztem Maße vorangetrieben werden.

Die interessantesten Aspekte sind diejenigen, die den Wettbewerb zwischen online und offline berühren. Wir führen unser Leben größtenteils offline. Neue Technologien bieten uns aber viele Möglichkeiten, offline-Aktivitäten in Online-Aktivitäten zu überführen und tatsächlich tun wir das auch oft. Es gibt eine Fülle von sozialen und wirtschaftlichen Aktivitäten, die sich jetzt online abspielen. Dieses steht im Zusammenhang mit der zweiten Ökonomie selbst. Dieser Prozess wird sich in den kommenden Jahren fortsetzen. Die Frage ist nun: Was bewegt uns dazu, von offline-Handeln zu online-Handeln überzugehen? Ökonomen würden dies folgendermaßen beantworten: Wir ersetzen Offline-Handeln immer dann durch Online-Handeln, wenn sich für uns daraus ein komparativer Vorteil ergibt. E-Mail beispielsweise ist eine digitale Metapher für Briefpost. Nachdem in den frühen 90ern E-Mails in der wissenschaftlichen Community zum Standard wurden, breitete sich ihre Anwendung rasant über die gesamte Gesellschaft und Wirtschaft aus. Warum war dem so? Die komparativen Vorteile sind in diesem Fall einfach darzustellen: die Grenzkosten für das Schreiben einer E-Mail liegen praktisch bei Null, die Lieferung erfolgt fast in Echtzeit und weder Lieferzeit noch Entfernungen haben Einfluss auf die entstehenden Kosten. Paradoxerweise sind es gerade diese Vorteile der Email, die inzwischen beim Nutzer erheblichen Stress verursachen. Da E-Mails so mühelos geschrieben, empfangen, gespeichert und wiedergefunden werden können, tendieren Anwender dazu, E-Mails in ungeheuren Massen zu archivieren und machen damit ihre Mailanwendung zum zentralen Ort ihrer beruflichen und privaten Datensammlung. Ein typisches Beispiel dafür, wie E-Mails zweckentfremdet werden, ist die Tatsache, dass E-Mails mit umfangreichen Anhängen oft jahrelang im Postfach verbleiben, von dort aus auch direkt abgerufen werden und somit die Mailanwendung praktisch zu einer kontextuellen Dateiverwaltung mutiert.

Insofern sind gerade die Gründe, die E-Mail zu einem vergleichsweise günstigen Kommunikationsmittel wurden ließen, jetzt die Faktoren, die zu Problemen führen.

Social Media, definiert als Höhepunkt der Demokratisierung der Produktion von Inhalten, ist das digitale Gegenstück zum offline Verlagswesen und persönlicher sozialer Interaktion. Der Grund, warum wir in diesem Fall von offline zu online übergehen, ist sehr ähnlich wie im Fall von E-Mail. Einen Tweet zu produzieren hat vernachlässigbare Kosten und seine Auswirkung kann schnell und problemlos gemessen werden, der Aufbau von Communities rund um ein Produkt oder eine Firma hilft, Kunden zu binden, partizipatorische Intranets ermöglichen Zusammenarbeit über geographische Grenzen hinweg. Es lohnt sich, letzteres etwas detaillierter zu diskutieren. Es ist kein Geheimnis, dass Google sowohl für Experten als auch Laien die primäre Ressource zur Wissensentdeckung darstellt. Der Unterschied zwischen Laien und Experten verschwimmt folglich zu einem gewissen Grade, allerdings niemals vollständig. Einem Experten ist es eher möglich, durch irrelevante Ergebnisse zu den relevanten Informationen zu navigieren als einem Laien. Auf diese Art und Weise beheben Laien beispielsweise ihre Rechnerprobleme: Mittels Google zapfen sie das kollektive Wissen an, das im Internet archiviert ist – aber auch Experten können so wesentlich schneller zu einer Lösung gelangen, als es ihnen im Alleingang möglich wäre. Ähnlich können wir uns das Vorgehen innerhalb eines Unternehmens vorstellen: Es spielt keine Rolle mehr, wo Sie oder Ihre Kollegen sich aufhalten – egal, ob Sie sich in Ihrem Büro befinden, beim Kunden oder in einem Labor, Sie können jederzeit eine Anfrage über das partizipatorische Intranet stellen und damit auf das kollektive Wissensrepertoire Ihrer sämtlichen Kollegen zugreifen.

14.5 Schlussfolgerungen

Rasant fortschreitende technologische Entwicklungen erlauben die einfache Replikation und Verbreitung von Informationen – und dadurch die „Demokratisierung" des Zugriffs auf die Produktion von Inhalten. Diese Tatsache wird sich auch nicht wieder umkehren lassen: es existiert kein Paralleluniversum, in dem wir die Zeit zurückdrehen können, um den früheren Zustand, in dem das Produzieren von Information nur wenigen vorbehalten war, zu erreichen. Das „Many-to-Many"-Modell wird uns auf Dauer erhalten bleiben. Dieser Trend wird sich in den Volkswirtschaften, die auf hochqualifizierte Arbeitskräfte angewiesen sind, verstärken.

Darüber hinaus werden Inhalte nicht unbedingt auf traditionelle Weise produziert werden, indem beispielsweise ein Text in einer bestimmten Form und Länge erstellt wird. Literarische oder analytische Stile sind nur noch einige von vielen Möglichkeiten der Inhaltsproduktion. Zwar werden sie noch verwendet, viele Menschen gehen aber auch dazu über, Inhalte in neuen Formaten zu erstellen, die mit wesentlich weniger Aufwand einhergehen. Sie werden mikrobloggen, Posts kommentieren, und mit Ortsangaben versehene

Videos und Fotos aus ihrem Leben online stellen und teilen. Die Reichweite wird nicht länger durch geografische Gegebenheiten bestimmt sein, da soziale Netzwerke sich über Länder und Zeitzonen hinweg erstrecken. Das einzige, was nach heutigem Wissensstand, der Geschwindigkeit dieser Entwicklung noch Schranken setzen kann, ist die noch immer begrenzte Elektrochemie der Batterien, die notwendig sind, um die Gadgets zu betreiben, die Menschen in ihr Leben integriert haben. Sobald das Energieproblem dieser Gadgets gelöst ist, werden Entwicklungen von ungeheurer Tragweite in Gang gesetzt werden.

Eine durch das „Many-to-Many"-Modell gekennzeichnete Welt ist fast definitionsgemäß eine Welt der Social Media. Was die endgültige Form der Social Media sein wird, ist im Augenblick noch schwer vorherzusagen. Mit sozialen Netzwerken wie Second Life (secondlife.com) und Friendster (friendster.com), um nur ein paar zu nennen, haben wir bereits einen virtuellen Friedhof von Social-Networking-Sites hinterlassen, die sich nicht dauerhaft behaupten konnten. Welches Schicksal Webseiten wie Facebook, Google+, LinkedIn oder Twitter ereilen wird, ist schwer zu sagen. Mit ziemlicher Wahrscheinlichkeit steht fest, dass immer es Websites geben wird (und das ist das aktuelle Schlachtfeld), die die Bedürfnisse der Menschen nach Netzwerken, Kontakt halten, Informationen zu teilen und sich generell auszudrücken, erfüllen werden.

Da Information nicht mehr knapp ist, leben wir in einer Ökonomie der Aufmerksamkeit. In einer Welt, in der das „Few-to-Many"-Modell vorherrschte, ging es bei der Allokation von Aufmerksamkeit lediglich darum, herauszufinden war, wer die Spitzenposition bezüglich einer bestimmten Thematik einnahm.

In einer Welt des „Many-to-Many"-Modells ist dies nicht mehr umsetzbar, man muss sich in Sachen Aufmerksamkeitsmanagement auf das eigene Netzwerk verlassen. Anders ausgedrückt ist man auf Austausch und Kommunikation innerhalb des Netzwerks angewiesen um relevante Informationen zu finden. Um es anders zu formulieren: die Fülle der vorhandenen Informationen und die damit verbundene Knappheit an Aufmerksamkeit bedeutet, dass es inzwischen nicht mehr um den Zugang zu Informationen geht, sondern um den Zugang zur Konversation.

14.6   Danksagung

Ich danke Frau M. Ody und Frau S. Ewerts vom Informationsmanagement des IZA für die zeitnahe Übersetzung des Essays aus dem Englischen.

Literatur

[1] http://techcrunch.com/2010/08/04/schmidt-data/
[2] http://uk.emc.com/about/news/press/2011/20110628-01.htm
[3] Davenport, T.H., Beck, J.C.: The Attention Economy
[4] Arthur, W.B.: The Second Economy. McKinsey Quarterly (October) (2011)

Das Ende der Privatheit

15

Frank Schönefeld

15.1 Die Shareconomy[1] und ihre Schattenseiten

Jeden Tag werden bei *Facebook* 2,5 Milliarden Inhalte, 2,7 Milliarden Likes und 300 Millionen Fotos verarbeitet – zusammen bedeutet das ein tägliches Datenvolumen von über 500 Terabyte [6]. Ähnliche Zahlen hören wir von *Twitter*, die inzwischen von einer halben Milliarde Tweets am Tag berichten [4].

Knapp 50 Millionen Nutzer (die von 80 Mitarbeitern betreut werden) teilen (sharen) ihre Interessen sehr offen bei *Pinterest* [10]. Und wo sie gerade sind, teilen sich 20 Millionen Nutzer über ca. 3 Millionen tägliche Check-Ins (Angabe eines detaillierten Aufenthaltsortes) auf *Foursquare* [3] mit.

88 % der Amerikaner und 76 % der Europäer posten sensible persönliche Informationen in den sozialen Kanälen [15].

Während wir die technischen Lösungen, um mit dieser Datenflut (und den in ihnen verborgenen Zusammenhängen) umzugehen nur bewundern können, schütteln wir gleichzeitig den Kopf über die geradezu zwanghafte Mitteilsamkeit, die unsere Mitmenschen und uns selbst mitweilen überkommt. Gleichzeitig ahnen wir, dass es tiefliegende menschliche Bedürfnisse sind, uns selbst darzustellen und mit anderen in einen sehr persönlichen Austausch zu treten.

Etwaige Kollateralschäden, nämlich das nicht wiederrufbare Offenlegen persönlicher Daten und die Beeinflussbarkeit privater Entscheidungen, werden als Preis für die neue Qualität des Austauschs und der Kommunikation von der übergroßen Mehrheit (siehe Nutzerzahlen) akzeptiert.

---

[1] Shareconomy = Share (Teilen) + Economy (Wirtschaften).

Prof. Dr. Frank Schönefeld ⊠
T-Systems Multimedia Solutions, Dresden, Deutschland
e-mail: Frank.Schoenefeld@t-systems.com

C. Rogge und R. Karabasz (Hrsg.), *Social Media im Unternehmen – Ruhm oder Ruin*,
DOI 10.1007/978-3-658-03087-2_15, © Springer Fachmedien Wiesbaden 2014

15.2   Privatheit und Post-Privatheit (Post-Privacy)

Angesichts der geschilderten Entwicklungen wundert es nicht, dass die wahrnehmbaren Veränderungen im Umgang mit den eigenen Daten sowie die Verarbeitung dieser Daten durch andere Gegenstand einer lebhaften Diskussion und Reflektion geworden sind.

Vom „Ende der Privatheit" ist derzeit in den einschlägigen Organen der Szene die Rede [12]. Wer mit ein wenig Sprachgefühl den Ausdruck betrachtet, wird sich am Wort „Privatheit" stoßen. Dabei handelt es sich um einen neu konstruierten Terminus, der vom englischen Wort „Privacy" abgeleitet ist. Mit diesem linguistischem Trick soll eine Abgrenzung zur Privatsphäre herkömmlicher Art geschaffen werden.

Diese ist schließlich kein Kind des Internet-Zeitalters, sondern war schon in der analogen Ära ein ausführlich diskutiertes Thema. Privatheit bzw. Privatsphäre ist ein durchaus kontrovers diskutierter Begriff. Das Spektrum der Meinungen reicht von: „kein eigenständiges Konzept (eher der Freiheit des Individuums untergeordnet)" über „Privatheit ist gleich Abwesenheit von staatlicher Regulierung" bis hin zu verästelnden Feinheiten zu den Unterschieden von Intimheit (Intimität) und Privatheit [5].

Für unsere weitere Betrachtung der Privatheit im Netz wollen wir ein sehr pragmatisches Verständnis anlegen und uns drei Aspekten widmen:

- Die Privatheit der Daten betrifft das Selbstbestimmungsrecht über die Informationen, die man im Netz freigeben oder eben verbergen möchte.
- Die Privatheit der eigenen Entscheidungen betrifft die Frage der Beeinflussbarkeit dieser Entscheidungen durch andere und die mögliche Veränderung der eigenen Wahlfreiheit.
- Die Privatheit der Umgebung betrifft zunehmend nicht nur die Frage eines privaten Raumes und seiner Freiheit von staatlicher Einmischung, sondern überhaupt die Kenntnis des Aufenthaltsortes in seiner temporalen und spatialen Entwicklung (Bewegungsprofil).

Wir wollen uns hier nur auf die Untersuchung der Verletzlichkeit dieser Prinzipien durch die modernen sozialen Medien und Technologien (Web, soziale Netzwerke, Suchmaschinen, ...) konzentrieren, wohl wissend, dass Privatheit auch aus anderen Quellen gefährdet wird: Vorratsdatenspeicherung, Transparenzzwang und Überwachungstechnologien. Gelegentlich wird man den Eindruck nicht los, dass die pointierte Diskussion der Internet- und Webfragen zur Privatheit in der Politik geradezu von den anderen Punkten ablenken soll.

Die aufgeführten drei Aspekte der Privatheit sind mit den sozialen Netzwerken erneut in den Fokus gerückt. In der Vor-Internetzeit waren schließlich im Prinzip nur Name und gegebenenfalls die Telefonnummer einer Person öffentlich einsehbar. Ein Blick ins Telefonbuch reichte dafür aus. Über Fakten wie das Aussehen und die Interessen dagegen hatte gerade einmal das nähere Umfeld eine größere Kenntnis. Private Daten zu Stabilität oder Instabilität in gesundheitlichen oder finanziellen Fragen dagegen waren weitgehend verborgen.

Informationsspanne persönlicher Informationen bei …

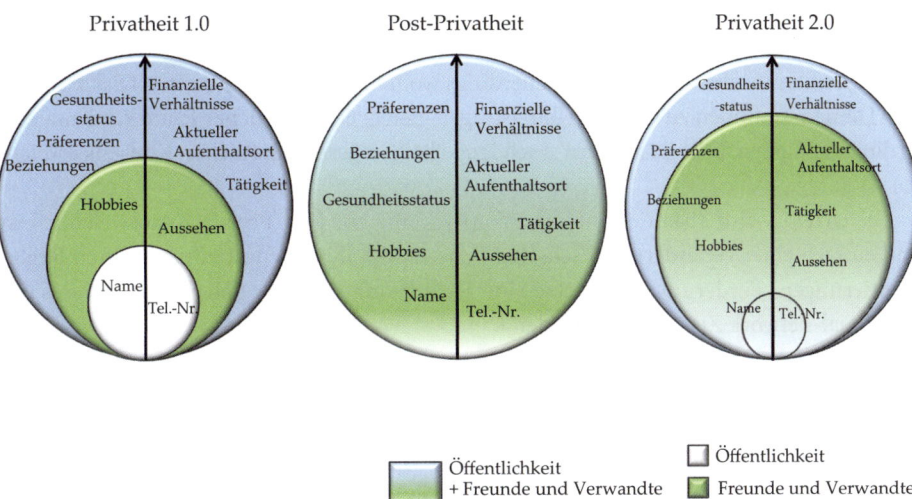

Abb. 15.1 Informationsspanne persönlicher Informationen, Urheberrecht beim Autor

Mit dem Siegeszug der sozialen Netze haben sich die Grenzen erheblich verschoben und sind undefinierbarer geworden (siehe Abb. 15.1). Eine einfache Web-Recherche bringt heute Informationen ans Tageslicht, die noch vor wenigen Jahren nicht einmal Geheimdienste kannten. Konsequent zu Ende gedacht ist es nur eine Frage der Zeit, bis durch eine geschickte Datenanalyse selbst finanzielle Verhältnisse, gesundheitliche Aspekte und sexuelle Vorlieben transparent werden. Die Post-Privacy-Phase, wie einige Netzvordenker diese Ära betiteln, ist damit eingeleitet.

> **Post Privacy (Post-Privatheit)**[2]
> Phase in der gemeinhin als privat angenommene Informationen (finanzieller Status, sexuelle Orientierung, Gesundheitsstatus, Aufenthaltsort, Kommunikation) jederzeit und für jeden bei Bedarf transparent gemacht werden können und nicht mehr der Selbstbestimmung unterliegen.

Ob dies per se eine schlechte Entwicklung ist – daran scheiden sich die Geister. Einige der Web-Philosophen etwa sehen das Schwinden der Privatheit ausgesprochen positiv und führen als Beispiel die Schwulenbewegung an: Erst durch das häufigere Outing von Personen habe das Thema die Sphäre des Privaten verlassen, sei also ins Bewusstsein der breiten

---

[2] „Post" steht hier für die lateinische Vorsilbe post im Sinne von nach und hat nichts mit der guten alten Post zu tun.

Öffentlichkeit gerückt, wo das Thema kontrovers diskutiert wurde. Erst dadurch habe sich eine insgesamt offenere gesellschaftliche Stimmung etabliert. Ob diese triviale Erklärung einer komplexen gesellschaftlichen Entwicklung gerecht wird, darf bezweifelt werden. Völlig leugnen lassen sich solche Effekte allerdings wohl nicht. Aus den jüngsten Diskussionen und Demonstrationen zu Gleichstellungsfragen gleichgeschlechtlicher Paare kann man allerdings schließen, dass das Thema noch lange keinen gesellschaftlichen Konsens erreicht hat.

Gleichzeitig wird diskutiert, ob diese Entwicklung zur Post-Privacy unausweichlich ist und einfach einer veränderten gesellschaftlichen Einstellung bedarf oder ob durch Reglementierungen, Forderungen, Gesetze eine Herstellung eines vergleichbaren Standes der pre-social-network Zeit erreicht werden kann.

Während die Anhänger der Post-Privacy These [11] die Entwicklung für nicht korrigierbar halten und als erstrebenswertes Ideal preisen (Privatheit ist nicht mehr notwendig, da keine Diskriminierung auf Grund persönlicher Orientierung mehr stattfindet), sind die gegenwärtige Rechtslage und Vorgehensweisen der Datenschützer doch eher darauf bedacht, den Geist in der Flasche zu halten. Als Individuum kann man im Moment nur seine eigene Position beziehen und ggf. durch Datenvermeidung und -sparsamkeit die möglicherweise unerwünschten Auswüchse unterbinden (Enthaltsamkeit in sozialen Netzwerken, Anonymität, restriktive Cookie-Einstellungen[3], …)

15.3 Die Technologien der Transparenz

15.3.1 Informationelle Privatheit – Vom Social Graph zum Interest Graph

Wie bereits geschildert geben 76 bis 88 Prozent der in sozialen Netzwerken Aktiven private Daten preis und ermöglichen dadurch eine gezielte Auswertung. Im Zuge dessen bildet sich bei Facebook für jeden einzelnen User und das gesamte Netzwerk der so genannte *soziale Graph*, der erst den Wert des Netzwerkes ausmacht. Während durch diesen zunächst nur definiert war, wer mit wem im Kontakt und Austausch („Freund-Sein") steht, können heute viel weitreichendere Schlussfolgerungen gezogen werden. Dazu gehört zum Beispiel, welche Interessen der Nutzer verfolgt, wo er sich gerne aufhält und welche Veranstaltungen er für beachtenswert hält.

> **Social Graph**
> Der soziale Graph im engeren Sinne ist die mathematisch fundierte Darstellung eines sozialen Netzwerks. Er stellt die Mitglieder als Knoten dar und ihre Beziehungen

---

[3] Cookies sind das digitale Gedächtnis unserer Webseitenbesuche und können zu verschiedenen Zwecken ausgewertet werden.

(Freund-sein) zueinander als Kanten. Im weiteren Verlauf der Entwicklung kamen weitere Knotentypen (Inhalte, Orte) und Kantentypen (sieht, nutzt, mag (like)) hinzu. Die Eigenschaften eines sozialen Graphen können algorithmisch ausgewertet werden (wer hat wie viele Freunde, wer mag was, was wird in einer Region am meisten gemocht, …) und über ein API (Application Programming Interface) anderen Anwendungen zugänglich gemacht werden.

Mit diesen Informationen lässt sich bereits ein sehr weitreichendes, präzises Profil erstellen. Sogar wer nicht bei Facebook ist, gerät schnell in die Fänge des allmächtigen Datensammlers. Allein über Querverbindungen zwischen Personen und Adressbucheinträgen lassen sich sehr präzise Schlussfolgerungen ziehen. Wenn dann noch markierte Personen in einem Foto erst einmal durch die Algorithmen der Gesichtserkennung erfasst sind, eröffnen sich noch weitere Möglichkeiten der Datenverknüpfung.

Als Erweiterung des Konzepts des Social Graph gilt der *Interest Graph*. Dieser bildet nicht die persönlichen Beziehungen eines Mitglieds zu anderen ab, sondern eher seine Interessen. Damit werden Schnittmengen zwischen Webinhalten, Werbung und persönlichen Interessen möglich und abbildbar. Interessen können explizit (z. B. bei LinkedIn oder Quora) oder implizit (über Suchen, likes, Einkäufe) ermittelt werden.

Die Datenschutzbestimmungen großer Anbieter wie Facebook [14] oder Apple [7] (iTunes) sind eher großzügig und im Interesse der Anbieter selbst gestaltet: Namen, Adressen, E-Mails, Kreditkarteninformationen[4], Sprache, Geschlecht, Geburtsdatum sowie alle Nutzungsdaten auf der Plattform können durch die Anbieter für sich selbst und Dritte(!) verarbeitet werden.

In gewisser Weise gibt man die Rechte an seinem sozialen Graphen also auf und in die Hände der Plattformanbieter.

15.3.2 Dezisionale Privatheit – Vom Collaborative Filtering zum Machine Learning

Schon heute ist die Privatheit (im Sinne einer Nichtbeeinflussung) einiger der eigenen Entscheidungen gefährdet. Wer bei Amazon einkauft erhält mit den bekannten Hinweisen (Wer X gekauft hat, kaufte auch Y) einen Mehrwert – um den Preis, in der Entscheidung mindestens beeinflusst zu werden.

Amazon nutzt dazu eine Technologie, die *collaborative Filtering* genannt wird. Bildlich gesprochen wird dazu eine $n \times n$ Matrix aller n Produkte (ggf. nach Kategorien segmentiert) aufgebaut, in der die Beziehungen der Produkte zueinander abgebildet werden. Die Matrixeinträge füllen sich aus den realen Kauftransaktionen (und ggf. weiteren seman-

---

[4] Im Fall von Apple.

tischen Zusammenhängen). Sogenannte Empfehlungssysteme nutzen diese Einträge, um unser Kaufverhalten zu „unterstützen". Und in der Tat ist der Grat zwischen „wertvoller Hinweis" und „subtiler Entscheidungsbeeinflussung" schmal. In der Zukunft werden neue Algorithmen, die vor allem aus dem *maschinellen Lernen* (Extrahieren von Wissen aus Daten) herrühren, weitere entscheidungsbeeinflussende Vorschläge generieren oder gar selbständig einleiten. Insbesondere kann man so neue Produkte ohne Verkaufshistorie richtig zu vorhandenen Produkten in Beziehung setzen.

Ebenfalls anschaulich führt uns die Google-Suche vor Augen, wie Selektionsmechanismen unser Bild von der Wirklichkeit verzerren. So erhalten unterschiedliche Personen auf Suchanfragen in der Regel verschiedene Ergebnisse. Diese basieren auf Googles Wissen zum Nutzerverhalten, welches sich aus Links, die häufig angeklickt werden, speist.

Die Folge dieser verengten Darstellung von Ergebnissen ist jedoch eine eingeschränkte Sicht auf die Wirklichkeit, die mit dem Begriff Filter Bubble [13] beschrieben wird. Man bleibt gewissermaßen in der durch die eigene Erfahrung geprägten Welt verhaftet (in einer Blase) und verliert die Möglichkeit, gegenteilige Meinungen und neue Erfahrungen zu machen, da sie noch nicht einmal in evtl. Suchergebnissen auftauchen. Über das Ausmaß dieser Filter Bubble und seine Relevanz herrscht noch keine Einigkeit – wichtig ist für das Individuum eine Transparenz über eingesetzte Filter zu haben und ggf. mehrere (unbeeinflusste) Perspektiven einnehmen zu können.

Denn nur wer sich eines solchen sozialen Filters bewusst ist, kann dies bei seinen Suchanfragen und der Wahl der besuchten Seiten berücksichtigen. Klar ist allerdings auch, dass ohne Filter eine sinnvolle Informationsauswahl nicht möglich ist.

15.3.3 Lokale Privatheit – Vom Check-In[5] zum Track und Trace

Schließlich steht auch die lokale Privatheit in den sozialen Netzwerken auf der Kippe. Wer bei Facebook kund tut, wo er sich gerade befindet oder sich bei Foursquare um die Mayor-Stelle bemüht, sagt damit einer großen Öffentlichkeit unter Umständen, dass Haus und Hof gerade unbewacht sind. Twitter-Nachrichten unter Nutzung von Ortsangaben haben die gleiche unter Umständen fatale Wirkung. Die Webseite pleaserobme.com greift dieses Thema in satirischer Weise auf und macht damit auf die Gefahren eines permanenten Präsenz-Updates aufmerksam.

Eine neue Dimension dieser Bedrohung entsteht durch die location-based services auf den Smartphones des modernen Homo sapiens. WhatsApp nutzt z. B. die Telefonnummern des Adressbuchs [8] um bei Erstanmeldung zu prüfen, wer ebenfalls bei WhatsApp angemeldet ist, um damit eine Liste möglicher Kommunikationspartner anzuzeigen. Andere Apps nehmen ungeniert auf die Geräteidentifikationsnummer und die Positionsdaten des Handys Bezug und können damit die personalisierteste Form von Bewegungsprofilen (Track&Trace) erstellen oder ortsensible Werbung platzieren.

---

[5] Check-In ist der Vorgang des „Eincheckens" an einen genau definierten Ort und damit die Preisgabe der Information, wo man sich gerade aufhält.

All diese Beispiele einer gefährdeten Privatheit sind in einer Demokratie lästig bis är-
gerlich, in einer Diktatur dagegen sogar gefährlich. Wenn man den Machern der Webseite
privacyinternational.org folgt, dann müssen wir den Großteil der Welt als von systematischer Überwachung geprägt ansehen, so dass sich die Frage nach einem Ort unbeeinflusst
von Einflussnahme in Privatheit weiterhin hohe Relevanz besitzt.

Im Web 2.0 gibt es einen immanenten Mechanismus, der das System „persönliche-
Daten-gegen-kostenlose-Mehrwerte" mit unsichtbarer Hand korrigiert: Letztlich beruhen
alle Web-2.0-Modelle auf der Kenntnis und Verarbeitung von persönlichen Daten. Der
geschäftliche Erfolg von Google und Facebook ist auf diese Tatsache zurückzuführen (daneben sind natürlich die gelieferten Mehrwerte Grundbedingung für die Anziehung der
Nutzer). Zugleich kann aber jedes Individuum ziemlich genau einschätzen, ob die Nachteile der Aufgabe von Privatheit die Vorteile der Vernetzung wert sind. Jedes soziale Angebot
trägt damit das Risiko in sich, den Bogen zu überspannen und die Nutzer zur Abwanderung
zu bringen. Diesen Sachverhalt begreift die Netzgemeinde zunehmend als Beweis der eigenen Macht. Mehr denn je wird deshalb weit über die Grenzen der Web-Elite hinaus über
die Rolle der Privatheit nachgedacht. Welche neuen sozialen Normen daraus entstehen, ist
eine der spannenden Fragen unserer Zeit.

15.4   Wer ist schuld am Ende der Privatheit?

Mark Zuckerberg spricht selbst von einem Verschieben der gesellschaftlichen Normen zu
dieser Fragestellung:

> People have really gotten comfortable not only sharing more information and different kinds,
> but more openly and with more people. That social norm is just something that has evolved
> over time. (...) We view it as our role in the system to constantly be innovating and be updating
> what our system is to reflect what the current social norms are [9].

Sicher macht er es sich etwas zu einfach mit der Aussage, Facebook versuche nur die
gegenwärtigen sozialen Normen zur Privatheit zu reflektieren. Aber ist es nicht auch zu
einfach, Facebook (Google, Apple, ...) allein die Schuldfrage für laxen Umgang mit Privatheit in die Schuhe zu schieben?

Es handelt sich um komplexe Wertegefüge, für die jeweils gesellschaftliche und indivi-
duelle Kompromisse gefunden und definiert werden müssen:

- Die Möglichkeit der Verweigerung und Vermeidung dieser Dienste durch das Individuum müssen gegen die neuen, integrativen und bereichernden Formen der Kommunikation und Interaktion abgewogen werden.
- Die Freigabe, Verarbeitung und Ausmaß der Weitergabe privater Daten muss gegen den
  individuellen Mehrwert personalisierter Dienste abgewogen werden (bessere Empfehlungen, kontextsensitive Dienste).

- Die Etablierung kostenfreier, hochwertiger Mehrwertdienste für das Individuum und die Gesellschaft müssen gegen den berechtigten Wunsch, darauf ein Geschäftsmodell zu begründen und Refinanzierungen zu ermöglichen, abgewogen werden.
- Die Spezifizität digitaler Technologien und Dienste und damit einhergehende Werte (Netzneutralität, Freedom-of-speech, …) müssen mit Vorstellungen der analogen Ära (Urheberrecht, Datenschutz, Persönlichkeitsrecht, …) abgeglichen und reflektiert werden.

Daraus ergeben sich eine ganze Reihe von Handlungsoptionen für das Individuum, die Dienste-Anbieter und die Hüter gesetzlicher Rahmenbedingungen. Eine singuläre Auswahl eines dieser Balance-Themen und seine Behandlung im althergebrachten Schwarz-Weiß Ansatz wird der Komplexität und Dualität der Gesamtfragestellung nicht gerecht.

15.5 Privatheit und Transparenz für Arbeitgeber und Arbeitnehmer

Die Eigenschaften der neuen mobilen Arbeits- und Kommunikationsgeräte haben bereits zu einer beträchtlichen Verwischung der Grenzen zwischen Arbeitsraum und Privatraum geführt – häufig wird das zu Lasten der Arbeitnehmer ausgetragen und führt zu einer permanenten Erreichbarkeit und Verfügbarkeit mit ggf. dramatischen gesundheitlichen Folgen.

Der neue Umgang mit privaten Daten in sozialen Kanälen führt zu einer weiteren Veränderung im Verhältnis zwischen Mitarbeitern und Unternehmen. Einerseits benötigen Unternehmen ihre Mitarbeiter als Botschafter auch in den sozialen Kanälen, andererseits benötigen Mitarbeiter klare Rahmenbedingungen für ihr Engagement.

Arbeitgeber kommen zumindest in ein moralisches Dilemma, wenn sie die in den sozialen Kanälen verfügbaren Daten zur Entscheidungsunterstützung bei Einstellungen heranziehen. Immerhin 11 % der Befragten [1] beklagten, wegen geposteten Inhalten in sozialen Medien einen Job nicht erhalten oder nicht mehr zu haben.

Die viel beschworene Einhaltung und Gewährung von Privatheit wird hier ganz konkret. Bisher ist dem Autor kein Unternehmen bekannt, welches von dieser Überprüfungsmöglichkeit im Rahmen einer Selbstverpflichtung Abstand nimmt. Bereits 2009 gaben ca. 45 % der Unternehmen an, die Möglichkeiten sozialer Medien für Einstellungen aktiv zu nutzen [2]. Und wirkt eine absolute Leere in den sozialen Medien nicht auch schon verdächtig?

Umgekehrt lassen sich natürlich Portale finden, in denen Arbeitnehmer anonym ihren Arbeitgeber bewerten (z. B. kununu.com). Hier wird letztlich ungeschminkt die tatsächliche Situation beschrieben. Ein offener Arbeitgeber wird hier einen wertvollen Kanal für relevantes Feedback finden. Andernfalls die Kraft der sozialen Medien verfluchen.

Eine letzte Überlegung zeigt, dass mit den offenen sozialen Netzwerken auch die Möglichkeit steigt, falsche Identitäten anzunehmen oder vorzutäuschen. Gleichermaßen steigen die Risiken für einen erfolgreichen „social engineering"-Angriff. Darunter versteht man das Erlangen vertraulicher Informationen durch Annäherung an Personen mittels sozialer

Kontakte. Im Falle eines gezielten Angriffs (targeted attack) auf eine Zielperson ergeben sich über das Profil eine Reihe von Ansatzpunkten für eine erfolgversprechende Annäherung oder Phishing Attacke.

15.6 Privatheit – Ein Konzept im Fluss (Fazit)

Privatheit und Privatsphäre sind keine stationären Konzepte, welche sich unverändert und unabhängig von technologischen und gesellschaftlichen Entwicklungen manifestieren.

Ganz im Gegenteil kann man aus ihrem Verständnis den Platz und die Wertigkeit des Individuums bezüglich anderer Individuen und gegenüber normativen und regulierenden Kräften der Gesellschaft ableiten.

Geschichte und kulturelle Prägung haben einen hohen Einfluss auf Verständnis und Wertigkeit von Privatheit. So werden die hohen Ansprüche an den Datenschutz in Deutschland nicht zuletzt mit den negativen Erfahrungen der Geschichte begründet. In Indien hält man Privatheit für eine „rein westliche Idee" [16].

Soziale Netzwerke und ihre allgegenwärtige Nutzung haben eine neue Etappe in der Diskussion um Wertigkeit und Wichtigkeit von Privatheit hervorgerufen – neue soziale Normen sind im Entstehen.

Nach Meinung des Autors wird die Entwicklung in den westlichen Ländern entlang der folgenden Schwerpunkte verlaufen:

1. Privatheit im Sinne von Recht, allein gelassen zu werden, im Sinne eines Platzes, unbeeinflusst von staatlichen Einmischungen, im Sinne einer eigenen Entscheidungshoheit wird von der überwiegenden Mehrheit der Bürger weiterhin als hohes Gut angesehen werden.
2. Die Hoheit über die eigenen Daten, die Weitergaberechte und Verarbeitungsrechte an diesen wird von immer mehr Bürgern als Tauschgegenstand für die Nutzung hochwertiger, personalisierter und kontextsensitiver Informations- und Kommunikationsdienste verstanden und (mehr oder minder) bewusst eingesetzt.
3. Der Radius dessen, was an Daten als privat angesehen wird, verkleinert sich im Vergleich zu früheren Auffassungen substantiell. Gefahren, auch diesen letzten Radius (Finanzen, Gesundheit, sexuelle Orientierung) zu verlieren, werden weitgehend ignoriert.
4. Kenntnisse und Verarbeitung persönlicher Daten in globalem Ausmaß sind Grundlage aller erfolgreichen Web 2.0-Geschäftsmodelle. Das Streben nach einer Refinanzierung für die gebotenen Informations- und Mehrwertdienste ist zunächst legitim und Voraussetzung für deren Aufrechterhaltung.
5. Hoher Datenschutz auf Diensteanbieterseite wird nicht per se goutiert (siehe WhatsApp- vs. Joyn-Nutzerzahlen). Diejenigen Unternehmen, die ihren Nutzern gut erklären, welchen Mehrwert sie durch Nutzung persönlicher Daten erzielen und den Nutzern zurückgeben können, werden weiterhin eine hohe Akzeptanz genießen, sofern gewisse Mindeststandards garantiert werden.

6. Die technologisch induzierten Veränderungen im Umgang mit Privatheit, mit Daten, mit Kommunikation, mit geistigem Eigentum werden erst sehr langsam in ein durch Gesetze reflektiertes neues Verständnis münden.

Unternehmen werden von einer Einbeziehung der Fragestellung nach der neuen Rolle von Privatheit in ihre Kommunikations- und Interaktionsstrategie auch jetzt schon profitieren. Sie können einerseits Triebkräfte, Motivation für Individuen freilegen und andererseits die nötigen Rahmenbedingungen für eine vertrauensvolle und beidseitig Nutzen stiftende Vorgehensweise schaffen.

Literatur

[1] http://de.slideshare.net/123people/123people-privacy-survey-final?from_search=1

[2] http://de.wikipedia.org/wiki/Social_Media (zitiert wird ein HRFocus NewsBrief)

[3] http://en.wikipedia.org/wiki/Foursquare

[4] http://news.cnet.com/8301-1023_3-57541566-93/report-twitter-hits-half-a-billion-tweets-a-day/

[5] http://plato.stanford.edu/entries/privacy/

[6] http://techcrunch.com/2012/08/22/how-big-is-facebooks-data-2-5-billion-pieces-of-content-and-500-terabytes-ingested-every-day/

[7] http://www.apple.com/legal/internet-services/itunes/de/terms.html

[8] http://www.datenschutzbeauftragter-info.de/whatsapp-und-datenschutz-antworten-auf-die-wichtigsten-fragen/ (Achtung: Inhalte sind vom Autor dieses Beitrags nicht auf Richtigkeit verifiziert).

[9] http://www.readwriteweb.com/archives/facebooks_zuckerberg_says_the_age_of_privacy_is_ov.php

[10] http://www.reuters.com/article/2013/02/21/net-us-funding-pinterest-idUSBRE91K01R20130221

[11] http://www.spiegel.de/netzwelt/netzpolitik/internet-exhibitionisten-spackeria-privatsphaere-ist-sowas-von-eighties-a-749831.html

[12] http://www.spiegel.de/spiegel/print/d-68621901.html

[13] http://www.thefilterbubble.com/

[14] https://de-de.facebook.com/full_data_use_policy

[15] https://www.secure.me/de/about/press/press-releases/ein-klischee-bestaetigt-sich/

[16] Rangaswami, J.P.: In Indien teilen sich fast alle Familien einen PC, keiner hat ein eigenes Schlafzimmer. Die Wände sind dünn, jeder hört alles und jeden, keiner kann sich verstecken. Lufthansa Exclusive 6, 74 (2012)

Die Entstehung der Landkarte

Wolfgang Gräther und Wolfgang Prinz

Wolfgang Gräther · Wolfgang Prinz ⊠
Fraunhofer FIT, St. Augustin, Germany
e-mail: wolfgang.graether@fit.fraunhofer.de, wolfgang.prinz@fit.fraunhofer.de

C. Rogge und R. Karabasz (Hrsg.), *Social Media im Unternehmen – Ruhm oder Ruin*,
DOI 10.1007/978-3-658-03087-2, © Springer Fachmedien Wiesbaden 2014

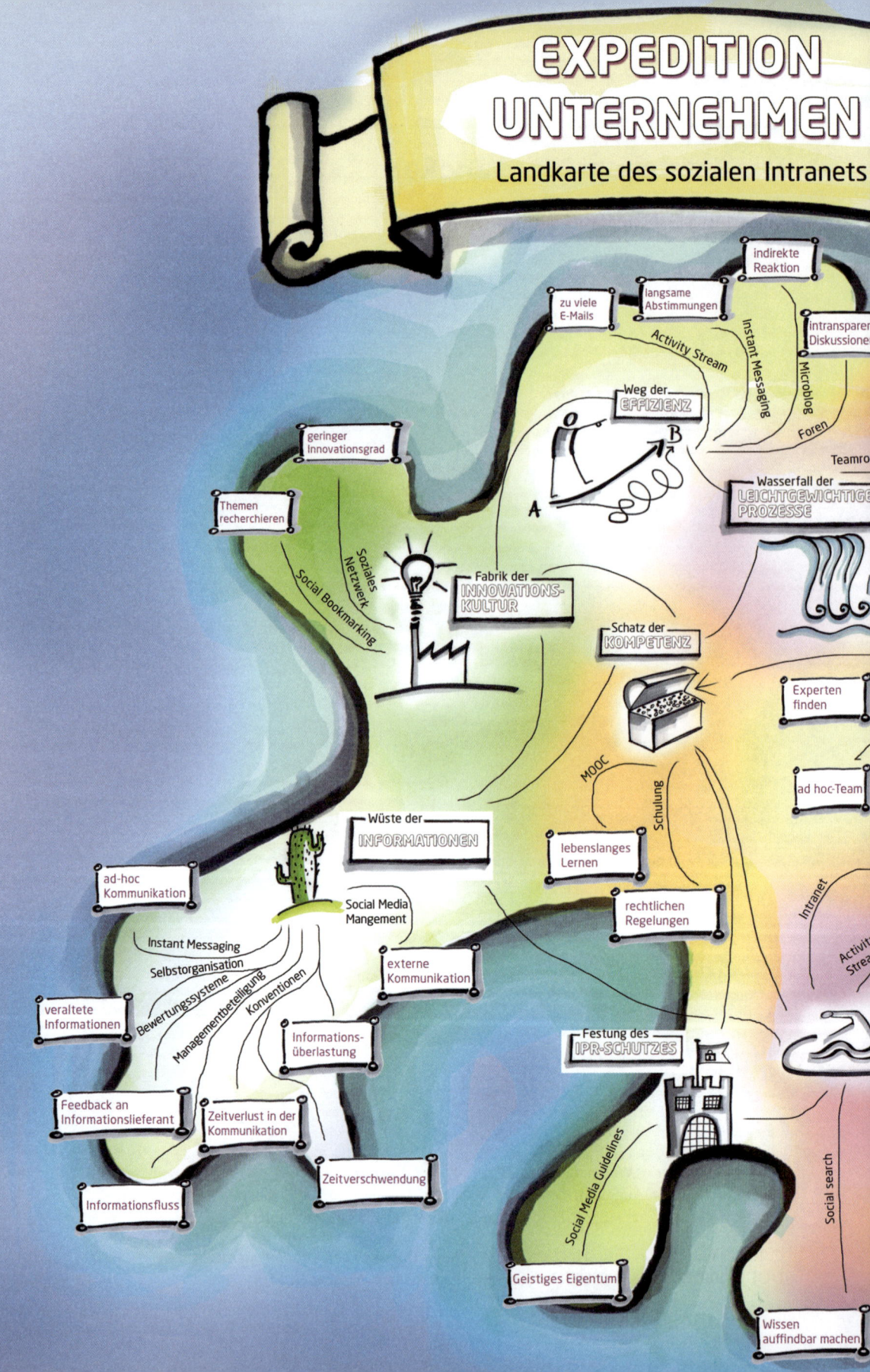

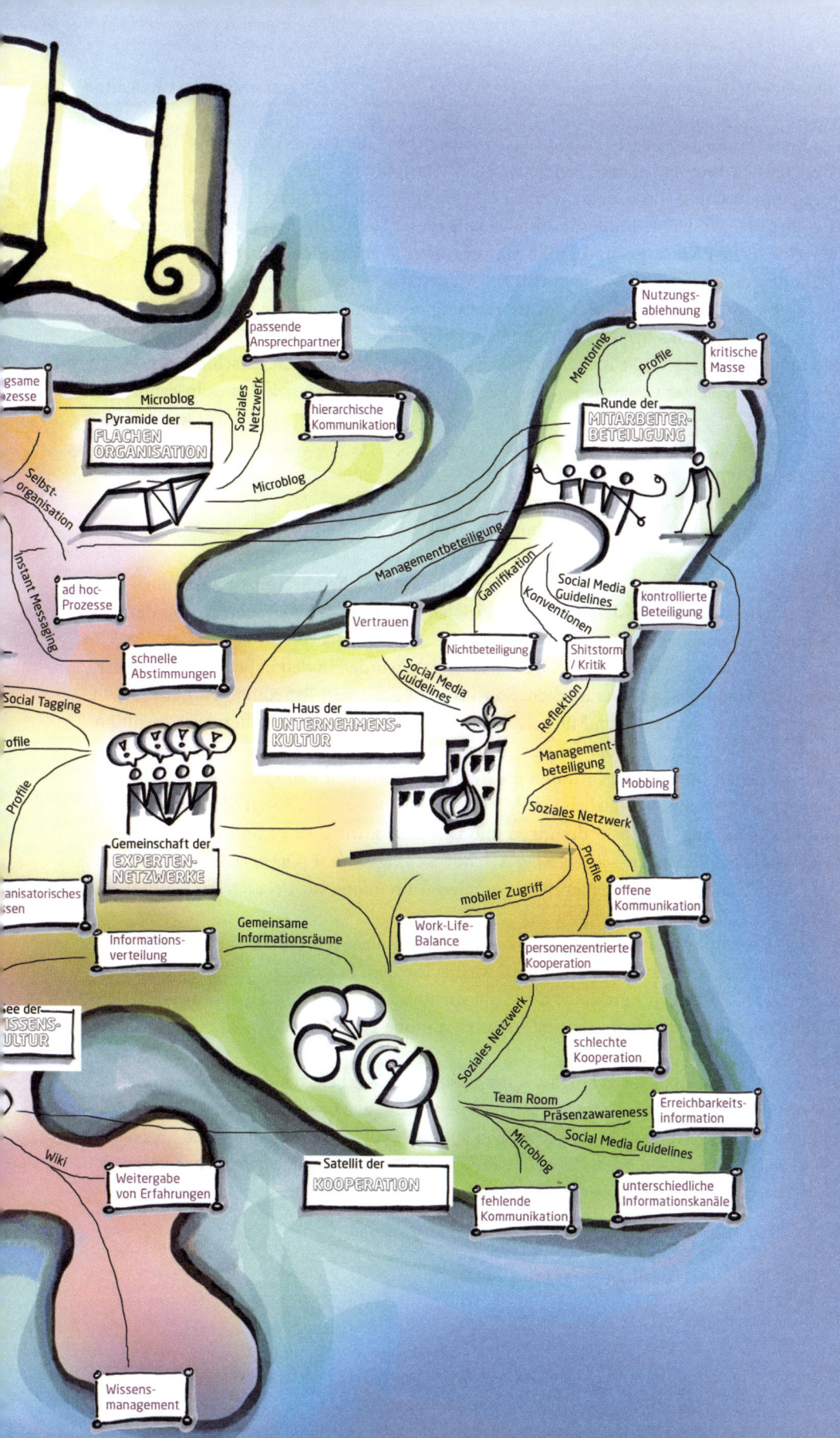

Ein Ziel des Projekts *Expedition Unternehmen* war die Entwicklung einer Landkarte des sozialen Intranets. Diese Landkarte sollte Startpunkte, Ziele und Wege zur Einführung und Nutzung von sozialen Medien im Unternehmen illustrieren. In diesem Beitrag[1] beschreiben wir die Methodik zur Entwicklung dieser Landkarte: Veranstaltungen mit unterschiedlichen Vortrags- und Diskussionsformaten, verschiedene Erfassungs- und Darstellungsverfahren sowie komplementären Analysen.

Eine wichtige Ausgangsbasis zur Erarbeitung der Lösungsansätze sind die im Projekt durchgeführten eintägigen Veranstaltungen (sogenannte Expeditionen) mit jeweils rund 20 Impulsgebern und 100 Teilnehmern. 4 Expeditionen erfassten die verschiedenen Interessensgruppen einer Organisation und hatten die folgenden thematischen Schwerpunkte:

1. Expedition: Führung
2. Expedition: Mitbestimmung
3. Expedition: Personalentwicklung
4. Expedition: Aus- und Weiterbildung

Die 5. und abschließende Expedition fasste die wesentlichen Ergebnisse zusammen und dient dazu, zukünftigen Mentoren eines sozialen Intranets im Unternehmen Handlungsleitfäden zu geben.

Verschiedene Vortrags- und Diskussionsformate wurden in den Expeditionen genutzt, um die Lösungsansätze zu erarbeiten. So wurde auf der ersten Expedition ein World Cafe während eines ausgedehnten Mittagessens durchgeführt. Die Veranstalter der Expedition und ein Teil der Impulsgeber fungierten dabei als Moderatoren bzw. Facilitatoren. Nach den einzelnen Menügängen wurden die Teilnehmergruppen neu gemischt. Auf den Tischen waren als Input zusätzlich vier Mindmaps zu Themen wie Social Media und Social Intranet, Führung, Herausforderungen und Chancen sowie Risiken und Unternehmensziele aufgelegt. Einen Ausschnitt einer Tischdecke zeigt Abb. 1. Die einzelnen Ergebnisse des World Cafes wurden in einer multimedialen Anwendung zur weiteren Auswertung erfasst.

Die Expeditionen wurden begleitet von den Kommunikationslotsen, die während jeder Veranstaltung eine Landkarte mit Social Media Themen, Fragestellungen und Problemen anfertigten. Zusätzlich wurde eine Karte mit wichtigen Beiträgen und Dialogen erstellt. Die Teilnehmer konnten die angefertigten Karten annotieren, ein Beispiel dafür ist in Abb. 2 dargestellt.

Zusätzlichen Input zur Erarbeitung der Lösungsansätze lieferten die Videodokumentationen der Expeditionen. Diese wurden nach verschiedenen Gesichtspunkten ausgewertet. Eine erste Auswertung zielte ausschließlich auf aufgeworfenen Fragestellungen ab. Neben den angedachten Lösungsvorschlägen wurden die Fragestellungen auch nach Art der Social Media Nutzung (intern, extern) klassifiziert.

---

[1] Dieser Beitrag basiert auf dem Beitrag der Autoren in [3].

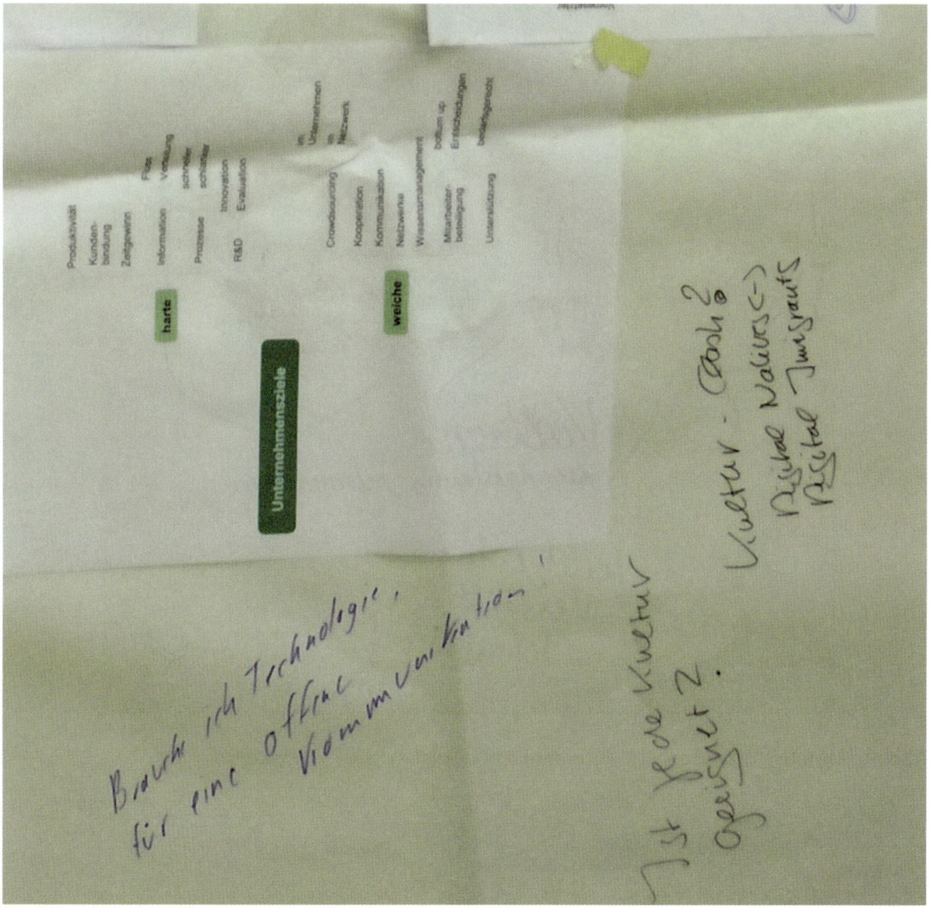

Abb. 1 World Cafe Tischdecke, © Gräther/Prinz

Eine interaktive Version der Expeditions-Landkarte erreichen Sie über diesen QR-Code bzw. unter http://www.expedition-Unternehmen.com/il.

Abb. 2　Annotierte Landkarte, © kommunikationslotsen.de

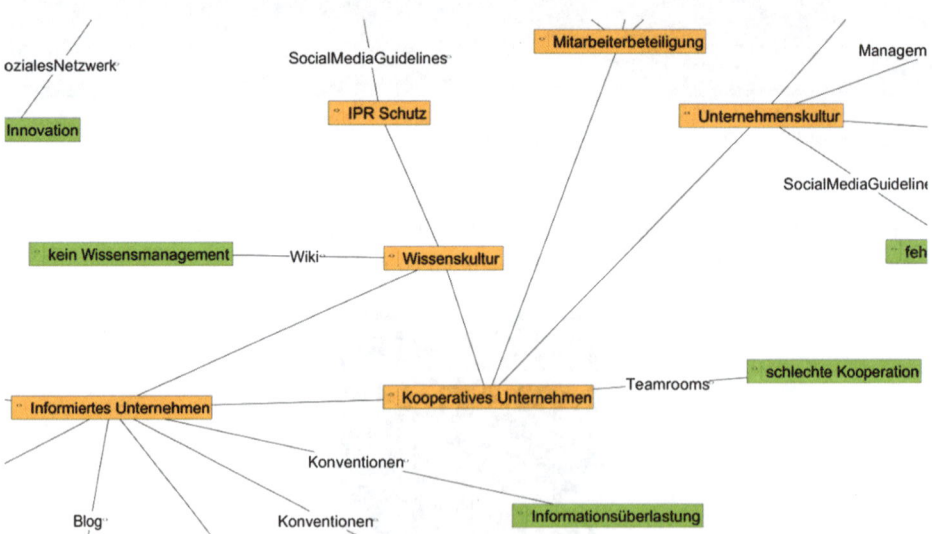

Abb. 3　Semantisches Netzwerk (Ausschnitt) mit Problemen, Zielen und Lösungsmöglichkeiten, © Gräther/Prinz

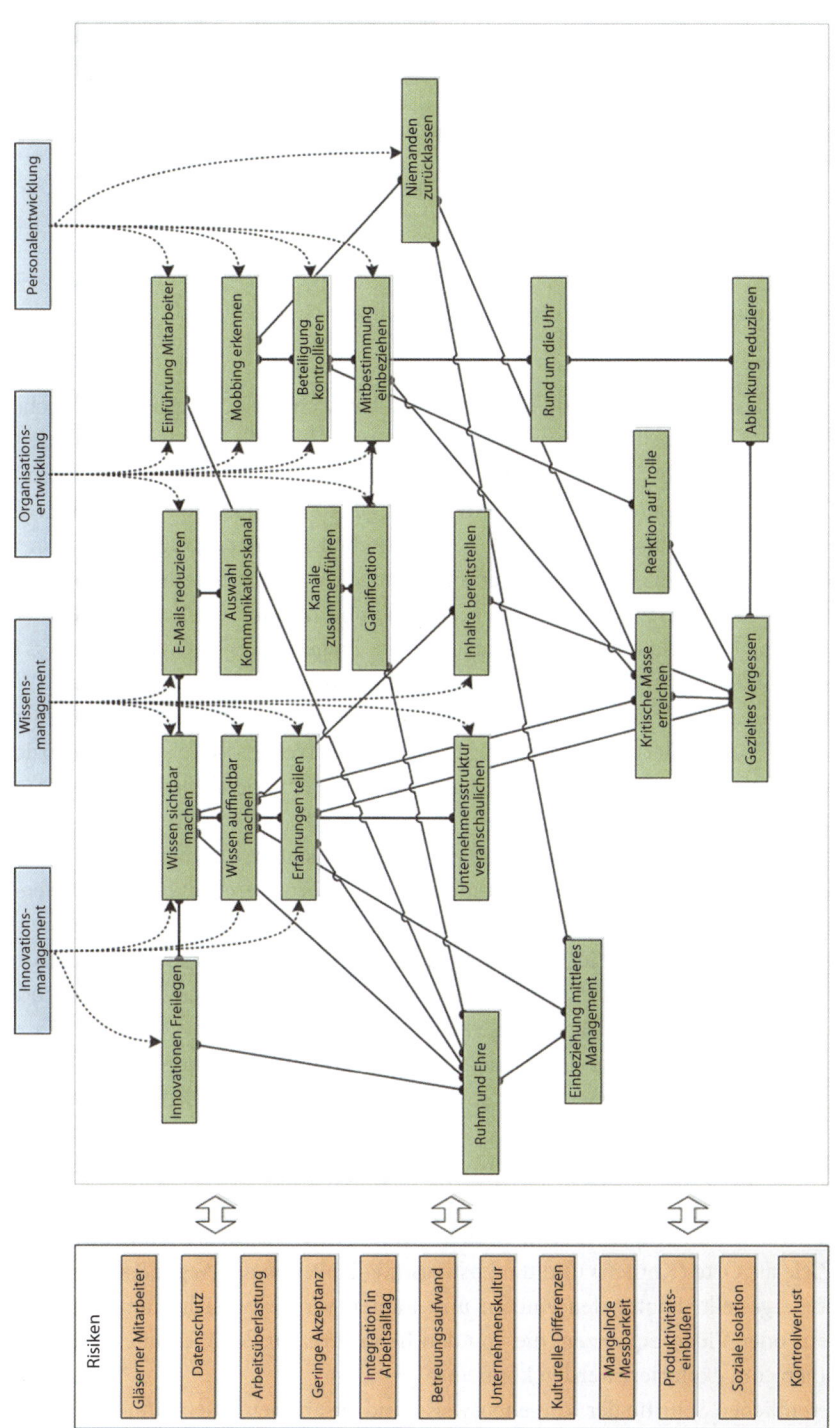

Abb. 4 Vernetzung der Pattern, © Gräther/Prinz

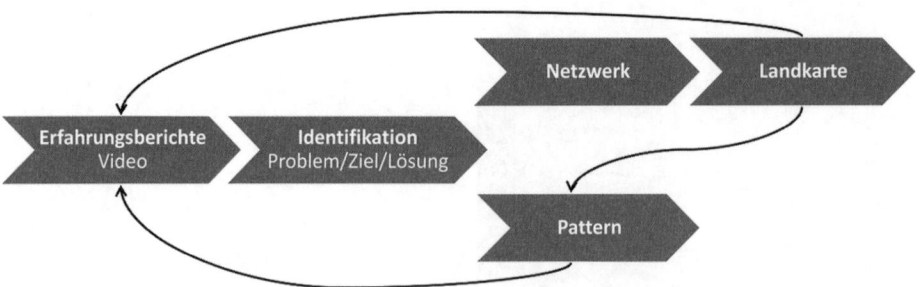

Abb. 5 Vorgehensweise zur Erarbeitung der Lösungsansätze, © Gräther/Prinz

Eine weitere Analyse der Videodokumentationen hat wichtige Aussagen zu den Problemen und Zielen sowie nach den Handlungsmöglichkeiten beim Einsatz von Social Media klassifiziert. Zum Beispiel fördert die Selbstorganisation in Wikis, Blogs oder Communities die Kooperation im Unternehmen und die Beteiligung der Mitarbeiter in Social Media. Einen Ausschnitt des dadurch entstandenen semantischen Netzwerks zeigt Abb. 3.

Die bei den Expeditionen gesammelten Erfahrungen wurden zusätzlich in Form von Patterns [2] beschrieben, um Anwendern praktische und detaillierte Handlungsleitfäden zu geben. So sind beispielsweise Patterns zu folgenden Fragestellungen entstanden: Was ist der ROI eines sozial Intranets? Wie gehe ich mit Shit-Storms im Unternehmen um? Wie erreiche ich eine ausreichende Teilnahme durch die Mitarbeiter? Wie kann ich die interne E-Mail Flut durch alternative Werkzeuge reduzieren? Welche Rolle spielt das soziale Intranet für Fortbildung und Kompetenzerhalt? Wie führe ich Social Media in das Unternehmen ein?

Die Terminologie der Patterns wurde an die Begrifflichkeiten von Expeditionen angepasst, jedoch ist die Struktur mit den Alexanderschen Patterns vergleichbar [1]. Der erste Beschreibungsblock besteht aus Start, Ziel, Problem und Beobachtungen. In einem weiteren Block werden Wege zum Ziel, Erfahrungen und Gefahren dargestellt. Der Abschnitt Reiseberichte verweist direkt auf den Videoauszug der entsprechenden Expedition oder andere Erfahrungsberichte und Verwandte Patterns verweisen weiter.

Die Vernetzung der Pattern untereinander und deren Einordnung in die Themen Informations- und Wissensmanagement sowie Personal- und Organisationsentwicklung zeigt die Abb. 4.

Die dargestellten unterschiedlichen Auswertungen der Expeditionen wurden zu einem Beziehungsnetz aus Problemen, Zielen und Lösungsmöglichkeiten kondensiert, das in einer interaktiven Landkarte dargestellt werden kann. In der Landkarte sind die Probleme und Ziele als Orte (Knoten) und die Lösungsmöglichkeiten als Wege (Kanten) in der Landkarte dargestellt. Hinter den Knoten und Kanten verbergen sich Handlungsleitfäden, Pattern oder Videosequenzen, die von den Benutzern auf der Webseite expedition-unternehmen.com exploriert werden können.

Die wesentlichen Schritte der Vorgehensweise sind zusammenfassend in Abb. 5 dargestellt.

Literatur

[1] Alexander, C., Ishikawa, S., Silverstein, M.: A Pattern Language. Oxford University Press (1977)

[2] Crumlish, C., Malone, E.: Designing Social Interfaces: Principles, Patterns, and Practices for Improving the User Experience. Yahoo Press (2008)

[3] Gräther, W., Prinz, W.: Lösungsansätze zur Nutzung von Social Media in kleinen und mittelständischen Unternehmen. In: Wissensmanagement und Social Media – Markterfolg im Innovationswettbewerb, 15. Kongress zum Wissensmanagement und Social Media in Unternehmen und Organisationen. GITO Verlag, S. 111–118

Die Autoren

Nikos Askitas ist Mathematiker und Technologe. Er leitet das Internationale Datenservicezentrum und die IT-Abteilung am Institut zur Zukunft der Arbeit in Bonn. Seine Forschung umfasst Themen der Mathematik in den Bereichen der vierdimensionalen Topologie und Knotentheorie, Datentechnologie, Ökonomie und Spieltheorie. Er ist Mitglied des Experten-Komitees der DDI-Alliance und Sprecher des Ständigen Ausschusses Forschungsdaten-Infrastruktur im Rat für Sozial- und Wirtschafts-Daten.

Elke Frank verantwortet bei INSEARCH Consulting den Bereich New Media im Kundenbeziehungsmanagement. Zudem ist Sie bei einer großen deutschen Fluggesellschaft als Manager Passenger Dialogue & Recovery Services tätig. Ihre Schwerpunkte liegen in der strategischen Social Media-Ausrichtung, der Prozessetablierung und Evaluation sowie im professionellen Kundendialog mit Social Media. Elke Frank war maßgeblich an der Curriculum-Entwicklung des deutschlandweiten IHK-Zertifikatskurses „Social Media Manager" beteiligt. Sie ist als Consultant, Trainerin und als Referentin im Bereich Social Media aktiv.

Stephan Grabmeier ist Chief Evangelist der Innovation Evangelist GmbH. Er berät Unternehmen zu Enterprise 2.0 und hilft ihnen, mit partizipativen Innovationsformaten schneller zu innovieren. Zuvor war er über vier Jahre Head of Culture Initiatives bei der Deutschen Telekom AG und verantwortlich für das Center of Excellence Enterprise 2.0 und die Enterprise 2.0-Strategie. Stephan Grabmeier gilt als Vorreiter und anerkannter Experte zu Social Media und Enterprise 2.0. Er wurde im Juni 2011 als „Social Media Innovator" von der W&V gekürt. Anfang 2012 hat er für seine Arbeit den „Corporate Web 2.0 Award" von IIR erhalten. Als Vorstand des Personalverbands Selbst-GmbH e. V. trägt er seit Jahren zur Stärkung der Innovationskraft innerhalb der Personalbranche bei.

Wolfgang Gräther ist wissenschaftlicher Angestellter am Fraunhofer-Institut für Angewandte Informationstechnik FIT im Forschungsbereich CSCW – computer-supported cooperative work. Seine Forschungsinteressen sind: Social Media, Kooperationssysteme, group awareness und 2D grafische Visualisierungstechniken.

Cordula Golkowsky ist bei PricewaterhouseCoopers (PwC) als Innovationsmanagerin im Ideenmanagement sowie in der Dienstleistungsentwicklung für aktuelle Themen wie u. a. Social Enterprise oder Cloud Computing tätig. Im Bereich Social Enterprise hat sie Projekte bei Unternehmen unterschiedlicher Branchen und Grössen durchgeführt. Zudem war Cordula Golkowsky als Co-Autorin an diversen Veröffentlichungen zum Thema Social Enterprise beteiligt.

Ralf Karabasz studierte Betriebswirtschaft in Köln. Nach einem Jahrzehnt in unterschiedlichen Führungspositionen im Vertrieb von Bildungsdienstleistungen bei SiemensNixdorf war er Mitgründer des Synergie Network und leitet bis heute die Synergie VertriebsDienstleistung GmbH. Seit Ende der 90er Jahre initiiert und veranstaltet er Kongresse und Fachtagungen im Umfeld der ITK. Hierbei geht es immer um Fragen von Nutzen, Verantwortung und um unternehmerische Herausforderungen.

Dirk Kolassa unterstützte als Head of eMarketing Europe, Middle-East & Africa mit seinem Team maßgeblich die Einführung einer Social Collaboration-Plattform bei Alcatel-Lucent. Er gilt als international anerkannter Redner zum Thema Social Business.

Thomas Köplin verfügt über 15 Jahre Berufserfahrung als Kommunikationsberater und -manager in unterschiedlichen Branchen. Er verantwortet bei T-Systems Multimedia Solutions den Bereich Unternehmenskommunikation und ist Pressesprecher des Unternehmens. Er hat an zahlreichen Veröffentlichungen mitgearbeitet und ist Co-Autor des Buches „Programm Management – Projekte übergreifend koordinieren und in die Unternehmensstrategie einbinden".

Eva Krause beschäftigt sich bei PricewaterhouseCoopers (PwC) seit 15 Jahren im Human Resource-Umfeld mit dem Schwerpunkt Compliance, zuletzt vermehrt mit den Schnittstellen mit Social Media. Sie erarbeitet Richtlinien und Betriebsvereinbarungen, um die zahlreichen Compliance Risiken transparent zu machen und im Vorfeld zu minimieren.

Nach dem Bachelorstudium der Deutsch-Italienischen Studien an der Rheinischen Friedrich-Wilhelms-Universität Bonn absolvierte **Kathrin Langkamp** an der Universität Passau den Master in International Cultural and Business Studies. Seit Juni 2012 ist sie in der Unternehmenskommunikation der T-Systems Multimedia Solutions GmbH beschäftigt. Sie unterstützt unter anderem bei der Redaktion des sozialen Intranets – dem Teamweb – der T-Systems MMS und hält die Mitarbeiter über diesen Kanal über alles, was das Unternehmen betrifft, auf dem Laufenden.

Wolfgang Prinz ist stellvertretender Leiter des Fraunhofer-Instituts für Angewandte Informationstechnik FIT und Professor für Kooperationssysteme an der RWTH Aachen. Er beschäftigt sich seit vielen Jahren mit der Konzeption und Entwicklung kooperationsunterstützender Systeme.

Christine Rogge studierte Elektrotechnik in Darmstadt. Nach diversen Stationen im Konzern Telekom (u. a. im Innovationsmanagement), in internationalen Arbeitsgruppen für Qualitätsmanagement (EFQM) sowie Aufbau eines Joint Ventures von Deutscher Telekom und France Telecom in USA übernahm sie 2006 die Leitung Marketing Communications & CRM bei der T-Systems Multimedia Solutions GmbH. Besonderes Interesse liegt im Einfluss des Social Web auf Führungsverhalten und Mitarbeiterreputation in der digitalen Welt.

Dr. Friedhelm Rudorf ist Geschäftsführer der DIHK-Bildungs-GmbH, die sich mit der Entwicklung von Lehr- und Lernmaterialien, Prüfungen und Konzepten für die berufliche Bildung befasst. Unter dem Motto „Bildung mit Weitblick" setzt er sich besonders für Innovationen in der beruflichen Bildung ein, wobei digitale Medien einen Schwerpunkt einnehmen. Wie Social Media künftig die Qualifizierung und Kompetenzentwicklung beeinflussen, steht dabei in einem besonderen Fokus.

Dr. Klaus Rüffler studierte Rechtswissenschaften in Mainz und Frankfurt und begann seine berufliche Laufbahn in Unternehmen der Bau- und Immobilienindustrie bevor er 2000 zur Deutschen Bahn AG wechselte. Dort übernahm er verschiedene Funktionen im Management und ist seit 2008 Personalgeschäftsführer der DB Systel GmbH, der IT-Tochter der Deutschen Bahn.

Der studierte Soziologe, Erziehungs- und Politikwissenschaftler **Fred F. Schmidt** ist als Leading Expert Networking Intelligence in der Organisationsentwicklung der QSC AG und als Berater bei potenzialraum.de tätig. Der Autor engagiert sich in verschiedenen Projekten rund um das Thema Personen- und Systemqualifizierung in einer vernetzten, dynamisierten Welt und twittert unter @potenzialraum.

Prof. Frank Schönefeld ist Mitglied der Geschäftsleitung der T-Systems MMS, Lehraufträge und Gastvorlesungen führen ihn an verschiedene Universitäten und Hochschulen. Seine aktuellen Themen sind Web 2.0, Enterprise 2.0, Cloud Computing und Cybersecurity.

Dr. Jan Christian Seevogel ist als Rechtsanwalt in der Kanzlei Lausen Rechtsanwälte in München schwerpunktmäßig in den Bereichen Internet/Social Media, IT/Games sowie Marketing/Werbung/Sponsoring tätig. Er betreibt einen eigenen juristischen Blog (www.seevogel.de) und ist Mitgründer der juristischen Internet-Plattform www.jusmeum.de

Horst Speichert ist seit mehr als 15 Jahren als Rechtsanwalt spezialisiert auf IT-Recht und Datenschutz. Schwerpunkt in der Anwaltspraxis ist die Gestaltung von IT-Verträgen, Betriebsvereinbarungen, IT-Sicherheits- und Datenschutzkonzepten. Er ist Lehrbeauftragter für Informationsrecht und internationales Vertragsrecht an der Universität Stuttgart und Autor des Fachbuches „Praxis des IT-Rechts". Langjährige Tätigkeit als Referent, Seminarleiter und externer Datenschutzbeauftragter.

Bert Stach ist als Tarifsekretär und Konzernbetreuer für die gewerkschaftliche Positionierung bei IBM verantwortlich, Verhandlungsleiter bei den Tarifverhandlungen zwischen ver.di und IBM und Mitglied im Aufsichtsrat der IBM Deutschland.

Ihr Bonus als Käufer dieses Buches

Als Käufer dieses Buches können Sie kostenlos das eBook zum Buch nutzen. Sie können es dauerhaft in Ihrem persönlichen, digitalen Bücherregal auf springer.com speichern oder auf Ihren PC/Tablet/eReader downloaden.

Gehen Sie dazu bitte wie folgt vor

1. Gehen Sie zur springer.com/shop und suchen Sie das vorliegende Buch (am schnellsten über die Eingabe der ISBN).
2. Legen Sie es in den Warenkorb und klicken Sie dann auf „zum Einkaufwagen/zur Kasse".
3. Geben Sie den unten stehenden Coupon ein. In der Bestellübersicht wird damit das eBook mit 0, - € ausgewiesen, ist also kostenlos für Sie.
4. Gehen Sie weiter zur Kasse und schließen den Vorgang ab.
5. Sie können das eBook nun downloaden und auf einem Gerät Ihrer Wahl lesen. Das eBook bleibt dauerhaft in Ihrem Springer digitalem Bücherregal gespeichert.

Ihr persönlicher Coupon

PkqGN2rnh9j38W7